看一次就學會擇吉日與合婚

利用紫微斗數與八字擇吉日良時批配好姻緣

三禾山人——著

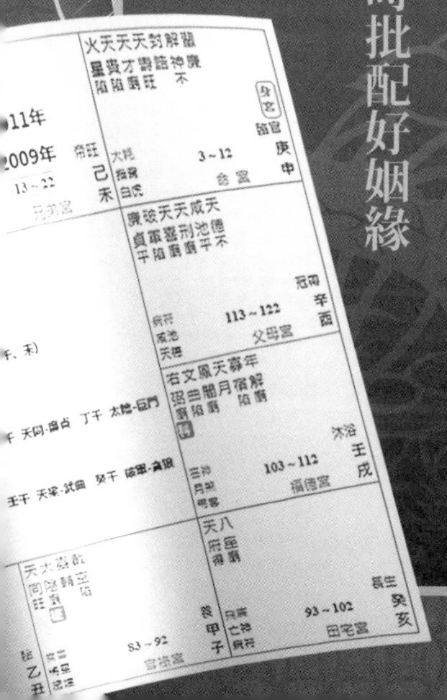

前言

擇吉日：只要某件事情一開始，在那一刻，這個事情的藍圖和框架就定制完成，接下來就是慢慢展開每一個具體的局部，不管是婚姻還是其他事情。所以，選擇一個良好的時間點開始婚姻，是智慧的、睿智的。它可以讓婚宴變得更加圓滿，所有步驟按預定順利進行；同時讓婚姻更加穩固，愛人和後代能健康和諧的生活下去。

「行星變幻，世事變遷」，人事與天象是協同共振關係，透過對星體運行規律的掌握，把結婚這件事情安排融入一個和諧的時段，在這個時段中星體運行順利，而人事也就順利，這裡說的「時段」就是我們的「時間」，時間是衡量天體運行的一個計量單位。而我們使用的天干地支等就是「時間」的標誌符號。

嫁娶擇日的時候，選用的方法有：

八字喜用神、二十八宿吉日、黃道日、十二建定執成開、天乙貴人、天德、月德、天喜等。

同時，嫁娶擇日的時候，排除掉如下的月日時：

八字忌神、十二建破平收閉、二十八宿凶日、黑道日、楊公忌日、月忌日、日食月食日、交節令日、陰差陽錯日、十惡大敗日、當梁勾絞日、四絕日等。

驗證一個吉日的時候，你可以問那個師傅：你給吉日輸入了什麼資訊，這一資訊什麼年份兌現。如果到時候這位師傅輸入的資訊兌現了，就可以證明這個吉日是有效的。

合婚：不管是西方國家的制度和文化背景下，還是我們的社會背景下，大概都是希望有穩定家庭和夫妻關係的。很多鳥類和普通動物也是一夫一妻制度的，例如企鵝、天鵝、長臂猿、狼等。

而對社會和個人來說，穩定的夫妻關係和感情，到底有什麼好處呢？

首先，家庭穩定有利於社會的安靜和繁榮，夫妻關係和諧有利於人們專注與事業開展人生。再者，夫妻關係穩定與和諧對於後代的成長很重要。

而合婚就是研究夫妻關係的一種學問和習俗。透過對雙方八字和紫微斗數夫妻宮的分析，能準確的判斷有無夫妻緣份，從而指導人們理性的安排時間和感情，這有助於珍惜感情和緣份，有利於讓有限的生命更有效率和價值。同時，還能指導已婚人士正確認識自我和修復感情。做為一種民間習俗，合婚有繼承的必要和意義。

三禾山人　壬寅年春
於中國陝西省寶雞市

目錄

第三章 理清婚姻擇吉，誤區以及實操

第一章

結婚日期不吉利，容易出現意外問題

第一章

結婚日期不吉利，容易出現意外問題

結婚是一個工程，有一套約定俗成的流程，參與人員眾多，而這些人懷著各式各樣的心情和心態，這些人自身有著各式各樣的狀態，這些人聚集在一起，飲酒作樂，而酒肉三巡之後，人也很容易失去理智。所以，結婚這一天新郎新娘需要打起十二分精神，準備應付各種不可知的情況，這就要求新郎新娘的精神狀態和心理狀態處在最佳點，按照現代的說法，新郎新娘的智力、體力、情緒三方面曲線必須在最高峰或者最佳點，這才可以順利應付這一場婚禮全程。不論是新郎新娘自己，還是其中的一個親朋出現意外和突發狀況，若是不能及時處理，都會給婚禮現場造成騷亂、不歡而散的結局，甚至是喜劇變成悲劇。所以，這就要求新郎新娘「擇吉日」而舉辦婚禮，力求這一天兩個人及其家人能有飽滿的精力和熱情。不選擇吉日，或者擇吉日失敗，都容易使得婚禮出意外的機率突然增加。雖然這情況不是司空見慣，但是也不乏其人其事。請大家看下面的幾個案例，這幾個案例都是現實中真實出現過的，能讓大家明白結婚這一天，有一個好的時間，盡量達到「天時、地利、人和」的全方位配合多麼重要。

故事之一：

據某報記者陳晨，在 2018-10-23 報導說，在 2018 年 10 月 21 日凌晨 5 點多，X 市 X 區 X 村，發生一起悲劇事件，婚禮當天「喜事變喪事」。新郎小魏帶著車隊到新娘家裡接親，在抱新娘子上花車之前，新郎喝了一罐杏仁露，然後新郎說頭暈，緊接著倒在了床上，口中冒出白色的液體。之後新郎被送去了醫院，搶救無效，確定已經死亡，被送去了殯儀館，喜事就這樣變成了喪事。村裡群眾都感嘆世事無常。

把這個結婚日期排列成八字盤，如下：

西曆：2018年10月21日5時50分，星期日
農曆：戊戌年九月十三日卯時
乾造 戊戌 壬戌 丙戌 辛卯

讓我們來分析這個八字盤中的資訊：

1、丙火是新郎，辛金是新娘，丙戌與辛卯天合地合，這是喜慶和婚禮的資訊。

2、三個戌土當令而太旺，是日元丙火的食神，說明：這是食物食品，因為太旺無洩而表示食品有問題，或者因為這個食品而出問題、染病等。

3、三個戌土反剋卯木，土重木折，說明：食物引起疾病。

4、天干中戊土剋壬水，說明：醫治無效或者不及時等，死亡。

再把這個結婚日期排列成紫微盤，如下：

讓我們來分析這個紫微盤中的資訊：

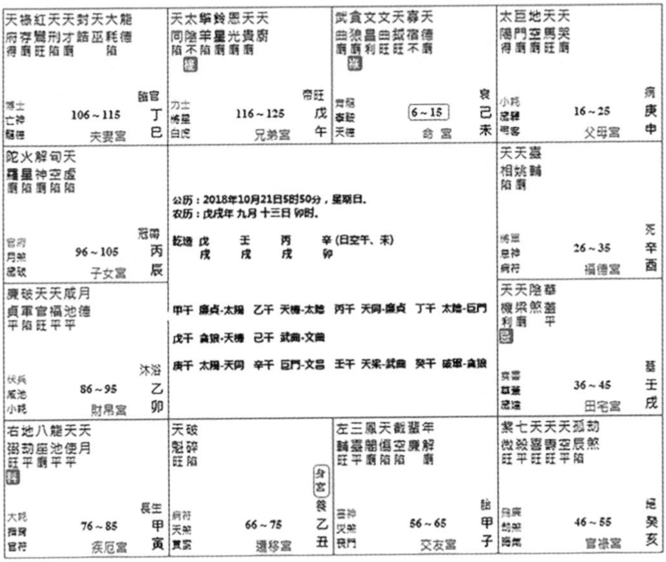

1、命宮貪狼化祿、武曲、文曲文昌、天鉞星。

2、貪狼化祿、天鉞，說明：吃食物太多或者太猛、貪吃，或者問題食品等。

3、武曲、貪狼化祿，說明：吃得太猛烈，或者食物的問題嚴重。

4、武曲、文曲、文昌、天鉞星，說明：肺部氣管和腸道都出現嚴重問題。

5、武曲、天鉞星，說明：速度太快、

強度太大、太嚴重等。

6、**夫妻宮天府、祿存、紅鸞、天刑、天才、封誥、天巫、大耗、龍德星，照紫微、天喜、天壽、劫煞星，合太陽、巨門、天馬、天哭、地空星。**

7、天府、紫微、紅鸞、天喜星，說明：是喜慶現場、在新娘家裡。

8、天才、天巫星，說明：神祕的、奇怪的、無法解釋的。

9、天刑、封誥、天壽、太陽、巨門、天哭、地空星，說明：男性死亡、新郎死亡。

10、天府、祿存、大耗、劫煞、地空星，說明：破財、花錢很多等。

11、天府、祿存、天刑、封誥、龍德、紫微星，說明：食品太霸道、食品有問題等。

12、太陽、巨門、天馬星，說明：有很多車輛，車輛來去、進出等。

故事之二：

據某網記者藍義榮，在 2013-01-06 日報導說，在 2013 年 1 月 3 日，X 縣 X 鎮 X 村的俞某這一天結婚，因為高興，中午和親友們先後喝了一斤白酒，俞某哥哥說在平時斤把酒不算超量。

然而俞某突然臉色蒼白、嘴唇發黑，被送到縣醫院，但未料情況突然變化，最後搶救無效死亡，倒在喜宴之下，留給妻子和家人無限悲傷。

把這個結婚日期排列成八字盤，如下：

西曆：2013 年 1 月 3 日 13 時 18 分，星期四

農曆：壬辰年十一月廿二日未時

乾造 壬辰 壬子 己巳 辛未

讓我們來分析這個八字盤中的資訊：

1、日元己土坐下羊刃，這是意外或者傷害的資訊。

2、辛金食神，是忌神，辛金會化洩日元己土，而生壬子水，說明：這是因為飲食、宴會等場合出現的問題。

3、辰土與子水相合化水成功，辰土是用神，化為忌神，說明：腸胃受到傷害，或破財。

4、壬子水得令得地，太旺，日元己土剋不住壬水，壬水會反過來侵蝕日元己土，說明：傷害腸胃，並且給心臟造成巨大壓力，破財，或者與妻子分離。

再把這個結婚日期排列成紫微盤，如下：

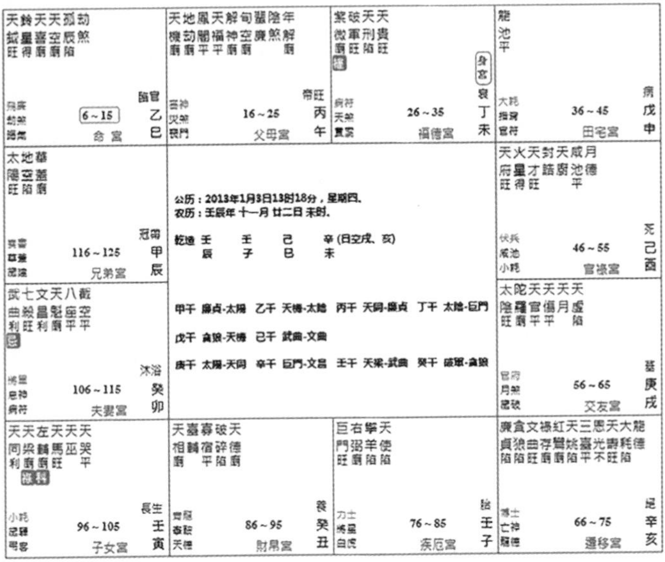

讓我們來分析這個紫微盤中的資訊：

1、命宮天鉞、鈴星、天喜、天空、孤辰、劫煞星，照廉貞、貪狼、文曲、祿存、紅鸞、天姚、三台、恩光、天壽星。

2、天喜、廉貞、貪狼、文曲、紅鸞、天姚，說明：喜慶場合、喜宴、酒宴、結婚場合等。

3、鈴星、天喜、天空、孤辰、劫煞、文曲、紅鸞、天姚、天壽星，說明：喜事成空、或者喜事沒有完成。

4、鈴星、天空、孤辰、劫煞、天壽星星，說明：出現意外、危及生命。

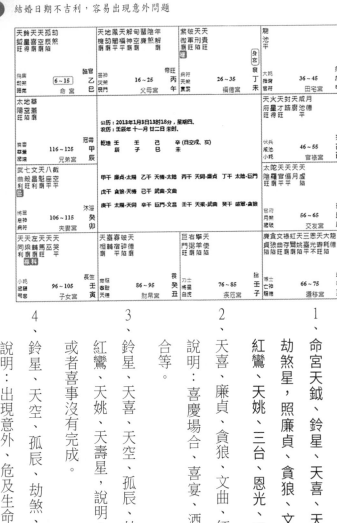

5、貪狼、文曲、祿存、天姚星，說明：與飲食、酒水有關係等。

6、天鉞、鈴星、天空、劫煞、三台、恩光星，說明：施救措施無效，毫無救助等。

7、**夫妻宮武曲化忌、七殺、文昌、天魁、八座、截空星，照天府、火星、天才、封誥、天廚、咸池、月德星。**

8、武曲化忌、七殺、天魁、八座、截空、天府、火星、封誥星，說明：失去活力，不能動彈、蜷縮等。

9、武曲化忌、七殺、文昌、截空、天府、火星、封誥星，說明：嚴重、病危通知書、無法言語溝通、不能理解。

10、武曲化忌、七殺、截空、天府、火星、封誥、天廚星，說明：突然死亡、沒有歸路、徑直前往陰曹地府。

11、武曲化忌、七殺、天魁、八座、截空、天府、火星，說明破財、花錢很多等。

12、武曲化忌、七殺、天府、火星、封誥、天廚星，說明：大腸、肺部、脾胃等部位疼痛、封堵，不只一個病症。

故事之三：

據某晚報記者蔣加磊，在2014-03-13報導說，X市X縣，2014年2月20日早上五點鐘，發生一起惡性案件，結婚當天新郎殺死新娘。

新郎李某是X縣人，因為蓋新房及準備結婚借了幾萬塊錢的債務，備感壓力，再加上妻子的嘮叨埋怨，產生輕生念頭，在結婚當日將妻子掐死，然後用剪刀自殘並且跳樓（自殺未遂），其家人報警。3月10日，利辛縣人民檢察院以故意殺人罪將李某批捕。

把這個結婚日期排列成八字盤，如下：

西曆：2014年2月20日5時18分，星期四
農曆：甲午年正月廿一日卯時
乾造 甲午 丙寅 壬戌 癸卯

讓我們來分析這個八字盤中的資訊：

1、寅午相合，卯戌相合，這是喜慶和婚禮的資訊。

2、壬水太弱，癸水幫助無益，丙火因為得令有強根而且受生，所以壬水沖剋丙火，說明：是破財、和妻子有矛盾衝突、因為錢和妻子鋌而走險等。

3、卯戌相合不化，說明：是拿剪刀自殘，刺傷自己的脖子和肚腹等。也是犯法的資訊。

4、壬水日元沖剋丙火，加上癸水的慫恿，說明：衝動、破財，和妻子衝突，傷害妻子並自我傷害等。

再把這個結婚日期排列成紫微盤，如下：

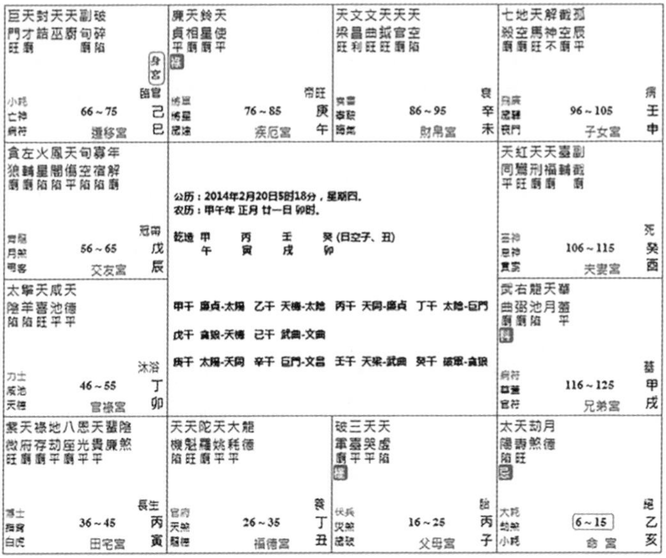

讓我們來分析這個紫微盤中的資訊：

1、命宮太陽化忌、天壽、劫煞、月德星。照巨門、天才、封誥、天巫、天廚、破碎星。

2、太陽化忌、巨門、封誥、破碎星，說明：男子犯法、夫妻兩個有口舌或者冷戰、跳樓等。

3、太陽化忌、天壽、劫煞、巨門、封誥、破碎星，說明：陽壽將盡、去日不多、堵住嘴或者扼住咽喉等。

4、太陽化忌、劫煞、封誥，說明：性格不開朗，有時悶在心裡，心懷記恨等。

5、太陽化忌、月德、天才、天巫、破碎星，說明：讓人猜不透、出人意料的發生等。

6、**夫妻宮天同、紅鸞、天刑、天福、台輔星。**

7、天同、紅鸞、天刑、台輔星，說明：一起赴死，同歸於盡等。

8、天同、紅鸞、天福星，說明：夫妻之喜無福消受，結婚喜慶等。

9、紅鸞、天刑星，說明：流血事件、死亡現場等。

10、天同、天刑、台輔星，說明：上不了檯面、祕密暗殺等。

11、紅鸞、天刑、台輔星，說明：流血案件、斷頭臺等。

12、天同、天福，說明：也有令人同情的一面等。

故事之四：

某報記者杜玉全，在2017-04-10報導說，X省X市X鎮，2017年4月9日凌晨零時30分許，發生一起車禍，婚禮當天凌晨新郎車禍身亡，新郎姓丁。

監控畫面顯示，事發時天下著小雨，一輛轎車突然快速衝破鋼繩護欄而墜河，小河寬約10米，水深僅1米左右。凌晨2點多，事故車輛被打撈上岸。車上三人死亡。其中一名死者丁某，原定當天中午舉行婚禮。同車的另兩名死者為其親戚和朋友。三人是聚會喝了酒，酒後開車出的事。丁某是一名教師，很有禮貌的人，平時處理事情挺穩健的，出這樣的事，丁某一家人陷入悲痛之中。

把這個結婚日期排列成八字盤，如下：

西曆：2017年4月9日0時18分，星期日

農曆：丁酉年三月十三日子時

乾造 丁酉 甲辰 丙寅 戊子

讓我們來分析這個八字盤中的資訊：

1、辰酉相合，日元坐下寅木為紅豔煞，這是喜慶和婚禮的資訊。

2、年柱丁火和坐下寅木中的丙火，說明：這是同車的朋友和親戚等。

3、甲木是車輛，甲木不得令較弱，生丙火化洩太過，說明：來不及熄火或者剎車失靈等。

4、酉是酒、辰是水庫是河流，說明：醉酒以後衝入河中。

再把這個結婚日期排列成紫微盤，如下：

天府 陀羅 天廚 旬空 破碎 得 陷 　 廟 陷 官府 指背 白虎 16～25 臨官 乙巳 父母宮	天同 太陰 左輔 祿存 紅鸞 三臺 臺輔 咸池 天德 陷 不 旺 廟 旺 旺 　 陷 旺 權 祿 博士 咸池 天德 26～35 帝旺 丙午 福德宮	武曲 貪狼 擎羊 寡宿 廟 廟 廟 不 力士 月煞 弔客 36～45 衰 丁未 田宅宮	太陽 巨門 右弼 八座 得 廟 不 廟 忌 青龍 亡神 病符 46～55 病 戊申 官祿宮
文曲 天月 副旬 龍德 得 　 陷 身宮 伏兵 天煞 龍德 6～15 冠帶 甲辰 命宮	公历：2017年4月9日0时18分，星期日。 农历：丁酉年 三月 十三日 子时。 乾造 丁 甲 丙 戊（日空戌、亥） 酉 辰 寅 子		天相 天鉞 恩光 天傷 天哭 陷 廟 陷 平 不 小耗 將星 歲建 56～65 死 己酉 交友宮
廉貞 破軍 火星 天姚 天貴 截空 天虛 平 陷 利 廟 旺 平 廟 大耗 災煞 歲破 116～125 沐浴 癸卯 兄弟宮	甲干 廉貞-太陽　乙干 天機-太陰　丙干 天同-廉貞　丁干 太陰-巨門 戊干 貪狼-天機　己干 武曲-文曲 庚干 太陽-天同　辛干 巨門-文昌　壬干 天梁-武曲　癸干 破軍-貪狼		天機 天梁 文昌 鈴星 解神 天空 陰煞 利 廟 陷 廟 廟 陷 科 將軍 攀鞍 晦氣 66～75 墓 庚戌 遷移宮
天官 封誥 天巫 副截 大耗 劫煞 月德 平 　 　 陷 陷 病符 劫煞 小耗 106～115 長生 壬寅 夫妻宮	龍池 鳳閣 天才 天壽 年解 華蓋 平 平 平 廟 得 陷 喜神 華蓋 官符 96～105 養 癸丑 子女宮	天喜 旺 飛廉 息神 貫索 86～95 胎 壬子 財帛宮	紫微 七殺 天魁 地劫 地空 天馬 天刑 天福 天使 孤辰 蜚廉 旺 平 旺 　 陷 平 陷 廟 旺 陷 奏書 歲驛 喪門 76～85 絕 辛亥 疾厄宮

讓我們來分析這個紫微盤中的資訊：

1、命宮文曲、天月、龍德星，照天機、天梁、鈴星、解神、天空、陰煞星。

2、文曲、龍德、天機星，說明：飲酒、喝酒等。

3、天月、天機、天梁、鈴星、解神、天空、陰煞星，說明：汽車出現毛病、汽車失去控制、認錯道路等。

4、天月、天機、鈴星、陰煞星，說

明：晚上汽車暗處出現問題、晚上陰雨天氣、汽車突發事故等。

5、天機、天梁、鈴星、解神、天空星，說明：汽車失靈、汽車突然淩空、汽車俯衝而下等。

6、夫妻宮封誥、天巫、天官、劫煞、月德星，照巨門化忌、太陽、八座星，合紫微、天魁、地劫、天馬、天使、蜚廉星。

7、封誥、天巫、劫煞、月德、巨門化忌、太陽、八座星，說明：晚上在路上出事故、神祕力量堵住嘴巴、車輛無法控制、車內的人死亡等。

8、封誥、天巫、天官、劫煞、巨門化忌，說明：讓人無法理解、匪夷所思的事情等。

9、照巨門化忌、太陽、八座星，說明：車禍、有人目擊車禍現場等。

10、封誥、天官、劫煞、月德、巨門化忌、太陽星，說明：不是白天、是晚上。

11、封誥、天巫、劫煞、月德、天魁、地劫、天馬、天使、蜚廉星，說明：晚上天黑無光、車輛鑽入地下、化作天使等。

12、封誥、天巫、天官、劫煞、紫微、天魁、天馬、蜚廉星，說明：車輛的制動裝置神祕出現問題、車輛的操作手柄失靈、汽車的動力裝置出現問題等。

綜上所述，可以看出這個結婚時間中，天然的存在了這些危險資訊和事故資訊，這個結婚時間是一個誘因或者導火線，引發或者說引爆了命運中的資訊。即時資訊和命運資訊同步共振出現了危險。那麼，可能有人要問：既然事情發生，那一定是新郎新娘的八字歲運中已經註定了的，是的，這是前提，但是，這個事情既然在這一年中一定要出現，為什麼非要出現在結婚這一天而不是其他的日子呢？如果能選擇其他的日子結婚，就會順利完成這場婚禮，就算之後的任何一個日子再出問題，也不至於把一場婚禮搞得無法收場，這樣就能讓大家容易接受，從心裡和情理上都比較好受一些。

其實結婚和生孩子的年份，65%是很差的年份，可能這一點，在大家的認知中有所不同，有很多人覺得既然是結婚喜慶的事情，那這一年的流年運氣一般是好的年份，不會發生壞事，其實不然，二十五年的預測工作經驗中發現，結婚和生育後代的年份，大部份是很差的流年。結婚是一場「求醫」過程，是用一個人的五行氣場去補充另一個人，這是一種需求和需要，但是與大家平時想想的性慾需要不同，這是一種命運需求。也可以理解成為戀愛是一種「病」。生育過程是見血的過程，是一種災難過程，這個大部份女人是能理解的，就不再解釋了。

總之，結婚是一種陰陽交合之前的儀式，而陰陽之合，合而為太極，這是一種神祕而最高級別的活動。這場活動又是在有需求的情況下進行的，而且是眾多人參與的，所以複雜而莊嚴。這就需要我們對結婚這一天做一個有理性的規劃，那就是選擇結婚吉日，給這個事情一個美好的開端，當然，這個時間包含辦理結婚登記的時間和舉辦婚禮的時間。

第二章

擇吉日真的很重要嗎？

第二章 擇吉日真的很重要嗎？

結婚日期決定婚後生活品質。一般情況下，自然發生的事件，都是和你自己的八字相符的，比如不懂周易的人自己隨便選擇的日期，或者沒有真水準的周易愛好者選擇的日期，都不能叫做「吉日」，因為沒有庇佑人的作用，只有高手的擇吉才會成為一種保護命運的藥物。

登記結婚的時間裡，儲存了婚後生活的資訊，結婚的日期，對女人是非常重要的，關係著女人的婚後生活幸福與否。如能善用結婚吉日，可以成就事業和家庭，如擇日不善也會出現這樣那樣的不吉利，所以正確擇吉是很重要的事情。下面用二十個例題，來說明如上的觀點。這些例題都是筆者在開館預測工作中累積下來的。你可以透過我的「解析」文字，來學習或研究「西部鳳凰」派的這套預測婚姻的方法。

一般來說結婚登記的時間，和結婚接回新娘子下轎的時間，都對婚後生活有影響。運算的時候根據實際情況選用其中一個就可以了。

例題1

求測者為女，說：結婚登記日期為西曆2011年10月18日。一大早去了，10點多—11點前，拿到結婚證。

<table>
<tr>
<td>太文天天八天天天截孤蜚破
陰昌馬刑座貴福巫空辰廉碎
陷廟平陷廟平旺 廟陷 陷
忌
病符　　　　絕
災煞　2~11　癸
喪門　命宮　巳</td>
<td>貪天地天天天旬
狼鉞空喜壽廚空
旺 廟廟平 廟
大耗　　　　胎
息神　12~21　甲
貫索　父母宮　午</td>
<td>天巨龍鳳封年華
同門池閣誥解蓋
不不廟陷 得陷
祿
伏兵　　　　養
華蓋　22~31　乙
官符　福德宮　未</td>
<td>武天陀天大劫月
曲相羅才耗煞德
得廟陷廟陷
官府　　　　長生
劫煞　32~41　丙
小耗　田宅宮　申</td>
</tr>
<tr>
<td>廉天地解天
貞府劫神空
利廟陷廟廟
2010年
喜神　　　　墓
攀鞍　112~121　壬
晦氣　兄弟宮　辰</td>
<td colspan="2" rowspan="2">公历：2011年10月18日10时13分，星期二.
农历：辛卯年 九月 廿二日 巳时.
坤造 辛 戊 丙 癸（日空寅、卯）
　　 卯 戌 午 巳
甲干 廉贞-太陽　乙干 天機-太陰　丙干 天同-廉贞　丁干 太陰-巨門
戊干 貪狼-天機　己干 武曲-文曲
庚干 太陽-天同　辛干 巨門-文昌　壬干 天梁-武曲　癸干 破軍-貪狼</td>
<td>太天文祿天三天天
陽梁曲存姚臺官虛
平得廟廟廟廟平旺
權 科
博士　　　　沐浴
災煞　42~51　丁
歲破　官祿宮　酉</td>
</tr>
<tr>
<td>鈴天
星哭
利廟
身宮
飛廉　　　　死
將星　102~111　辛
歲建　夫妻宮　卯</td>
<td>七擎天陰龍
殺羊傷煞德
廟廟平
力士　　　　冠帶
天煞　52~61　戊
龍德　交友宮　戌</td>
</tr>
<tr>
<td>破右天火天
軍弼魁星月
得旺 廟
奏書　　　　病
亡神　92~101　庚
病符　子女宮　寅</td>
<td>恩寡
光宿
廟平
將軍　　　　衰
月煞　82~91　辛
弔客　財帛宮　丑</td>
<td>紫左紅天咸天
微輔鸞使池德
平旺廟陷陷廟
小耗　　　　帝旺
咸池　72~81　庚
天德　疾厄宮　子</td>
<td>天臺
機輔
平
青龍　　　　臨官
指背　62~71　己
白虎　遷移宮　亥</td>
</tr>
</table>

1、**判斷**：夫妻兩人出生地之間距離不大，不遠。

命主回饋：是同一個市。

解析：太陽、天梁星不旺，三台同度天虛星，說明距離上不是很遠。

2、判斷：妻子的性格陽光、好勝、膽大、會審美、有點挑剔、比較剛強。

命主回饋：是的。

解析：太陰、文昌、天巫、孤辰星，說明小有文采、會審美等。太陰、天馬、八座、天福星，說明好動、陽光。天刑、八座、天貴、天巫、截空、蜚廉星，說明挑剔、剛強好勝等。

3、判斷：妻子的外公、祖母已經過世。

命主回饋：外公外婆和爺爺都已經過世。

解析：妻子外公的宮位，和妻子祖母的宮位，都在巳位，太陰、文昌化忌、天刑、截空、孤辰、破碎星，說明外公、祖母已經不在。

4、判斷：丈夫的父親兄弟姊妹較多，三個左右。
命主回饋：是的，有四個。
解析：丈夫的父親宮的兄弟宮，在卯位，鈴星、天哭星，說明數量不是很多。照天梁、祿存、三台、天虛星，說明數量在三—四個。

5、判斷：丈夫的女人緣不錯，花錢大方。
命主回饋：是的。
解析：夫妻宮在卯位，鈴星、天哭星，照天梁、文曲、祿存、天姚、三台、天虛星，說明喜歡與女性來往，異性緣較好。祿存、鈴星、天虛、天梁星，說明花錢大手大腳、財來財去的。

6、判斷：丈夫的學歷不高，大專或以下。
命主回饋：大專。
解析：丈夫的官祿宮在未位，天同、巨門、龍池、鳳閣、華蓋星；丈夫的父母宮在辰位，天府、解神、天空星，照七殺、擎羊、龍德星，說明學歷不高，但是能有大專學歷。

7、**判斷**：二人2010年積蓄不多，消耗很大。

命主回饋：沒有積蓄。

解析：流年2010年在辰位，天府、地劫、天空星，照七殺、擎羊星，說明壓力很大，沒有積蓄。

例題 2

求測者為男，說：領證時間：西曆 2011 年 8 月 1 日，是 9:30–10:30 領證的。我們是先結婚，後領證的。舉辦婚禮的時間為西曆 2011 年 2 月 26 日，到家下轎時間為 10:30。

1、**判斷：**妻子是一個陽光、剛強、不服輸，而且又很善良、極具同情心理的人。

命主回饋：非常正確。

解析：夫妻宮在丑位，紫微星，照天相、天姚、龍池星，說明陽光、善良、有同

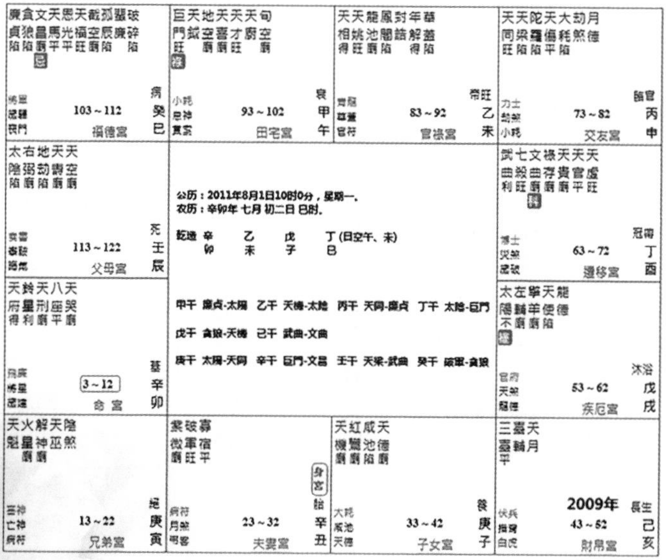

情心等。紫微、破軍星，照封誥星，說明不服輸、剛強等。

2、**判斷**：婚前同居或者說目前懷孕。

命主回饋：妻子已有身孕，今年12月預產期。

解析：夫妻宮在丑位，破軍星，照天相、天姚、龍池星，說明婚前同居或者懷孕了。子女宮在子位，天機、紅鸞、咸池、天德星，照巨門、天喜、天廚星，說明懷孕了。

3、**判斷**：丈夫也很善解人意，脾氣來得快去得也快。為人很較真，不願意受委屈。

命主回饋：正確，自尊心比較強。

解析：命宮在卯位，天府、天哭星，照文曲、祿存、天虛星，說明很善解人意、善良等。鈴星、天刑、八座星，照七殺、天官、天貴星，說明脾氣暴躁、較真等。

4、**判斷**：丈夫在2009年破財、口舌是非較明顯或者較多，很鬱悶和無奈的年份。

命主回饋：正確，容易與人糾紛。

解析：流年2009年命宮在亥位，流年官祿宮在卯位，天府、鈴星、天哭、天刑星，照七殺、文曲星化科化忌、天官、天貴、天虛星，說明這一年是非多，與人不和等。

5、**判斷**：家庭長輩能力不大，對你們二人比較照顧，不在一起住。

命主回饋：能力一般，我媽對我們比較照顧，與父母聚少離多。

解析：父母宮在辰位，太陰陷落、右弼、地劫、天空星，照左輔、擎羊、龍德星，說明長輩沒有很大能力，但是盡力幫助命主。太陰、右弼星，照太陽、左輔星，說明不在一起住。

6、**判斷**：二人的居住地附近有河流、池塘、湖泊、水庫等。

命主回饋：正確。通常住在妻子單位宿舍，附近有農場森林，河流。

解析：田宅宮在午位，巨門化祿、天喜、地空、旬空、天鉞星，照天機、天德星，說明居所附近有河流和樹林等環境。

例題3

求測者為女，說：西曆2006年4月6日登記的，當時我們著急忙慌地跑到影樓裡照了個合影，然後去登記處排隊，登記處要將中午下班了，登完記，請司機師傅吃了一頓飯。當月領證當月結婚，因為婚期都訂好的，西曆4月30日結婚，中午大約12點前到婆家。呵呵，一晃好多年前的事了。

1、判斷：妻子非獨生子。或者是丈夫

<table>
<tr>
<td>天祿地地紅天天天大龍
梁存劫空鸞貴官使耗德
得廟不廟旺平旺平陷
博士
亡神 53～62 病 癸
龍德 疾厄宮 巳</td>
<td>七左擎旬
殺輔羊空
旺旺陷廟
官府
將星 43～52 衰 甲
白虎 財帛宮 午</td>
<td>火寡天
星宿德
利不廟
伏兵
攀鞍 33～42 帝旺 乙
天德 子女宮 未</td>
<td>廉右天天天封天
貞弼馬才壽誥哭
廟不旺廟旺 廟
大耗
歲驛 23～32 臨官 丙
弔客 夫妻宮 申</td>
</tr>
<tr>
<td>紫天文陀天截天
微相昌羅月空虛
得得得廟 陷陷
力士
月煞 63～72 死 壬
歲破 遷移宮 辰</td>
<td colspan="2" rowspan="2">公历：2006年4月6日11时40分，星期四。
农历：丙戌年 三月 初九日 午时。
坤造 丙 壬 乙 壬（日空戌、亥）
戌 辰 丑 午
甲干 廉貞-太陽 乙干 天機-太陰 丙干 天同-廉貞 丁干 太陰-巨門
戊干 貪狼-天機 己干 武曲-文曲
庚干 太陽-天同 辛干 巨門-文昌 壬干 天梁-武曲 癸干 破軍-貪狼</td>
<td>天鈴
鉞星
廟得
病符
息神 13～22 冠帶 丁
病符 兄弟宮 酉</td>
</tr>
<tr>
<td>天巨天天咸月
機門姚傷池德
旺廟廟陷平
青龍
咸池 73～82 墓 辛
小耗 交友宮 卯</td>
<td>破文解陰華
軍曲神煞蓋
旺陷廟 平
身宮
喜神
華蓋 3～12 沐浴 戊
歲建 命宮 戌</td>
</tr>
<tr>
<td>貪三龍天
狼臺池巫
平平平
小耗
指背 83～92 絕 庚
官符 官祿宮 寅</td>
<td>太太破
陽陰碎
不廟陷
將軍
天煞 93～102 胎 辛
貫索 田宅宮 丑</td>
<td>武天八鳳天臺天蜚年
曲府座閣福輔廚廉解
旺廟陷廟平 廟
奏書
災煞 103～112 養 庚
喪門 福德宮 子</td>
<td>天天天天恩天孤劫
同魁喜刑光空辰煞
廟旺旺陷不平陷
2011年
飛廉
劫煞 113～122 長生 己
晦氣 父母宮 亥</td>
</tr>
</table>

的父親兄弟姊妹比較多，不少於三個。

命主回饋：我有個弟弟，老公的爸爸兄弟三個。

解析：兄弟宮和丈夫的父親的兄弟宮，都在酉位，天鉞、鈴星，照巨門、天機化權，說明妻子不是獨生；或者說明丈夫的父親有其他兄弟姊妹，長輩的兄弟姊妹通常較多，天機木五行主3或8數，取其3數，故父親兄弟姊妹不少於三個。

2、**判斷**：妻子是比較踏實、穩重的人。

命主回饋：是的。

解析：命宮在戌位，破軍星不旺，同度文曲、華蓋星，照紫微、天相、文昌化科，說明妻子比較穩重、踏實，有文采等。

3、**判斷**：妻子形象上中等個子、眼睛很漂亮，但是眼睛不大。

命主回饋：對的。

解析：命宮在戌位，破軍、文曲、文昌、陀羅、天相星，說明眼睛很漂亮迷人但是眼睛不大。紫微、天相、破軍星，說明中等個子。疾厄宮在巳位，地空、祿存、紅鸞、天貴星，照天同、天喜、恩光、天空星，說明眼睛很勾人但是眼睛不算大。天梁星不旺、地空祿存星，照天同、天魁星，說明個子普通，也就是中等個子。

4、**判斷**：婚後頭胎為男孩。

命主回饋：對的，是個男孩。

解析：子女宮在未位，火星、天德星，合七殺、左輔星，說明頭胎孩子為男孩。

5、**判斷**：2011 年容易被親人拖累，雖有人幫助，但是經濟的壓力暫時不能緩解。

命主回饋：是的，總覺得沒錢花，弟弟 2011 年結婚給他錢了。

解析：流年 2011 年命宮在亥位，天同、天喜、劫煞星，說明因為同輩人的喜事而破費等。

6、判斷：妻子和丈夫二人的出生地不在同一個市。

命主回饋：對，我在威海，他是煙臺萊州的，不是同一個市的。

解析：夫妻宮在申位，廉貞廟旺化忌、天馬星，說明夫妻兩人不是同一個出生地。夫妻宮的田宅宮在亥位，天同天魁星，說明夫妻二人的出生地不是同一個市。

例題4

求測者說：我們登記時間是西曆2009年8月14日10點左右。辦理酒席的時間是西曆2009年11月15日11點多。

1、判斷：妻子不太愛說話，但是心地善良，有文采。

命主回饋：嗯！

解析：夫妻宮在子位，天同、太陰、天魁、解神星，照祿存、地空、旬空、大耗、月德星，說明妻子是一個老

<table>
<tr>
<td>紫七右文陀龍天
微殺弼昌羅池哭
旺平平廟陷陷不
臨官
官府 36～45 己
指背
官符 田宅宮 巳</td>
<td>祿地天八旬咸大月
存空姚座空池耗德
廟廟平旺廟陷旺
帝旺
博士 46～55 庚
咸池
小耗 官祿宮 午</td>
<td>擎天天封天
羊貴傷誥虛
廟旺陷　陷
衰
力士 56～65 辛
月煞
歲破 交友宮 未</td>
<td>天火天三天天龍
鉞星喜臺巫廚德
廟陷旺旺
病
青龍 66～75 壬
亡神
龍德 遷移宮 申</td>
</tr>
<tr>
<td>天天地陰
機梁劫煞
利廟陷
權
冠帶
伏兵 26～35 戊
天煞
貫索 福德宮 辰</td>
<td colspan="2" rowspan="2">公历：2009年8月14日10时15分，星期五。
农历：己丑年 六月 廿四日 巳时。
坤造 己 壬 辛 癸 (日空午、未)
丑 申 卯 巳

甲干 廉貞-太陽 乙干 天機-太陰 丙干 天同-廉貞 丁干 太陰-巨門
戊干 貪狼-天機 己干 武曲-文曲
庚干 太陽-天同 辛干 巨門-文昌 壬干 天梁-武曲 癸干 破軍-貪狼</td>
<td>廉破左文鳳天天截蜚年
貞軍輔曲閣官使空廉解
平陷陷廟廟平陷廟　旺
忌
死
小耗 76～85 癸
將星
白虎 疾厄宮 酉</td>
</tr>
<tr>
<td>天鈴恩天天
相星光才月
陷利廟旺
沐浴
大耗 16～25 丁
災煞
喪門 父母宮 卯</td>
<td>寡天
宿德
陷廟
墓
將軍 86～95 甲
攀鞍
天德 財帛宮 戌</td>
</tr>
<tr>
<td>太巨紅天天天孤劫
陽門鸞刑福空辰煞
旺廟旺廟旺陷平
長生
病符 6～15 丙
劫煞
晦氣 命宮 寅</td>
<td>武貪天破華
曲狼壽碎蓋
廟廟廟陷陷
祿權
養
喜神 116～125 丁
華蓋
歲建 兄弟宮 丑</td>
<td>天太天解
同陰魁神
旺廟旺廟
身宮
胎
飛廉 106～115 丙
息神
病符 夫妻宮 子</td>
<td>天天臺
府馬輔
得平
2011年
絕
奏書 96～105 乙
歲驛
弔客 子女宮 亥</td>
</tr>
</table>

好人，不喜歡出風頭，話不多，但是也不害人，明哲保身，善良，而且有文采、有文娛愛好等。

2、**判斷**：妻子長得比較漂亮，眉清目秀。

命主回饋：對。

解析：夫妻宮在子位，天同、太陰、天魁星，照祿存、天姚、月德星，說明長相比較好，起碼能眉清目秀。

3、**判斷**：丈夫的父母已經不全，父親早逝。

命主回饋：丈夫的父親不在了

解析：父母宮在卯位，天相陷落、鈴星、天月星，說明父親不健全或者去世等。父母宮的疾厄宮在戌位，寡宿、天德星，照天梁星化科、陰煞星，說明只剩下名字，已經前往陰界，也就是去世了。

4、**判斷**：妻子出生地有河流、池塘、水庫等。

命主回饋：對！水庫。

解析：夫妻宮在子位，天同、太陰、天魁星，說明妻子的出生地有水環境。

5、判斷：丈夫2011年也不順利，事業原地踏步，升職無望，還破財。

命主回饋：嗯，事業不順，很鬱悶。

解析：流年2011年命宮在亥位，天府天馬星不旺，台輔星，照紫微文昌化忌，說明財運不好；事業不順利、升職無望等。流年官祿宮在卯位，天相陷落、鈴星、恩光，說明暫時沒有調動或者升遷類型的文書。

6、判斷：這兩年二人的感情也不好，是同床異夢或者生育了後代。

命主回饋：哈哈，是這樣。2011年生了兒子。

解析：流年2011年子女宮在申位，天鉞、天喜、三台、龍德、天廚星，照太陽、巨門、紅鸞、天福星，說明生育後代、添人進口等喜慶之事。

例題 5

求測者為女，說：我領證的時間是西曆1991年8月8日上午10－11點，不到11點。我領結婚證這事，過程還不順利，去了三次才領到，第一次沒有相片，第二次登記處恰巧沒有結婚證書了，此後老公都沒有時間，一直到8月8號，才勉強擠出時間。

1、判斷：結婚的時候，丈夫給的彩禮不多，或者說他們家的經濟不太好。

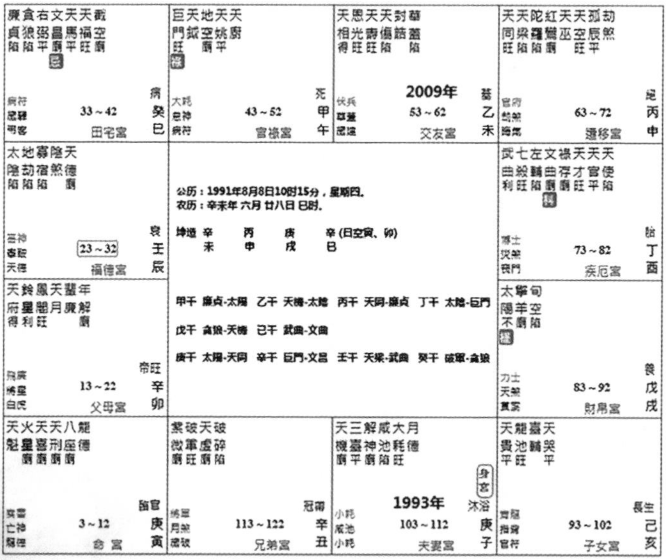

沒有給你們很豐富的物質。

命主回饋：是沒有給彩禮，因為沒有這個要求。

解析：夫妻宮在子位，天機、解神、大耗星，照巨門化祿、地空星，說明丈夫家裡的經濟狀況一般，也或者說彩禮不多。

2、判斷：丈夫的父親兄弟姊妹較多，不少於四個。

命主回饋：對。

解析：夫妻宮在子位，天機、三台星，照巨門化祿、地空星，天機五行木廟旺與子位置，說明丈夫家裡人丁興旺，數量不少，按照七〇年代這一代人定為四個。

3、判斷：丈夫在和妳婚前有過很嚴重的感情經歷，或者是二婚的。

命主回饋：對。

解析：夫妻宮的夫妻宮在戌位，太陽陷落化權、擎羊廟旺、旬空，說明丈夫是二婚的，或者之前有過感情傷害等。

4、**判斷**：1993年要是生育的話，頭胎女孩。

命主回饋：對。

解析：流年1993年命宮在子位，流年子女宮在酉位，武曲化忌、七殺、祿存、天官、天才、天使星，說明因為後代而被開刀動手術，也就是生產生育等。左輔化科、文曲化科、天官、天才、天使星，說明有後代來點卯報到了，也就是生孩子了。武曲化忌、文曲化科，說明是女孩。

5、**判斷**：2009年家裡消耗最大，長輩不吉利

命主回饋：是的，2009年公公婆婆都在這年住院先後去世。

解析：流年2009年命宮在未位，流年夫妻宮在巳位，流年夫妻宮的母親宮在辰位，太陰陷落、地劫、陰煞、寡宿、天德星，說明母親在陰府、母親遭遇陰陽交關。流年母親宮的夫妻宮在寅位，天魁、天喜、天刑、火星、八座、龍德星，照天同、紅鸞、天巫、天空星，說明父親遭遇災難後前往另一個維度空間，也就是因病去世了。

例題6

求測者為女，說：結婚證拿到手的時間是西曆2008年1月16日，上午8點多出發，到民政局應該是九點多開始辦理的。

1、**判斷**：妻子很有正義感，剛強，有霸道或逆反，刻意壓制自己的情緒。

命主回饋：我不溫柔，算是霸道的，但是很善良，總是壓抑自己的情緒，沒錯。

解析：命宮在申位，七殺、天德、

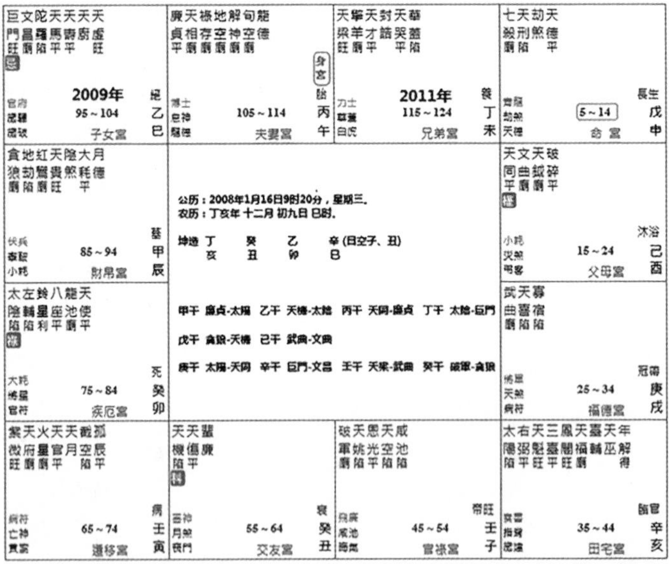

天刑陷落，殺破狼結構成，說明剛強、霸道、逆反等。照紫微、天府、火星，說明有正義感、可以壓制自我的情緒等。

2、判斷：丈夫中等個子，膚色一般。

命主回饋：中等個子，膚色偏白。

解析：夫妻宮在午位，天相、祿存、龍德星，加會紫微、天府、武曲星，照破軍星，說明丈夫的個子一般，中等個子，膚色較白。

3、判斷：2009 年的時候妻子的父母不順利，身體不好。

命主回饋：母親在 2009 年動過手術，身體不怎麼樣。

解析：流年妻子的母親宮在辰位，貪狼化權、紅鸞、陰煞、月德星，加會破軍星，照武曲化祿，說明妻子的母親在 2009 年有就醫或者手術見血的經歷。

4、判斷：2011 年感情上有不順利。

命主回饋：是的，相當不順利。

解析：流年二〇一一年的夫妻宮在巳位，巨門化忌化祿、文昌化忌、天廚、天虛星，說明有口舌爭執、矛盾較深等。而同時，流年命宮在未位，天梁、擎羊、封誥、天哭星，說明很苦惱、很剛強、不服輸等心理情況。

5、判斷：二人結婚父母給了房子。或者在房子的問題上父母曾經資助。

命主回饋：父母給了房子，買房子也是父母資助的。

解析：田宅宮在亥位，右弼、天魁、鳳閣、天福、天巫星，說明結婚的時候有房子。或者在房子問題上受到幫助等。

例題 7

求測者說：結婚時間是西曆2009年5月10日，上午10點多到婆家下車。

我們領證時間：西曆2009年9月9日，上午10點30左右。我們是先結婚後領證的。

1、判斷：妻子和丈夫出生地之間距離不大，但不是同一個市。

命主回饋：對。

解析：夫妻宮在丑位，天機星陷落、華蓋星陷落，照天梁星化科、擎羊

巨文陀龍天 門昌羅池哭不 旺廟陷陷 官府 指背 26~35 官符 臨官 己巳 福德宮	廉天祿地三旬咸大月 貞相存空空池耗德 平廟廟廟 陷陷旺 博士 咸池 36~45 小耗 帝旺 庚午 田宅宮	天擎天封天 梁羊姚誥虛 旺廟 旺 陷 祿 力士 月煞 46~55 歲破 衰 辛未 官祿宮	七天火八天天龍 殺鉞星喜座傷蔚德 廟廟陷旺廟平 **2007年** 青龍 亡神 56~65 病符 病 壬申 交友宮
貪右地天天 狼弼劫貴才 廟廟陷旺陷 祿 伏兵 16~25 冠帶 天煞 戊辰 真索 父母宮	公历：2009年9月9日10时30分，星期三． 农历：己丑年七月廿一日巳时． 坤造　己　癸　丁　乙（日空子、丑） 　　　丑　酉　巳		天天鳳天截陰 同曲閣官空廢解 平廟廟廟廟 旺 小耗 66~75 攀星 乙酉 白虎 遷移宮
太擎天 陰星刑 陷利廟 大耗 6~15 沐浴 災煞 丁卯 病素 命宮	甲干 廉貞-太陽　乙干 天機-太陰　丙干 天同-廉貞　丁干 太陰-巨門 戊干 貪狼-天機　己干 武曲-文曲 庚干 太陽-天同　辛干 巨門-文昌　壬干 天梁-武曲　癸干 破軍-貪狼		武天天喜天 曲魁使宿德 廟 廟陷陷廟 祿 將軍 76~85 息神 甲戌 吊客 疾厄宮
紫天紅天解天孤劫 微府鸞福神巫辰煞 旺廟旺旺廟 陷平 長生 病符 116~125 丙寅 晦氣 兄弟宮	天破華 機碎蓋 陷陷陷 **身宮** 吊神 106~115 喪門 貫索 丁丑 夫妻宮	破天恩 軍魁光 廟旺平 飛廉 96~105 晦氣 病符 丙子 子女宮	太天喜天 陽馬輔月 陷平 奏書 86~95 歲驛 乙亥 哥氣 財帛宮

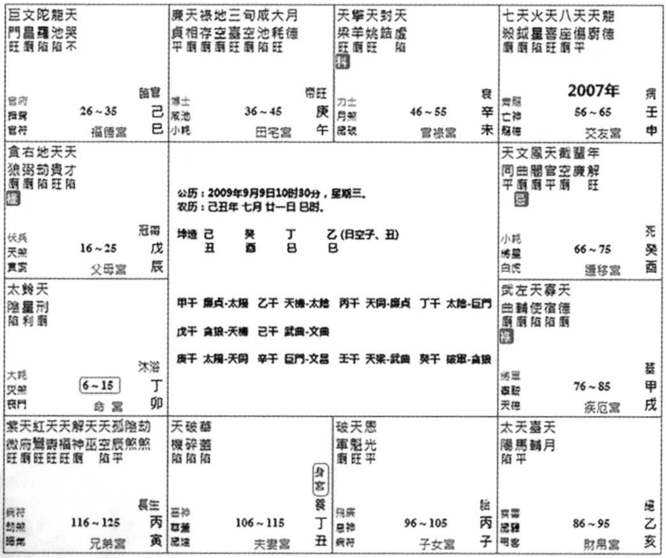

星、封誥星，說明妻子和丈夫的出生地之間距離不大，但是不是同一個市。

2、判斷：妻子是一個很陽剛的人，爭強好勝，獨立性很強。

命主回饋：對。

解析：命宮在卯位，太陰陷落、鈴星利勢、天刑廟旺，說明爭強好勝、獨當一面、陽剛等。

3、判斷：在婚前因為經濟、彩禮等問題有過不愉快。

命主回饋：是。

解析：財帛宮在亥位，太陽陷落、天馬、台輔星，照巨門、文昌星，說明為了落實彩禮的數字來回奔忙，或者說在彩禮問題上說法不一致等。

4、判斷：2007 年的時候妻子曾有過地點變化或者環境變換。

命主回饋：換工作地點。

解析：流年 2007 年命宮在申位，流年官祿宮在子位元，殺破狼結構成，破軍、天魁、恩光星，照天相、祿存、地空、旬空、三台星，說明失去工作或者換工作等。

5、**判斷**：二人的年齡差距不大，四歲之內。

命主回饋：兩歲。

解析：夫妻宮天機星陷落，照天梁星化科、天姚、擎羊廟旺、封誥星，說明夫妻不是同歲而是有差距，但是差距不會很大，在三、四歲之內。

6、**判斷**：你們的孩子，頭胎是女孩。

命主回饋：是的。

解析：子女宮在子位，破軍、天魁、恩光星，加會貪狼、右弼，七殺、天鉞星，說明頭胎孩子是女孩可能性大。

例題 8

求測者說：結婚證拿到手的時間是西曆2008年2月18日午時。領證那天很搞笑，我們一大早跑去登記處，照相、填表、排隊，輪到我們了，工作人員說我們不應該在這個區辦，應該到另外一個區去辦，然後我們再跑到另一個區，就這樣拿到證的時候都中午了。

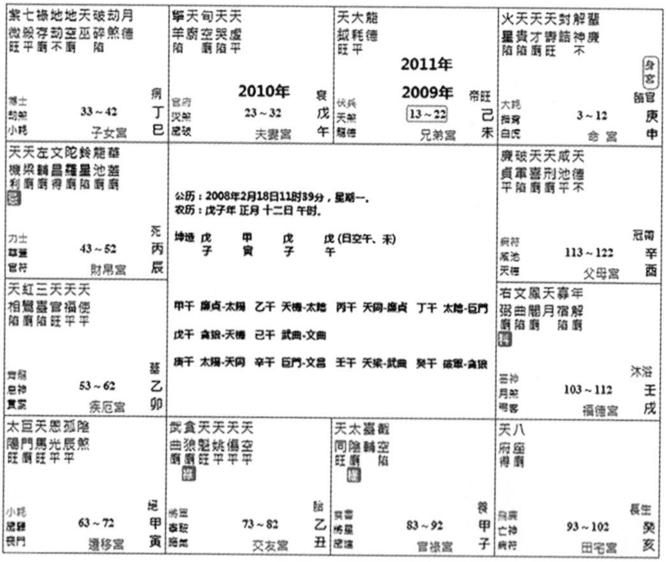

1、**判斷**：妻子是一個直來直往、為人踏實誠懇的人，有點豪爽義氣。但是有時候也顯得霸道一點。

命主回饋：對。

解析：命宮在申位，火星、天才星，合紫微、劫煞星，照太陽、巨門、天馬星，說明直來直往，有踏實誠懇的一面，也有豪爽義氣的一面，還有一些霸道。

2、**判斷**：丈夫女人緣份不錯，也很文雅、和善、大方。

命主回饋：對。

解析：夫妻宮在午位，陷落的擎羊、天廚星，照天同、太陰化權，說明女人緣份好，溫和大方等。

3、**判斷**：婚後2009年收入稍好。

命主回饋：是的。

解析：流年2009年的命宮在未位，天鉞、龍德星，照武曲化祿、貪狼化祿化權、天魁星，說明這一年收入較好。

4、判斷：二人2010年生育後代，女孩。

命主回饋：是的。

解析：流年2010年子女宮在卯位，天相陷落、紅鸞、天福、天使星，說明有生育之喜，為女孩。

5、判斷：丈夫的父親兄弟姊妹比較多，三個以上。

命主回饋：對。

解析：夫妻宮的父親宮的兄弟宮在午位，擎羊、天廚、旬空星，照天同、太陰化權，說明兄弟姊妹較多，太陰為水，其五行之數為1或6，取6，因旬空而減少，故斷3數以上。

6、判斷：丈夫的母親形象較好。

命主回饋：是的。

解析：夫妻宮的母親宮在巳位，紫微、地劫、地空、劫煞、月德星，說明母親形象周正、方圓類的臉型、不胖等。

7、**判斷**：丈夫 2011 年財運壓力較大，積蓄不多。

命主回饋：炒股虧的。

解析：流年 2011 年命宮在未位，流年財帛宮在卯位，天相陷落、宮氣不旺，說明手頭的資金不充盈。但是這一年收入還是不錯的，只是都壓在股市了。

例題 9

求測者說：結婚日是西曆 2005 年 1 月 22 日早上 8 點下轎。

1、**判斷**：新娘個性好強好勝，脾氣比較直。有時候顯得比較剛烈。

命主回饋：脾氣直，暴躁，好強好勝。

解析：命宮在酉位，天同、天空星，合貪狼、蜚廉、陰煞、華蓋星，說明爭強好勝、直來直往的，大喜大悲的狀態、很情緒化。

<table>
<tr>
<td>巨恩天天劫天
門光才廚煞德
旺平廟　　旺
身宮
長生
大耗
劫煞　44～53　己
天德　財帛宮　巳</td>
<td>廉天文火封解旬
貞相昌星誥神空
平廟陷廟　廟廟
祿
2005年　養
病符
災煞　34～43　庚
弔客　子女宮　午</td>
<td>天天地紅天天寡
梁鉞空鸞貴官宿
旺旺平陷旺廟不
2008年　胎
喜神
天煞　24～33　辛
病符　夫妻宮　未</td>
<td>七文天截
殺曲刑空
廟得陷廟
絕
飛廉
指背　14～23　壬
咸池　兄弟宮　申</td>
</tr>
<tr>
<td>貪天蜚陰華
狼使廉煞蓋
廟陷　　廟
沐浴
伏兵
華蓋　54～63　戊
白虎　疾厄宮　辰</td>
<td colspan="2" rowspan="2">公历：2005年1月22日8时0分，星期六。
农历：甲申年 十二月 十三日 辰时。
坤造 甲 丁 丙 壬 (日空寅、卯)
　　 申 丑 午 辰
甲干 廉貞-太陽　乙干 天機-太陰　丙干 天同-廉貞　丁干 太陰-巨門
戊干 貪狼-天機　己干 武曲-文曲
庚干 太陽-天同　辛干 巨門-文昌　壬干 天梁-武曲　癸干 破軍-貪狼</td>
<td>天天天咸破
同福空池碎
平廟旺平平
2010年　墓
奏書
咸池　4～13　癸
晦氣　命宮　酉</td>
</tr>
<tr>
<td>太左擎地三大龍
陰輔羊劫臺耗德
陷陷陷平陷不
冠帶
官府
息神　64～73　丁
龍德　遷移宮　卯</td>
<td>武臺天
曲輔哭
廟　平
科
死
將軍
月煞　114～123　甲
喪門　父母宮　戌</td>
</tr>
<tr>
<td>紫天祿鈴天鳳天天天年
微府存星馬閣傷月虛解
旺廟廟廟旺廟平　旺廟
臨官
博士
歲驛　74～83　丙
歲破　交友宮　寅</td>
<td>天天陀天天月
機魁羅喜壽德
陷旺廟陷廟
帝旺
力士
攀鞍　84～93　丁
小耗　官祿宮　丑</td>
<td>破天龍
軍姚池
廟陷旺
權
衰
青龍
將星　94～103　丙
官符　田宅宮　子</td>
<td>太右八天孤
陽弼座巫辰
陷平廟　陷
忌
病
小耗
亡神　104～113　乙
貫索　福德宮　亥</td>
</tr>
</table>

2、**判斷**：2005年經濟上沒有起色，稍顯緊張一點。

命主回饋：2005年創業，經濟不好。

解析：流年2005年命宮在午位，其財帛宮在寅位，紫微、天府、天馬星，照七殺星，說明創業了。祿存、鈴星、天虛星，加會天相、廉貞化祿、解神、旬空星，說明經濟上不充盈，耗財、投資等。

3、**判斷**：2008年後代身體欠佳。

命主回饋：孩子體弱，似乎從出生一直身體都不太好。

解析：流年2008年子女宮在辰位，其疾厄宮在亥位，太陽化忌、天巫、右弼，所以這一年孩子的體質較差，小毛病多。

4、**判斷**：2010年，事業開始走好運氣了，經濟是好多了。

命主回饋：對，尤其是2010。

解析：流年2010年命宮在酉位，其官祿宮在丑位，天機陷落、天魁、陀羅星，

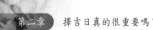

照天梁、天鉞、天官、天貴星，說明事業在正常運轉，比較順利。這一年的財帛宮在巳位，巨門、天才、天廚、天德、恩光、劫煞星，說明財運較好，雖有破費但是手頭比較寬鬆。

5、**判斷**：丈夫是做商業或者技術性工作的。

命主回饋：技術。

解析：夫妻宮在未位，夫妻宮的官祿宮在亥位，太陽化忌、八座、天巫星，照巨門、天才、天廚、天德、劫煞星，說明不是政府部門，是技術性質工作。

例題10

求測者說：結婚登記是西曆2010年10月10日上午8點40的樣子。婚禮2010年12月4日上午9點多。

1、**判斷**：新郎的女人緣不錯，是個萬人熟。

命主回饋：有十幾個女朋友，不過每個交往的時間都很短，一個月或幾天。

解析：夫妻宮在辰位，貪狼、解神、天哭星，照武曲化權、台輔星，說

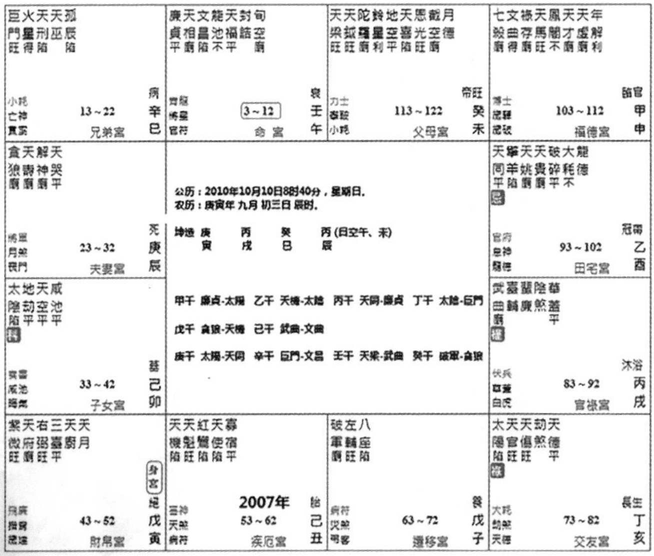

明新郎好動、好說、好交往，人緣就會較好。

2、判斷：新郎和新娘兩家距離比較近。

命主回饋：現在兩個成都的家很近。

解析：夫妻宮的田宅宮在未位，天梁、天鉞、陀羅、截空星，說明距離不遠，較近。

3、判斷：新娘中等個頭，方圓類的臉型。形象還可以。

命主回饋：這個對的。

解析：命宮在午位，廉貞、天相、封誥、旬空星，加會紫微、天府星，武曲化權，照破軍、左輔星，說明中等個子，方圓臉型。天相、文昌、天福、龍池星，說明長相稍好。

4、判斷：新郎的父親兄弟姊妹較多不少於三個。

命主回饋：他父親兄弟姐妹三個。

解析：夫妻宮的父親宮在巳位，巨門火星天刑孤辰星，說明他父親姊妹兄弟數量不大。父親宮的兄弟宮在辰位，貪狼、解神、天哭星，照武曲星，加會破軍星，說明他父親兄弟姊妹之中有折損之人，貪狼五行之數為3或8，而取3數，但是不會少於3數。

5、判斷：2007年的時候新娘子的父母不順利，身體不好。

命主回饋：是身體不好。

解析：流年2007年命宮在丑位，其父母宮在寅位，紫微、天府、三台、天廚、天月星，說明夫婦二人身體欠佳、有病等。

6、判斷：今年暫時沒有懷孕。

命主回饋：沒懷孕，更沒打算。

解析：子女宮在卯位，太陰陷落化科、地劫、咸池、天空星，說明暫時沒有懷孕，在享受二人世界。

例題11

求測者說：結婚登記證是西曆2008年8月28日上午9點多；婚禮是2008年9月6日上午10點多。

1、**判斷**：新娘脾氣比較直，有啥說啥，不善巧言，也很活潑，有文娛愛好。

命主回饋：對。

解析：命宮在卯位，紫微、天刑、天官星，說明不會巧言弄舌、有啥說啥等。貪狼化祿、天才、紅鸞星，說明有文娛愛好、活潑等。

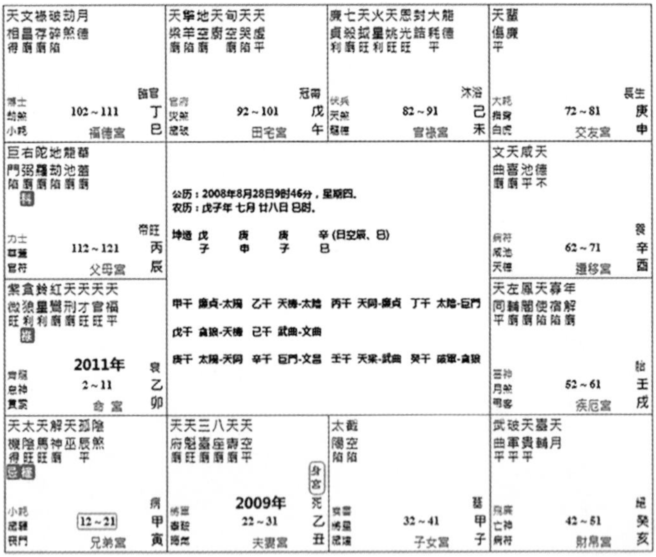

2、判斷：新郎和新娘兩個人出生地之間距離較大。

命主回饋：我吉林，他黑龍江。

解析：夫妻宮在丑位，天府、三台、八座，說明兩家距離很遠。不是同一個省份。

3、判斷：2009年的時候花錢比較多，老人身體較差，或者懷孕。

命主回饋：2009年9月懷孕。

解析：流年2009年命宮在丑位，其子女宮在戌位，天同、左輔、鳳閣、天使星，照右弼化科、龍池、陀羅星，說明這一年會懷孕。

4、判斷：2011年增加了收入。

命主回饋：是的，2011年收入增加。

解析：流年2011年在卯位，其財帛宮在亥位，武曲、破軍、台輔星，照祿存、文昌、劫煞、月德星，說明雖有破耗，但是收入有所增加。

5、判斷：新郎長相不錯，中等個子。

命主回饋：對。

解析：夫妻宮在丑位，天府、天魁、天壽星，照七殺、天鉞、天姚、恩光、龍德星，說明新郎長相不錯，中等個子。

6、判斷：新郎的祖母壽命比較長。

命主回饋：對。

解析：新郎的祖母宮在丑位，天府、天魁、天壽星，照七殺、天鉞、封誥、恩光、龍德星，說明他祖母壽命比較長，能高壽等。

例題12

求測者說：婚禮那天，接回婆家，下車的時間是西曆2007年10月4日11點多。

1、**判斷**：新郎和新娘兩個人的出生地之間比較遠。

命主回饋：對。

解析：夫妻宮的田宅宮在辰位，太陽、文昌、八座、月德星，照太陰化祿、三台星，說明兩家距離比較遠。

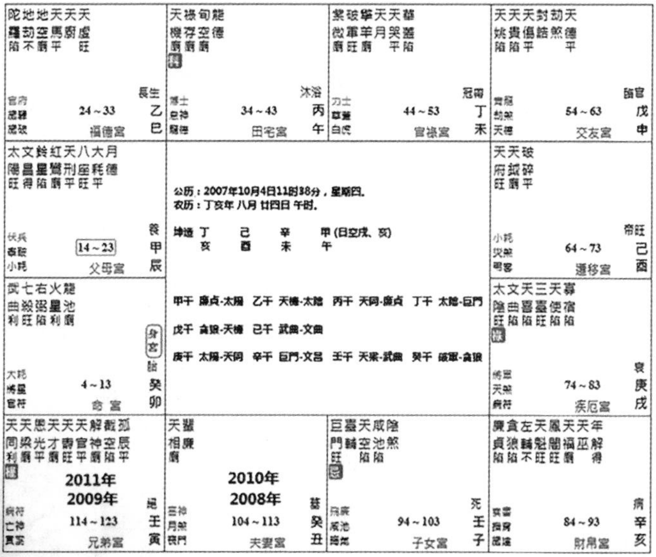

2、判斷：新郎家經濟條件一般。

命主回饋：對，離鄉背井啊！

解析：夫妻宮的財帛宮在酉位，天府、天鉞星，照七殺、火星、龍池星，說明新郎家生活能溫飽但是並不屬於富裕。

3、判斷：新郎身高在 173 之下。新娘身高在 165 以上。

命主回饋：對。我是 168。我老公 172。

解析：夫妻宮天相，照紫微破軍擎羊星，說明新郎身材不高，按照男人 173 公分屬於中等，那麼新郎的身高應該在這之下。命宮武曲七殺星，照天府天鉞星，說明身材中等略高，按照女子 162 公分為中等，那麼新娘不低於 165 公分。

4、判斷：2008 年若非生育後代，就是有夫妻口舌。

命主回饋：2008 年有孩子。

解析：流年 2008 年命宮在丑，其子女宮在戌位，太陰化祿化權、文曲、天喜、天使星，照太陽、紅鸞星，加會天機化科化忌，說明有機會懷孕，有生育之喜等。

5、**判斷**：2009年有花錢項目。

命主回饋：2009年開超市。

解析：流年2009年命宮在寅位，其財帛宮在戌位，太陰化祿、文曲化忌，加會天機化科，照太陽星，說明有較大的資金出入和變動情況，比如投資、置業等。

6、**判斷**：2010年收入較好，但是開銷也很大，實際積蓄不多。

命主回饋：是的，買了房子。

解析：流年2010年命宮在丑，其財帛宮在酉位，天府、天鉞星，照七殺、火星、龍池星，說明一次性或者突然花掉銀行裡的積蓄，然後感到生活有壓力等。也就是有較大花費。天府、龍池星，說明是因為買房子而出現的經濟壓力等。

7、**判斷**：2011年新郎和新娘小的口角不斷。

命主回饋：是，天天吵架。

解析：流年 2011 年命宮在寅位，其夫妻宮在子位，巨門化忌化祿、台輔星，照天機化科、祿存、旬空星，說明夫妻因為錢和生意上的事情小口舌不斷。

例題13

求測者說：辦理喜事那天，落轎的時間是二〇〇六年1月1日的8點至9點間。

1、**判斷**：新娘心地善良，單純、直率。

命主回饋：呵呵。還好從你口中說出來，不然有自誇之嫌。

解析：命宮在酉位，天同、天哭星，照祿存、天虛星，說明心慈面軟、單純、多愁善感等。

巨破 門碎 旺陷 身宮 青龍 指背 白虎 82～91 財帛宮 絕 辛巳	廉天文紅恩天封解天截旬咸天 貞相昌鸞光才誥神廚空空池德 平廟陷旺廟旺 廟 廟廟陷旺 小耗 咸池 天德 92～101 子女宮 胎 壬午	天火地寡 梁星空宿 旺利平不 權 將軍 月煞 弔客 2007年 102～111 夫妻宮 養 癸未	七文天天天天 殺曲鉞刑貴福 廟得廟陷陷廟 奏書 亡神 病符 2008年 112～121 兄弟宮 長生 甲申
貪擎三天天陰龍 狼羊臺官使煞德 廟廟廟旺陷 力士 天煞 龍德 72～81 疾厄宮 墓 庚辰	公历：2006年1月1日8時19分，星期日. 农历：乙酉年 十二月 初二日 辰时. 坤造 乙 戊 庚 庚 (日空午、未) 酉 子 寅 辰		天天 同哭 平不 飛廉 將星 歲建 2009年 2～11 命宮 沐浴 乙酉
太左祿地天 陰輔存劫虛 陷陷廟平廟 忌 博士 災煞 歲破 62～71 遷移宮 死 己卯	甲干 廉貞-太陽 乙干 天機-太陰 丙干 天同-廉貞 丁干 太陰-巨門 戊干 貪狼-天機 己干 武曲-文曲 庚干 太陽-天同 辛干 巨門-文昌 壬干 天梁-武曲 癸干 破軍-貪狼		武八臺天 曲座輔空 廟平 陷 喜神 攀鞍 晦氣 2010年 12～21 父母宮 冠帶 丙戌
紫天陀鈴天天天大劫月 微府羅星壽傷月耗煞德 旺廟陷廟旺平 陷 科 官府 劫煞 小耗 52～61 交友宮 病 戊寅	天龍鳳年華 機池閣解蓋 陷平平得陷 祿 伏兵 華蓋 官符 42～51 官祿宮 衰 己丑	破天天天 軍魁喜姚 廟旺旺陷 大耗 息神 貫索 32～41 田宅宮 帝旺 戊子	太右天天孤蜚 陽弼馬巫辰廉 陷平平 陷 病符 歲驛 喪門 22～31 福德宮 臨官 丁亥

2、判斷：新娘肺呼吸系統比較弱一些。

命主回饋：是，呼吸系統不大好。

解析：疾厄宮在辰位，貪狼、擎羊、天官、陰煞星，照武曲星，加會破軍、天喜、天魁星，說明肛腸或者呼吸系統比較薄弱。尤其是酒色過度就更加明顯。

3、判斷：2007年積蓄不大。

命主回饋：沒錯，向來不積蓄。

解析：流年2007年命宮在未位，其財帛宮在卯位，太陰化忌化祿、祿存、地劫、天虛星，說明這一年增加了收入但是仍然積蓄不大。

4、判斷：2008年生育，若是頭胎為男孩。

命主回饋：是呀，男寶。

解析：流年2008年命宮在申位，其子女宮在巳位，巨門、破碎星，合七殺廟旺、文曲、天福星，說明因為後代而做手術，也就是說剖腹產、生育等，是男孩可能性大。

5、**判斷**：2009年收入或者積蓄較好。這一年受到長輩的幫助。

命主回饋：長輩幫助比較多。

解析：流年2009命宮在酉位，其財帛宮在巳位，巨門星，合七殺、天鉞、天福星，說明這一年收入較多。其父母宮在戌位，武曲化祿，說明受到長輩的幫助，在金錢上幫助等。

6、**判斷**：2010年夫妻有點不和，但是不嚴重。

命主回饋：有點小矛盾，主要是老公老是和兒子吃醋。

解析：流年2010年命宮在戌位，其夫妻宮在申位，七殺、文曲、天鉞、天福星，合巨門星，說明夫妻感情緊張、有口舌等。

例題14

求測者說：我和老公辦理登記是西曆2010年11月4日下午17點25左右，是登記處下班的時候。我的生日是1981年1月7日，不知道時辰。

1、**判斷**：丈夫有點頭腦簡單，容易被別人的思想干擾。

命主回饋：是的，常常被他父母唆使，只聽信他父母的，從不聽信我的。

解析：夫妻宮在亥位，巨門、八座、劫煞、封誥、天官星，照太陽化祿，

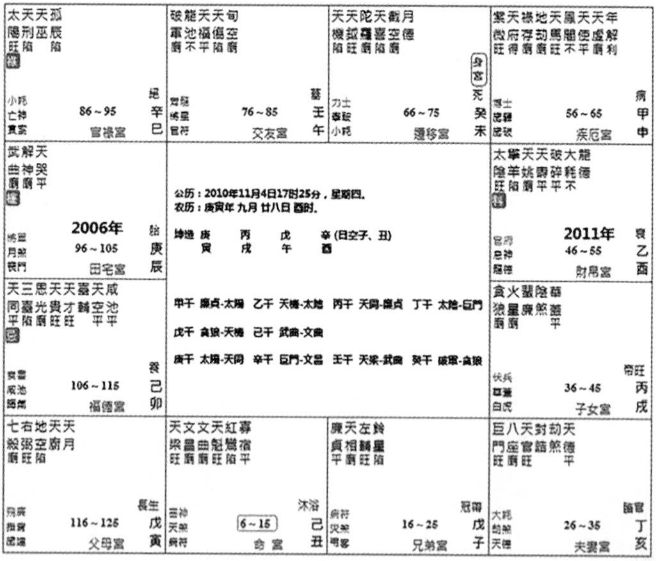

說明心地善良，但是說話沒個把門的，受別人干擾較多。

2、**判斷**：丈夫 2010 年破財，或者其母親不吉。

命主回饋：去年丟了錢包，損失 2000 多元。

解析：夫妻宮的財帛宮在未位，天鉞、截空、陀羅星，照天梁、文昌、文曲、天魁星，說明有丟失財物或者證件等情況。

3、**判斷**：妻子在 2006 年的時候感情不順利，或者身體不好。

命主回饋：感情糾結，身體是不好。血尿。

解析：流年 2006 年命宮在辰，其疾厄宮在亥，巨門、封誥、劫煞星，照太陽化祿，說明泌尿系統或者眼睛有疾病。

4、**判斷**：妻子比較好強，有點敏感、霸道。

命主回饋：是的，非常敏感，也有些自卑。

解析：命宮天梁、文曲、文昌、天魁星，照陀羅、截空星，說明自立自強，有文娛愛好，很敏感，也有點霸道。

5、判斷：妻子 2011 年的時候事業不順，或者暫時停業。

命主回饋：2011 年在家裡帶小孩，沒上班。

解析：流年 2011 年命宮在酉位，其官祿宮在丑位，天梁、文曲、文昌、天魁星，照陀羅、截空星，說明辦理留職停薪，吃老本。

6、判斷：女兒白皙的皮膚，方圓類的臉型。

命主回饋：是的，身上皮膚黑黑的，就是小臉白白的。臉圓圓的。

解析：子女宮在戌位，貪狼火星，照武曲化權，說明孩子很聰明，好動、脾氣不好，圓臉型、膚色白等。

7、判斷：女兒肝膽消化方面較差，或者有食癖。

命主回饋：消化不好，不思飲食。

解析：子女宮在戌位，其疾厄宮在巳位，太陽化祿，合紫微、天府、祿存、地劫、天馬星，照巨門、八座、劫煞、封誥星，說明腸胃肚腹方面不太好。貪玩、不思飲食等。

例題15

求測者說：領證是西曆2009年10月20日 上午11點前，當時是買完戒指回來才去，登記處沒下班 但是也不會很早了。女的，出生在1984年1月15日X省X市。

1、判斷：女方是個很實在的人，比較心直口快、不算計人、心機少。

命主回饋：對的。

解析：命宮巨門、文昌星，合七殺、天鉞、天喜、天廚、龍德星，說明

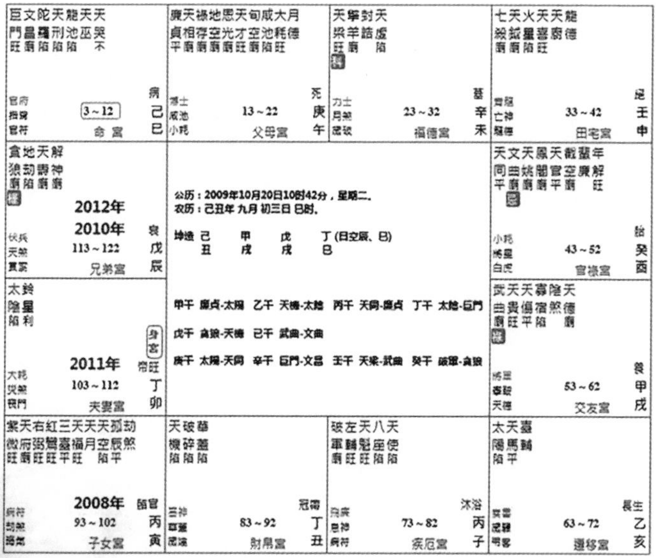

心直口快、心機少，不算計人。

2、**判斷**：在婚前，女方有親密男友沒成功，否則就是老公有過深刻戀情。

命主回饋：嗯，我婚前那個戀愛很深，沒發生關係。老公婚前也有談了多年的女友。

解析：夫妻宮在卯位，太陰陷落、鈴星，照天同、文曲化忌、天姚、鳳閣、截空星，說明是之前的戀愛帶來的心理傷害。

3、**判斷**：男方的父親兄弟姊妹很多，五個以上。

命主回饋：公公家裡兄弟共四個，姊妹我知道的是2個。

解析：夫妻宮的父親宮在辰，貪狼化權、天壽、解神星，照武曲化祿、天貴、天德星。父親宮的兄弟宮在卯位，太陰、鈴星，照天同在癸酉、文曲、天姚星，說明男方的父親兄弟姊妹較多，天同水五行之數為1或6，取5數，不少於五個。

4、判斷：女方在2008年曾經破財。

命主回饋：2008年畢業，來外地找這個前男友，花費是蠻多的。

解析：流年2008年命宮在寅位，其財帛宮在戌位，武曲化祿、陰煞星，照貪狼化權化祿、解神，加會天、相祿存、旬空、地空、大耗星，說明花費多、暗耗、消耗等。

5、判斷：2010年生育方面不順利，或者夫妻其一生殖系統有小毛病。

命主回饋：2010年生的兒子，順產沒順下來，最後剖腹產了。

解析：流年2010年命宮在辰位，其子女宮在丑位，天機、破碎星，照天梁化科、封誥、擎羊星，說明因為孩子或者生產而進行手術等。

6、判斷：2011年男方事業壓力很大，競爭力很大，有機會但是不好把握。

命主回饋：2011年上半年老公工作還可以，7月份辭職換了城市。

解析：流年2011年命宮在卯位，其夫妻宮在丑位，夫妻宮的官祿宮在巳位，巨門化祿、文昌化忌、天巫，說明工作較順利，出行多或者換工作了。

7、**判斷：**2012 年男方有工作變化。

命主回饋：2012 年西曆 2 月份中旬老公換了新工作。

解析：流年 2012 年命宮在辰位，夫妻宮的官祿宮在午位，天相、祿存、地空、恩光、天才、旬空、大耗星，加會紫微化權、天府、右弼、三台，照破軍、左輔化科、天魁星，說明為了獲得更大突破或者獲得更多收入而換工作。

例題16

求測者說：領證日期是西曆2005年10月28日，上午10點左右。我生辰是西曆1977年6月27日。

1、**判斷**：妻子是一位有才華的女子，聰明，但是脾氣不太好，有點霸道容易衝動。

命主回饋：是的，脾氣很不好，霸道、衝動都是有的。

解析：命宮天同、文昌、天巫、天刑星，合貪狼、天鉞、天福星，說

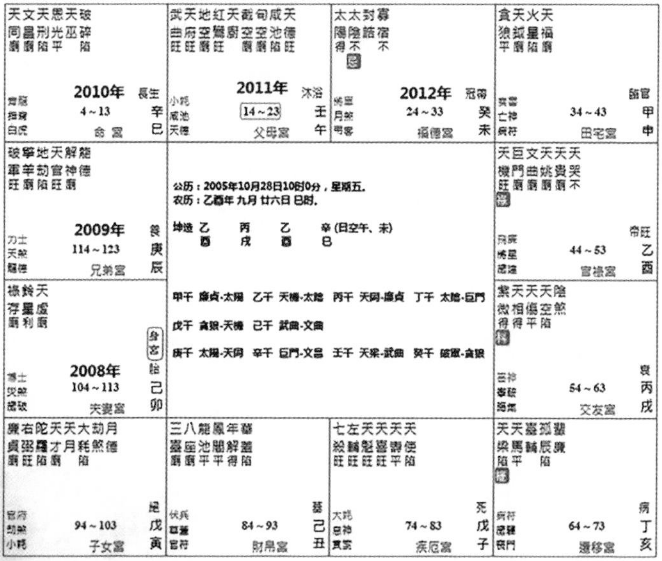

明很有才華和才思，聰慧，但是脾氣有點任性、衝動。

2、**判斷**：妻子下肢有過傷，或者婦科容易出現小毛病。

命主回饋：下肢沒有傷，婦科有些小毛病。

解析：疾厄宮七殺、左輔、天魁、天喜星，照武曲、天府、紅鸞、天廚、天德、地空、截空、旬空星，說明婦科有暗疾小毛病。

3、**判斷**：妻子形象較好，身材高。

命主回饋：公認美女，個子高，170 公分。

解析：命宮天同、文昌、恩光星，合貪狼、天鉞星，說明形象好，是個迷人的美女。

4、**判斷**：妻子的母親在 2008 年時候身體不好。

命主回饋：是的，母親身體不好。

解析：流年 2008 年命宮在卯位，其母親宮在寅位，廉貞、右弼化科、天月、劫煞星，說明身體欠佳，有暗疾。

5、**判斷**：2009年的時候丈夫自己事業不濟。

命主回饋：09年老公工作不順利。

解析：流年2009年命宮在辰位，其夫妻宮在寅位，而夫妻宮的官祿宮在午位，武曲化祿、天府、天廚、天德、地空、截空、旬空星，照七殺、左輔、天魁星，說明事業上壓力大、增收少、有職無權等狀態。

6、**判斷**：二人在2010年感情淡化，出現矛盾。破財。

命主回饋：是的，這年他有了外遇。

解析：流年2010年命宮在巳位，其夫妻宮在卯位，祿存、鈴星、天虛星，照天機、巨門、天姚、文曲星，說明破財、財來財去等；同時感情不好，有外遇機會。

7、**判斷**：2011年夫妻感情出現嚴重問題。破財。

命主回饋：感情不好，鬧離婚，而且我投資損失幾十萬，算是破財。

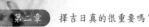

解析：流年 2011 年命宮在午位，其夫妻宮在辰位，破軍、擎羊、天官、龍德、解神星，照紫微、天相、陰煞星，說明感情惡化，鬧離婚。而這年命宮的武曲、天府、地空、截空、旬空星，說明這一年很破財。

8、**判斷**：2012 年破費較多。不利長輩。

命主回饋：花費大，他妹妹結婚陪嫁，都是我們出的錢。

解析：流年 2012 年命宮在未位，其兄弟宮在午位，武曲化忌、天府、天德、地空、截空、旬空、紅鸞星，說明因為兄弟姊妹的婚事有所破費。

例題17

求測者為女生，說領證時間為：西曆2001年11月16日早上10點左右。

1、判斷：男方家庭條件較好。

命主回饋：比女方家庭條件好。

解析：夫妻宮紫微、天相、天喜星，加會武曲、天府星，說明男方家境較好。

2、判斷：女子比較豪爽，做事注重效率，比較負責任的一個人。

命主回饋：呵呵。這個對！

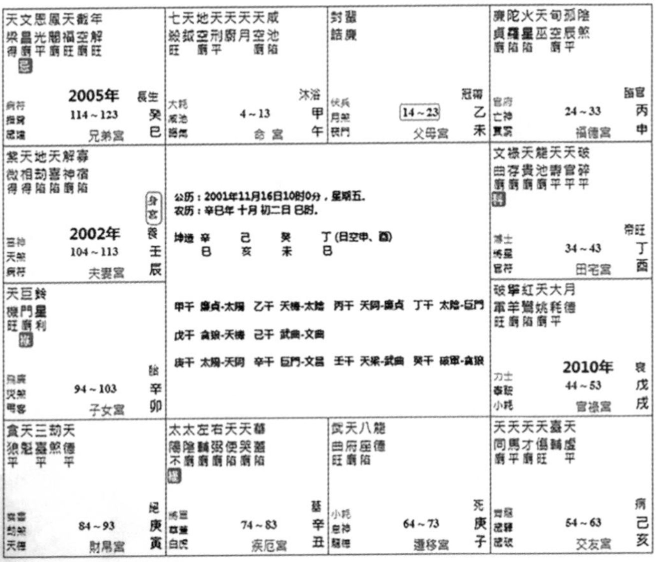

解析：命宮七殺、天鉞、天刑星，照武曲、天府星，說明豪爽義氣、精明幹練、做事有效率、責任心強等。

3、**判斷**：2002 年經濟壓力較大。

命主回饋：是。

解析：流年 2002 年命宮在辰位，其財帛宮在子位，武曲化忌、天府星，照七殺、天刑、地空、天空星，說明壓力大、煎熬，財運不太好等。

4、**判斷**：2005 年事業上進展較好。

命主回饋：有進展。

解析：流年 2005 年命宮在巳位，其官祿宮在酉位，祿存、文曲、天貴、龍池星，照天機、巨門化祿，說明這一年事業進步，比較順利。

5、**判斷**：頭胎男孩可能性較大。

命主回饋：男孩。

解析：子女宮天機、巨門化祿，照天貴、龍池星，加會天同星，說明後代中可以有一男一女，頭胎是男孩可能性大。

6、**判斷**：2010年長輩近親不順利。

命主回饋：對。

解析：流年2010年命宮在戌位，其父母宮在亥位，天同化忌、天馬、天傷、天虛星，說明長輩有不順利。

例題18

求測者說，於2011年3月5日12點註冊結婚。女，出生地：X省X市，出生於1982年。

1、判斷：女方的個人形象不錯。中等個子162公分左右。也很聰明。

命主回饋：是的，呵呵，自誇一下。

解析：命宮紫微、貪狼、祿存、天官、天貴星，說明形象周正、漂亮；身高中等；聰明。

2、判斷：女方婚前曾經有一個親密男

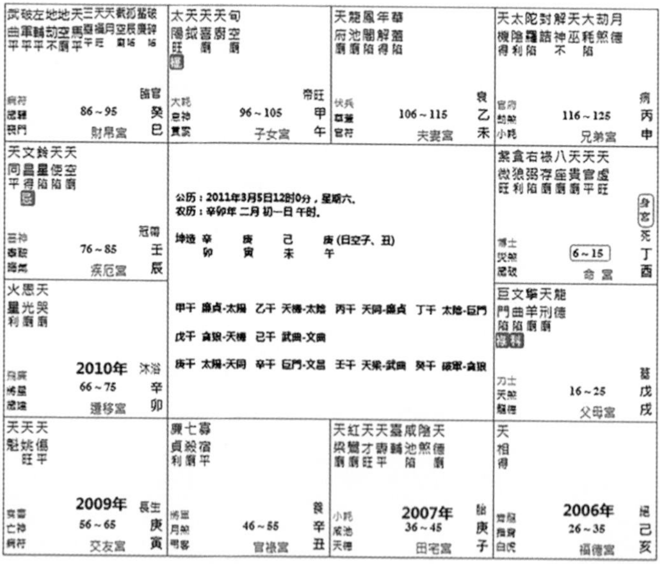

友，外地的。否則現在的丈夫不是獨子。

命主回饋：都對了。

解析：命宮紫微、貪狼、八座、天虛星，說明婚前有一個男友，外地的。

3、**判斷**：女方的學歷不低於本科。

命主回饋：是的。

解析：官祿宮七殺星，照天府、龍池、鳳閣星；父母宮巨門化祿、文曲化科、擎羊、天刑星，說明有學歷，本科，但是如果學習法律類型的可以達到研究生。

4、**判斷**：女方2006年事業上有不錯的機遇，文上有喜慶，長輩、老師等幫助等。

命主回饋：神准。

解析：流年2006年命宮在亥位，天相星，表示這一年比較順利遂意，有受獎或者證書類獲得機會，也容易受熟人的提攜。其官祿宮在卯位，恩光天哭星，照紫微、祿存、天貴、八座星，說明事業上有好機遇、受人重用等。

5、**判斷**：男方2007買房或者買車，破費較多。

命主回饋：是的。

解析：流年2007年命宮在子位，其財帛宮在申位，天機化科、太陰、劫煞，說明花錢買車等。

6、**判斷**：女方2009年有過出行，這年受到親朋、同事等的幫助。

命主回饋：是的。

解析：流年2009年命宮在寅位，天魁星，合天相星，說明受到親朋幫助。其遷移宮在申位，天機、太陰星，說明有出行經歷。

7、**判斷**：女方2010年事業上的壓力比較大，感情糾結。

命主回饋：二者都有。

解析：流年2010年命宮在卯位，其官祿宮在未位，天府、龍池、鳳閣星，照七殺星，說明事業上壓力較大。其夫妻宮在丑位，七殺、寡宿、廉貞星，照天府、龍池、鳳閣星，說明對方出入娛樂場所較多而自己獨守空房等。

8、**判斷**：男方個子高，不低於175公分，有點胖。

命主回饋：是的。

解析：夫妻宮天府、龍池、鳳閣星，照七殺星，說明男方身材很高，比較胖或者說魁梧等。

例題19

求測者說，結婚登記時間為西曆2009年9月9日上午10點多，女，出生西曆1986年1月1日8。

1、**判斷**：女方是一個好強、獨立性強、很有審美情趣的人。

命主回饋：對。

解析：命宮太陰、鈴星、天刑星，照天同、文曲、鳳閣星，說明倔強、好強、獨立性強、有藝術細胞、會審美等。

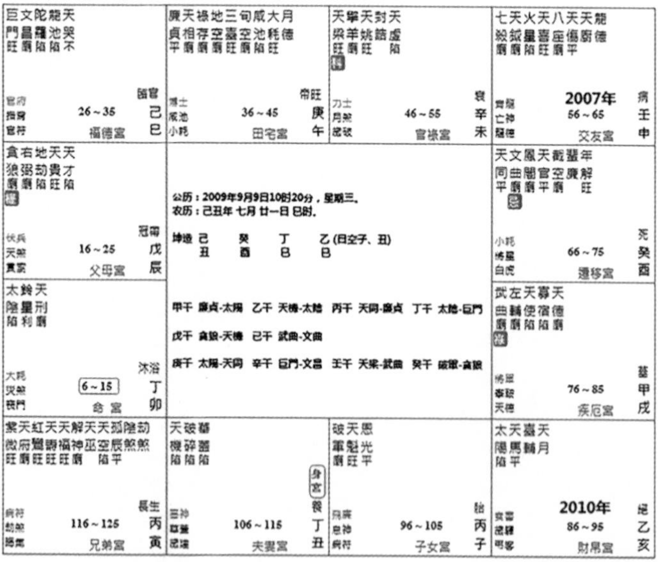

2、判斷：女方肝膽腸胃方面不太好、眼睛近視。

命主回饋：對。

解析：疾厄宮武曲化祿、左輔星，照貪狼化權、右弼星，加會天相、祿存、地空、旬空、大耗星，說明腸胃、肚腹會有不適症狀；左輔星、貪狼化權、右弼星，說明眼睛也近視。

3、判斷：丈夫中等個子，膚色較白。

命主回饋：對。

解析：夫妻宮天機陷落，照天梁化科、擎羊、封誥星，說明丈夫中等個子，膚色白。

4、判斷：結婚的時候聘禮、嫁妝都比較豐富，經濟上較好。

命主回饋：對。

解析：財帛宮在亥位，太陽天馬台輔星，照巨門文昌星，說明這一年收入較好，嫁妝和聘禮也比較多。

5、判斷：2010年要是懷孕的話是女孩。

命主回饋：對。

解析：流年2010年命宮在亥位，其子女宮在申位，七殺、天鉞、天喜、天廚、龍德星，加會破軍星，合巨門星，說明懷孕的話是女孩可能性大。

6、判斷：結婚的時候住宅附近有很高的建築物：比如電視塔、通訊信號塔等類的。

命主回饋：有信號塔。

解析：廉貞、天相、祿存、地空、旬空、三台星，加會紫微、天府星，武曲化祿，說明住宅附近有權威性質的光電存儲的高臺，也就是信號塔。

7、判斷：男方的父親很強勢，脾氣較直。

命主回饋：對。

解析：夫妻宮的父母宮在寅位，紫微、天府、劫煞、天壽、天福星，照七殺、天鉞星，說明父親很強勢，說一不二，有威嚴等。

8、**判斷**：男方2007年曾經破財，否則就會環境變換。

命主回饋：是，經常丟東西。

解析：流年2007年命宮在申位，其夫妻宮在午位，廉貞、天相、祿存、地空、旬空、三台、大耗星，照破軍星，說明這一年失財情況多、破財等。

例題20

求測者說，結婚登記時間是西曆的2012年5月14日上午9點5分。我的生辰是西曆1983年1月18日。登記處辦理完成時我老婆看了時間的，目前只是領證了，打算2013年春天辦酒席。

1、判斷：妻子是一個善良、文雅的女子。

命主回饋：是的，老婆很善良。

解析：夫妻宮巨門陷落，說明話不

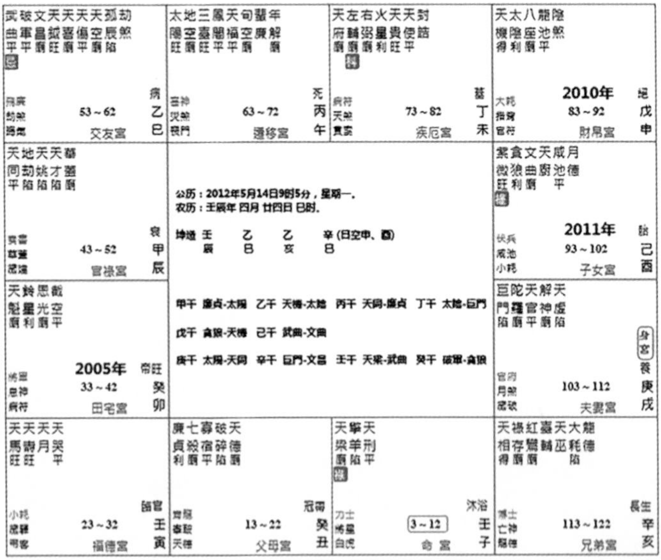

多、安靜；陀羅、解神星，說明沉著、穩定；巨門解神、天官星，說明善良。

2、**判斷**：妻子身材不高、長方臉。

命主回饋：妻子個子154公分，臉型老師說得很對。

解析：夫妻宮巨門、陀羅星，說明個子不高；巨門、陀羅、解神、天虛星，說明長方臉或者長臉。

3、**判斷**：你們結婚時候新房住宅出門有很大的交叉路口。

命主回饋：很正確。

解析：田宅宮天魁、鈴星、截空星，照紫微、文曲星，說明路口不是一條，有彎曲、被劈開的，也就是較差路口或者三岔口等。

4、**判斷**：妻子在2010年事業上穩定。

命主回饋：妻子從前年事業上一直穩定，2010年漲工資了，到現在還是一個基層員工。

解析：流年2010年命宮在申位，其夫妻宮的官祿宮在戌位，巨門、陀羅、解神、天官星，說明沒有明顯進步、原地踏步等。

5、**判斷**：丈夫2010年感情上比較糾葛，2011年有戀愛或者結婚。

命主回饋：2010年我個人和前任女友分手。2011年認識老婆的，算是閃婚。

解析：流年2010年命宮在申，夫妻宮在午位，太陽化祿、地空、旬空、蜚廉、三台星，照天梁化祿，說明感情上有失去的機會、和平分手等。流年2011年命宮在酉位，其夫妻宮在未位，天府、左輔化科、右弼、火星、封誥星，照七殺星，說明不是同一個對象，一個來了一個去了等狀態。

6、**判斷**：丈夫在2005年的時候感情不順利。

命主回饋：2005年農曆7月和第一任女友分手。

解析：流年2005年命宮在卯，其夫妻宮在丑位，七殺星，照天府、左輔化科、右弼、火星、封誥星，說明不真心、分手等。

綜上所述，我們能從結婚時間裡看出你婚後生活的情況，由此可見「這個時間」就不簡單的，與其說你定制了一個結婚的時間，不如說你定制了一種婚後生活的場景和結果。那麼，說到這裡可能有人就會問了「不是說人一出生命運曲線就定了嗎？該離婚的遲早會離婚呀！難道說能用一個結婚吉日改變離婚這件事情？」回答是肯定的：是的，真正的擇吉日高手確實是把結婚吉日做為一種救治命運的藥物來使用的，比如兩個將要結婚的人，如果他們的命運中確實都存在離婚資訊，可是，兩個人很相愛，確實想在一起一生一世，那麼還是有辦法達成他們願望的，那就是制定一個藍圖、規劃一個場景，讓他們進入裡面，在這裡面生活，他們的婚姻是可以存續的，這就是結婚吉日的作用和價值。當然，對於那些本來就婚姻順利的夫婦來說，結婚吉日就是錦上添花，讓他們更加幸福。說到這裡，可能有人又問了「能把他們離婚資訊化為無形，這不是神仙嗎？真有這種能力？」其實，提問這句話的人其目的是在問：他們命中的離婚資訊去哪裡了？變成什麼了？這才是提問者的問題核心。這就需要你先有一個很大的命運理念，然後才可以理解。我們舉例來說，假如某女人命局離婚的原因是八字帶有「傷官見官」造成的，而所謂的「傷官見官」，其實也不是只有單單一個結果，根據二十多年的經驗，傷官見官造成的災難可以有這些：

1、自己的意外傷害，比如打架受傷、車禍受傷等。

2、後代身體不好、學業不順，或者做流產等。

3、夫妻關係不好，離婚。

4、丈夫身體不好、疾病，或者丈夫的事業出現不利。

5、自己的事業受阻、離職或者受到處罰等。

6、自己的身體不好、疾病等。

7、祖輩有人去世或者生病等。

其實還有很多，總之就是說，這個「離婚」的結果，只是這些結果中的其中一個，甚至不是最重要的一個。所以，不要看到「傷官見官」一定要離婚，其實還是有很多化解和轉化辦法的。但是前提是既然出現了「傷官見官」就一定會有不利情況出現，但是，真的不是非要離婚。這就是命運的複雜性。這也是選擇吉日能改善婚姻的原理所在。

當然，並不是所有的人都會有機緣遇到擇吉高手，甚至有時候，就算你真的被擇吉高手賜予一個很好的吉日，你也會因為各種原因沒有使用。這也是緣份吧！不是所有的事情都能化解，也不是所有的人都能被化解。一切都是緣份。

總之，婚姻對一個人的命運很重要，在一起生活將近六十年，想想就可怕，一生的幾十年時間都和某個人在一起，不得不慎重啊！願天下人有情人終成眷屬，也希望大家都珍惜緣份、呵護緣份，將愛情進行到底。

第三章

理清婚姻擇吉，誤區以及實操

第三章 理清婚姻擇吉，誤區以及實操

擇吉日誤區有三類：一類是心理作用；二類是附會之說；三類是無厘頭。

仔細梳理諸多的擇吉神煞和各種門派，把大家常用的神煞的歸類整理如下：

第一節 屬於心理作用的有如下這些

1、把客觀時間安排在第一位

選擇結婚吉日，是根據兩個人的命運選擇出來的，一般在命理和客觀情況衝突的時候，預測師尊重命理。人啊不能只顧著工作，總是找藉口說「工作太忙，沒有時間結婚」、「請不了假」、「還有出國考察任務」等等，如果你沒有時間辦理婚禮，那你更沒有時間去生活和照顧家庭，所以奉勸這種朋友暫時不要考慮結婚這件事情了。

只考慮客觀現實是選擇吉日的誤區。當然，如果有客戶堅持要先從客觀時間進行選擇吉日，那我們只能說「隨你吧」（意即：你都不尊重自己的命運，那做為預測師的我們無所謂的）。選擇吉日必須從命運開始，把命運和婚姻放在第一位，強調客觀情況說「沒有時間結婚」的人，該引起注意。

2、說今年無春是「寡年」

經常聽人說今年是「雙春」、「今年沒春」等等，並且根據這個說這一年是「寡年不適合結婚」等等。這種說法的起源是什麼呢？很多人不清楚。其實，這個說法是因為這一年的「立春節令」在農曆上一年的臘月出現了，所以根據農曆說這一年沒有

「立春」，簡言之「無春」。這種說法基本上是文字遊戲，預測師根本不會考慮這個說詞，除非你堅持錯誤的說法去逼迫師傅給你選擇「有春」的年份結婚。呵呵，我們可以試想，不管是上一年的臘月立春還是今年的正月立春，都是一年的開始，這一年都會春暖花開的，同樣人們可以戀愛和結婚。而不能生硬的把沒有立春的年份說成不能舉行婚禮、「寡年」等。

3、用雙月份

如二、四、八、十、十二月，但六月除外（六月是年半，暗示半世夫妻）。不喜用單月，如正、三、五、七、九、十一月。

這種說法，只是一種心理上的，是那種沒有命理常識但希望獲得吉利的人才會有的心理。「雙月」與「夫妻雙雙把家還」，這兩個沒有任何關聯。

4、用假期、週末、中秋等節日

結婚擇吉日出現了一種習慣方法：用五一、元旦、中秋等日結婚，因為單位會放假，大家都有時間來參加。同時自己也有充足時間等等。

這種說法是可以理解的。畢竟生活節奏太快，人們太忙了。能選擇這樣的日子可以盡量滿足，但是真的不一定能正好碰上這樣的節假日。同時，節假日飯店爆滿，影響交通阻塞，會對婚禮過程產生這樣或者那樣的不良影響。

5、僅僅針對日期數字本身的擇吉是誤區

近幾年來，一些所謂的「美好寓意」的日子成為新人結婚登記的熱寵「佳期」。

2013年1月4日，據不完全統計，上海市累計約有6000對新人預約登記領證，據傳說這個20130104寓意為「愛你一生一世」。其他的還有12月12日也是人滿為患，據傳說12月12日寓意為「要愛要愛」。另外，據說9月9日「天長地久」、10月10

日「十全十美」等，新人辦理結婚登記的人數都是平日的數倍。

為什麼會出現這樣的現象？這不是命理也不是風俗習慣，只是按照數字的發音接近某個漢字或者成語產生的聯想，沒有任何的意義和價值，被一些不懂而裝懂的人渲染一番，就成了熱寵的吉日。其實它對你的婚姻家庭沒有任何幫助和補益作用。

6、擇吉有一種習慣即常用3、6、9日

近些年來，人們結婚選日子的時候都爭相用「8」日，另外還有誰都不用1日、4日，數字1通「夭」，數字4通「死」，讓人望而生畏。這是一種文字遊戲，沒有任何價值，每個星期或者月份，都有帶有數字「1」和數字「4」的日期，但是沒有聽說這些日子的離婚率和死亡率因此增加。這些僅僅是因為數位的讀音與某個文字及其含意相同，其實，並沒有任何內在的聯繫，迷信這個方法是擇吉日的誤區之一。

7、不選父母生辰

在某些地區的婚俗習慣中，結婚吉日不應與父母生辰相同。這其實只是一種尊重父母的意圖，但是，若是「雙喜臨門」有何不好呢？既結婚又辦生日豈不美哉。用父母的生辰日期結婚，也不會妨礙父母的生活和健康。

8、排除父母死忌日

死忌日，指的是男女雙方的父母死亡日。父母的死亡日是定格在某一年之內的某一天的，而不同的年份就算是相同的月份和日期，也不會與你的父母有任何關係。因為早已經不是同一個年份了。這種排除死忌日的想法，是出於一種對父母的尊重吧！但是沒有實際的意義。用這樣的日子結婚也不表示你就不愛你的父母，如果你父母在天上知道你用這樣的日子結婚，也不會不高興的。

第二節　屬於「附會」之說的有如下這些

1、絕煙火日

其方法說：五行到此而敗絕，為極凶。所以，嫁娶均忌之。

具體月日是：

正，五，九月丁卯日；

二，六，十月甲子日；

三，七，十一月癸酉日；

四，八，十二月庚午日。

這種「絕煙火」說法源於五行地支的「沐浴」，以上說的月份是按照節令來的，比如一月，指的是從立春到驚蟄之間的日期，而不是平時說的農曆和西曆。寅午戌三合五行為火，火沐浴在卯日，其他仿此。但是這種說法乍一看似乎含有「五行」的道理，其實是附會之說，沒有任何意義。

2、重喪日忌嫁娶

民間所說的「重喪日」，指的是以下的日子：

寅月	庚子日	庚寅日	庚辰日	庚午日	庚申日	庚戌日
卯月	辛丑日	辛卯日	辛巳日	辛未日	辛酉日	辛亥日
辰月	戊子日	戊寅日	戊辰日	戊午日	戊申日	戊戌日
巳月	丙子日	丙寅日	丙辰日	丙午日	丙申日	丙戌日
午月	丁丑日	丁卯日	丁巳日	丁未日	丁酉日	丁亥日
未月	己丑日	己卯日	己巳日	己未日	己酉日	己亥日
申月	甲子日	甲寅日	甲辰日	甲午日	甲申日	甲戌日
酉月	乙丑日	乙卯日	乙巳日	乙未日	乙酉日	乙亥日
戌月	戊子日	戊寅日	戊辰日	戊午日	戊申日	戊戌日

亥月　壬子日　壬寅日　壬辰日　壬午日　壬申日　壬戌日

子月　癸丑日　癸卯日　癸巳日　癸未日　癸酉日　癸亥日

丑月　己丑日　己卯日　己巳日　己未日　己酉日　己亥日

其實所謂「重喪日」就是：

寅月庚日，

卯月辛日，

辰月戊日，

巳月丙日，

午月丁日，

未月己日，

申月甲日，

酉月乙日，

戌月戊日，

亥月壬日，

子月癸日，

丑月己日。

這種「重喪日」說法源於天干的「絕」和「祿」，比如庚金絕在寅，辛金絕在卯，丙火祿在巳，丁火祿在午，其他仿此。這種說法中的「絕」，是因為天干在月令處於弱地。其實就算不得月令也可以用的，因為天干可以得到坐下地支和月干、時干的生助，同樣是有用的。不見得不月氣就不能用。同時，這個說法中的「祿」不能用，與「絕」不能用，這兩者是矛盾的，難以自圓其說。所以，這種「重喪日」說法乍一看似乎含有「五行」道理，其實屬於附會之說，毫無意義。

3、結婚大利月、小利月

也叫做「行嫁月」，以農曆月份為準，是根據女命年支（女方屬相）推算的。

其方法

一、結婚大利月計算方法：

陽年出生女取年命地支前一位及其對沖之月；陰年出生女取年命地支後一位及其對沖之月。

1、陽年出生女命推算法：

比如女方子年出生的，那麼大利月就是子前一位（順進一位）丑月大利，與丑對沖之未月也為大利。（餘仿此）

2、陰年出生女命推算法：

比如女方丑年出生的，那麼大利月就是丑後一位（順退一位）子月大利，與子相沖之午月也為大利。（餘仿此）

二、結婚小利月計算方法：

陽年出生女取年命地支前兩位及其對沖之月；陰年出生女取年命地支後兩位及其對沖之月。

1、陽年出生女命推算法：

比如女方子年出生的，那麼小利月就是子前兩位（順進兩位）寅月小利，與寅對沖之申月也為小利。（餘仿此）

2、陰年生女命推算法：

比如女方丑年出生的，那麼小利月就是丑後兩位（順退兩位）亥月小利，與亥相沖之巳月也為小利月。（餘仿此）

現把女方各年命的出生大利、小利月分列如下：

女命年支為午子，大利月為丑、未，小利月為寅、申。

女命年支為未丑，大利月為午、子，小利月為巳、亥。
女命年支為申寅，大利月為卯、酉，小利月為辰、戌。
女命年支為卯酉，大利月為寅、申，小利月為丑、未。
女命年支為亥巳，大利月為辰、戌，小利月為卯、酉。
女命年支為辰戌，大利月為巳、亥，小利月為午、子。

（注：月份按節令為準）

這種「大利月、小利月」說法源於地支五行的相合與相同或者相生，比如女命年支為子，相合的是「丑」，所以認為這個是大利月，然後「申」是生助「子」的，所以認為這是小利月；再比如女命年支為卯，相同的五行是「寅」，所以認為這個是大利月，而「未」是與「卯」半合的，所以認為這是小利月。總之，所選用的流月必須與女命年支是相合相生或者相同的關係才可以用。其實，女命年支在她的八字中是用神還是忌神，這是完全不同的，是用神的時候當然要維護它，盡量生和助，但是是忌神的時候就不能生助了。所以這種大利月和小利月的做法至少有一半是搞錯了的結果。給人的總體感覺就是「盲人摸象」。所以，乍一看似乎含有「五行」道理，其實這是一種附會之說，沒有任何意義。

4、忌用沖新郎新娘的年日

這種方法似乎是結合了命理，但是，既然結合命理就必須話說清楚喜用神和忌神，沖有適宜沖與不適宜沖之分，沖去忌神是好事，所以不能說有沖就不好。所以，這是一種附會之說。

5、亥不嫁娶

此方法是在備選的節日中排除亥日。

這種說法的起源是因為「亥」這個地支是十二地支的末尾，是陰氣至重的地支。所以在崇拜「陽」、避諱「陰」的心理作用下，排除亥日。其實，亥水五行在命局是用神還是忌神必須先搞清楚，不能一刀切。所以，「亥不嫁娶」是一種附會之說。

6、紅煞日（也叫做破碎煞）

四季紅煞。

寅月、卯月、辰月要避開帶「丑」的日子；

巳月、午月、未月要避開帶「辰」的日子；

申月、酉月、戌月要避開帶「未」的日子；

亥月、子月、丑月要避開帶「戌」的日子。

這種方法認為：紅煞日諸事不宜，有「出門遇紅煞，一去不歸家」之說。其實，這種方法的起源是因為三會五行的墓庫被沖開，比如寅卯辰三會東方木局，木五行的墓庫在「未」，而「丑」是沖未的，所以認為是不利的日子。乍一看似乎含有「五行」道理，但是八字命局帶有三會局的不多，並且是否會帶有沖五行墓庫的地支更不一定，所以，這是一種附會之說，沒有任何意義。

7、用三合六合月日，不用刑沖月日

這個做法認為：三合吉日，以三合之中神為最吉。寅月午戌日，卯月亥未日，辰月申子日，巳月酉丑日，午月寅戌日，未月亥卯日，申月子辰日，酉月巳丑日，戌月寅午日，亥月卯未日，子月申辰日，丑月巳酉日。

六合吉日，即日辰與月令六合，寅月亥日，卯月戌日，辰月酉日，巳月申日，午月未日，未月午日，申月巳日，酉月辰日，戌月卯日，亥月寅日，子月丑日，丑月子日。

這種說法是指的吉日即時四柱的組合情況。但是「合」有適宜與不適宜的區別，並不是合就好，合還有成化與不成化的區別，成化以後有化成忌神與用神的區別，不能見到「合」就覺得是吉利的。這好比結婚不見得就是幸福的開始。所以，這是一種附會之說，沒有多少實際意義。

8、歲月破日，一般忌用事

子年月午日，丑年月未日，寅年月申日，卯年月酉日，辰年月戌日，巳年月亥日，午年月子日，未年月丑日，申年月寅日，酉年月卯日，戌年月辰日，亥年月巳日。

這種說法是指的吉日即時四柱的組合情況。「沖」，這個地支的作用，其實也有適宜和不適宜的區別。如果四柱有「合」，而這個「合」為忌，那麼就需要用到「沖」來解決它，沖能解合。完全要從四柱的整體需要出發才可以，不能一概而論的說「沖」為凶。所以，這種忌諱「沖日」的方法也是一種附會之說。

9、婚嫁日是以女命的年柱為主

其方法是：在選擇婚嫁日的時候，婚嫁日不能是女命年干的傷官、梟神、偏官星。這種說法就更不靠譜了。四柱預測是建立在日干為「我」的基礎上的，沒有用年干的道理，就算是有，那也不是說為傷官七殺就不能用的道理，如果傷官和七殺在吉日四柱被合化或者克制就沒有關係，或者其他本來就是女命主的用神呢！所以這個說法看似有五行之理，其實是錯誤的。以女命的年柱為主，屬於附會之說。

10、結婚重論日時

其法是說：結婚本不重年月，但論日時（吉日良辰）。這個說法就有點荒唐了，年月日時都很重要，你不能在沒有婚姻的年份選一個可用的日和時就來結婚。所以這個說法看似有點道理，其實是錯誤的，結婚重論日時，屬於附會之說。

第三節　屬於「無厘頭」的有如下這些

所謂無厘頭，其義就是說虛頭巴腦、毫無意義，卻煞有其事，完全沒有可靠資料，也找不出任何五行道理。

1、陰陽不將日

其方法如下：

純陽不生，純陰不長，陰陽相合，一陰一陽夫妻正道，這是自然規律與人事的對應，天人合一。推測陰陽不將日要先弄懂月厭、厭對。《堪輿經》記載：天老曰「正月（立春後）陽建為寅，陰建為戌」。正月戌、二月酉、三月申、四月未、五月午、六月巳、七月辰、八日卯、九月寅、十月丑、十一月子、十二月亥。推建可以知厭。月建者，斗柄所建也。《天寶曆》記載：「月厭者，陰建之辰也（陰建指的是陰害之氣，叫做月厭）。所值之日，忌遠行、歸家、移徙、婚嫁。月厭的對沖之支叫做厭對。如果用厭前的干配厭前的支為為純陽，為陽將不利夫君。如果用厭後的干支互相配合為純陰，陰將傷妻。只有厭前的干（陽氣），再配厭後的支（陰氣），陰陽得位，咸而正配，夫榮妻賢，夫婦安康。

嫁娶不將日列表：

一月

丙子、丙寅、庚寅、庚寅、丁卯、丁丑、丁亥、辛亥、辛丑、辛未、己卯、己亥、己丑。

二月

乙丑、乙亥、丁丑、丁亥、丙寅、丙子、丙戌、己亥、己丑、庚寅、庚子、庚戌。

三月

己亥、己丑、己酉、丁亥、丁丑、丁酉、丙子、丙戌、乙亥、乙丑、乙卯、甲子、甲戌。

四月

甲子、甲戌、甲申、丁亥、丁酉、丙子、丙戌、丙申、乙亥、乙酉、戊子、戊戌、戊申。

五月

丙戌、丙申、乙亥、乙酉、乙未、甲戌、甲申、戊戌、戊申、癸亥、癸酉、癸未。

六月

乙酉、乙未、甲戌、甲申、戊戌、戊子、戊申、癸酉、癸未、壬戌、壬申、壬午。

七月

乙酉、乙未、乙巳、甲申、甲午、戊申、戊戌、戊午、癸酉、癸未、癸巳、壬申、壬午。

八月

甲申、甲午、甲辰、戊申、戊辰、戊午、壬申、壬午、壬辰、癸未、癸巳、辛未、辛巳。

九月

己未、己巳、己卯、癸未、癸巳、癸卯、壬午、壬辰、辛未、辛巳、辛卯、庚午、庚辰。

十月

庚午、己卯、庚辰、壬午、庚寅、辛卯、壬辰、壬寅、癸卯、己巳、辛巳、癸巳。

十一月

壬辰、壬寅、辛巳、辛卯、辛丑、庚辰、庚寅、己巳、己卯、己丑、丁巳、丁卯、丁丑。

十二月

丙寅、丁卯、丁丑、丙子、丙辰、己卯、己丑、庚寅、庚子、庚辰、辛卯、辛丑。

這套理法，與中國天文、氣象和物候的實際情況沒有任何關聯，更重要的是：與命運個體沒有任何關聯。同時，現存的資料很少。基本是無厘頭的。

2、男女命禁婚年

其方法：

男命禁婚年：

如男命用子年娶親，忌本身屬蛇。所禁者，當年太歲前五是也。

子年禁蛇相，丑年禁馬相，寅年禁羊相，卯年禁猴相，辰年禁雞相，巳年禁狗相，午年禁豬相，未年禁鼠相，申年禁丑相，酉年禁虎相，戌年禁兔相，亥年禁辰相。

女命禁婚年：

如女命用子年行嫁，忌本身屬兔。起法：每從卯上起子，逆數到本年太歲止，遇何屬相即是，不宜出閨。

子年忌兔相，丑年忌虎相，寅年忌牛相，卯年忌鼠相，辰年忌豬相，巳年忌狗相，午年忌雞相，未年忌猴相，申年忌羊相，酉年忌馬相，戌年忌蛇相，亥年忌龍相。

「男女命禁婚年」的由來和原理無從考究，也沒有任何的易學五行道理。

3、排除三娘煞

傳說，因為月老不為「三娘」牽紅線，使她終身不能出嫁，就產生報復心理，堅決跟月老作對，於是專門破壞新人之喜事，故每月的「三娘煞」之日，即初三、初七、十三、十八、廿二、廿七，不宜結婚。

又有一說：真三娘煞

初三又逢庚午日，初七又逢辛未日，十三又逢戊申日，十八又逢己酉日，廿二又逢丙午日，廿七又逢丁未日，共六日。

「三娘煞」的由來和原理無從考究，也沒有任何的易學五行道理。

4、翁姑禁忌

具體見下表。

其方法是：辰為天罡，戌為河魁；辰為天羅，戌為地網，乃陰陽絕滅之地，貴人不臨。翁忌天罡，姑忌河魁，是指選擇婚姻的日子，要調和翁姑關係。

翁指男方父親，姑指男方母親和姊妹。天罡指辰，屬

翁姑禁忌日

年命	翁忌	姑忌	年命	翁忌	姑忌
子鼠	鼠馬	雞兔	午馬	雞兔	鼠馬
丑牛			未羊		
寅虎	牛羊	龍狗	申猴	龍狗	牛羊
卯兔			酉雞		
辰龍	猴虎	蛇豬	戌狗	蛇豬	猴虎
巳蛇			亥豬		

巽卦，沖乾宮戌，乾為老父，所以選擇婚嫁的日子如果犯了天罡，對男方父親不好或媳婦跟家公關係不好。河魁指戌，屬乾卦，沖巽宮辰，巽為長女，所以選擇婚嫁的日子如果犯了河魁，對男方母親和姊妹不好或媳婦與男方姊妹關係不好。如果男方父母健在，就要用結婚年查父母的十二生肖，若犯則當年不宜辦喜酒，否則不利於男方家人的健康。

「翁姑禁忌」的由來和原理無從考究，也沒有任何的易學五行道理。

5、嫁娶離別日

其方法：正月丙子日；二月癸丑日；三月丙申日；四月丙辰日；五、六月丁巳；八月庚辰日；九月辛未日；十一月癸巳日；十月、十二月丙午。上述九日是離別日，若用，夫妻會反目離別。

「嫁娶離別日」的由來和原理無從考究，也沒有任何的易學五行道理。

6、冰消瓦解日

其方法如下：

正月：巳日；　四月：寅日；　七月：亥日；　十月：申日；

二月：子日；　五月：卯日；　八月：午日；　十一月：酉日；

三月：丑日；　六月：戌日；　九月：未日；　十二月：辰日。

「冰消瓦解日」的由來無從考究，也沒有任何的易學五行道理。

7、受死日

正月：戌日；　四月：巳日；　七月：丑日；　十月：申日；

二月：辰日；　五月：子日；　八月：未日；　十一月：卯日；

三月：亥日；　六月：午日；　九月：寅日；　十二月：酉日。

「受死日」的由來和原理無從考究，也沒有任何的易學五行道理。

在婚姻擇吉日實際操作中，怎麼處理和對待這些誤區呢？

1、對於這三類誤區的神煞，我們的態度是不參考、不使用，不過，這要結合命主的實際情況，如果客戶一定要使用這類的項目，做為預測師只能同意，雖然我們始終不推薦。

2、但是，當這三類誤區的神煞，與個體命運（也就是八字命理）和天文氣象這兩種「實力類型」的神煞產生衝突的時候，會盡力去說服客戶，給他講清楚利弊的大小。

3、先考慮天象和天氣，再考慮個人命運，再顧及必要的風俗習慣，這是選擇結婚吉日的原則。

第四節　婚姻擇吉實操中，具有實用價值的方法

建立在分析、研判、歸納、總結的基礎上，本人進行結婚擇吉實踐已經二十多年，現在公開結婚擇日的操作方法，以備同行或民眾參考使用。現代結婚擇日方法如下：

婚嫁日，包括註冊日與結婚儀式的日期，最好這兩天都是擇日行事。

嫁娶日子的選擇必須要符合自己的八字命局。

結婚是新生活的開始，是人生重要的一個轉捩點，不能輕率，否則會造成很大的麻煩！結婚擇日原則：選用男、女雙方喜用神的月、日，若同時為天乙貴人日、天德貴人日、文昌日等更好，不能用忌神日。

有些擇日者或者有些稍懂周易的人，多是翻用通書進行擇日，多用十二建星、二十八宿、黑道黃道等，張三李四通用。這種擇日法是不科學的，它沒有與個人的命

運相結合。科學擇吉法是根據不同人的八字歲運，再結合與天象、氣象、天文有關的內容來選擇吉日良辰。選擇嫁娶日子，日辰一定要為男女命的喜用神。

我選吉日的方法是：除了根據主人的生辰八字（命局）外，還要注意如下神煞和問題。

1、要結合實際情況

這裡說的實際情況，指的是男女雙方及其父母的工作、學習，健康等的實際。比如一方正在專注於單位的技術攻關專案，就要耐心地等待一段時間；比如一方父母身體不適或生病，最好不要急於安排婚事，待他們恢復健康再議婚期。

2、「楊公忌」，酌情選用

楊公忌日，傳說為唐朝風水宗師楊筠松製作的，又稱「楊公十三忌」，據說犯了「楊公忌，百事不如意」。這十三個「忌日」分別是正月十三、二月十一、三月初九、四月初七、五月初五、六月初三、七月初一、七月廿九、八月廿七、九月廿五、十月廿三、十一月廿一、十二月十九。

在《協紀辨方·辯偽》中，則詳細批駁了楊公忌日的說法，並做出了楊公忌說法不可畏的定論。

現代學者張巨湘等人研究發現，楊公忌日的天文背景是月球回歸點下降段，即二十八宿中的井、鬼、柳、星、張、翼、軫、角一段。很多的事故總出現在楊公忌日正負四天中。用楊公忌日預報凶日，會出現三天左右的誤差，實際應用效果並不好。所以，楊公忌，在實際擇吉日的時候是一個參考項目而不是必用項目。

3、不選用「月忌日」

初五、十四、二十三，每個月的初五、十四、二十三一般不適合做為婚嫁的吉日：俗語說「初五、十四、二十三，窮嘴老鼠不出庵」。

這種說法的起源與月亮的引力有關係，每月農曆的這三日，月亮對地球的磁場會發生變化，影響人的情緒和神經系統，做事情容易出現失誤，這是一個科學靠譜的說法。婚姻擇吉日可以考慮。

4、不選用日食、月食日

一般來說哪一年的某日會有日食、月食等天文現象，會在新聞報導或者天氣預報中出現，也有的日曆上標注了這些內容。日食、月食的日子，地球磁場會因此出現震盪或者異變，這會影響人類的心情和身體狀態，盡量不選擇這樣的日子。

5、用常規日，不用特殊日

特殊日，比如朔望日即初一、十五；「四立兩分兩至日」即立春、立夏、立秋、立冬，春分、秋分，夏至、冬至等日，這些日子都要慎用，能避開不用最好。

6、避開農曆的三月、七月和十月

因為這三個月份分別適逢「清明」、「中元節」「鬼節」（也叫做「寒衣節」），不適合辦喜事，這算是協同與大眾的心理吧。這個到底用不用，可以根據八字命局的實際運算結果定奪，如果發現確實是男女兩個人的八字命運最佳月份，也可以使用，除此之外，就盡量不用。

7、不選用「陰差陽錯日」

辛卯、壬辰、癸巳、丙午、丁未、戊申、辛酉、壬戌、癸亥、丙子、丁丑、戊寅。

陰差陽錯的日子，已經經過實踐檢驗，最好不選用。

8、不選用「十惡大敗日」

甲辰、乙巳、壬申、丙申、丁亥、庚辰、戊戌、癸亥、辛巳、己丑。十惡大敗的日子最好不選用。

9、不選用「當梁、勾絞日」

具體見下表。出嫁日，犯當梁、勾絞不吉。比如女命屬相為子鼠，即從子上起建，順數到卯位是平，則為當梁，數到酉位是收，為勾絞。即：

子忌卯酉二日　丑忌辰戌二日

寅忌巳亥二日　卯忌子午二日

辰忌丑未二日　巳忌寅申二日

午忌卯酉二日　未忌辰戌二日

申忌亥巳二日　酉忌子午二日

戌忌丑未二日　亥忌寅申二日

當梁勾絞日

女命	當梁	勾絞	女命	當梁	勾絞
子鼠	卯	酉	午馬	酉	卯
丑牛	辰	戌	未羊	戌	辰
寅虎	巳	亥	申猴	亥	巳
卯兔	午	子	酉雞	子	午
辰龍	未	丑	戌狗	丑	未
巳蛇	申	寅	亥豬	寅	申

10、不選用「四絕日」

「四絕日」的求法有兩種：第一種：乃二分二至（春分、秋分、夏至、冬至）的前一天。第二種：四立（立春、立夏、立秋、立冬）的前一天。一切用事皆忌之。

這個可以考慮，因為這是「交節令」前後兩三天一般會有氣象變化，會出現下雨、颳風、下雪等天氣，與喜慶的氣氛不和諧，所以可以排除這幾天。

11、選用「二十八宿」

二十八宿的排列順序：

依序為：

虛、危、室、壁、奎、婁、胃、昴、畢、觜、參、井、鬼、柳、星、張、翼、軫、角、亢、氐、房、心、尾、箕、斗、牛、女，二十八宿，輪流值日，一日一宿，周而復始。

二十八宿的五行屬性：

東方青龍木：角、亢、氐、房、心、尾、箕。

北方玄武水：斗、牛、女、虛、危、室、壁。

西方白虎金：奎、婁、胃、昴、畢、觜、參。

南方朱雀火：井、鬼、柳、星、張、翼、軫。

二十八宿四季宜忌：

春三月：宜用木宿，忌用土宿。

夏三月：宜用火宿，忌用金宿。

秋三月：宜用金宿，忌用木宿。

冬三月：宜用水宿，忌用火宿。

二十八宿吉凶如下表：

东方 青龙	角	亢	氐	房	心	尾	箕
	半	凶	凶	吉	凶	吉	吉
北方 玄武	斗	牛	女	虚	危	室	壁
	吉	凶	凶	凶	凶	吉	吉
西方 白虎	奎	娄	胃	昴	毕	觜	参
	半	吉	吉	凶	吉	凶	半
南方 朱雀	井	鬼	柳	星	张	翼	轸
	半	凶	凶	半	吉	凶	吉

12、選用「黃道日」

黃道日，有小黃道日和大黃道日兩類。「黃道吉日」和「黑道凶日」，並非是宗教或者「迷信」，而是來自於天文觀測和曆法運算。

小黃道日：建 除 滿 平 定 執 破 危 成 收 開 閉。（也稱「十二建星」）

大黃道日：青龍、明堂、天刑、朱雀、金貴、天德、白虎、玉堂、天牢、玄武、司命、勾陳。

小黃道日和大黃道日，見下面的速查表。（注意：以「節令」定月份）

	正月	二月	三月	四月	五月	六月	七月	八月	九月	十月	冬月	臘月
建日凶	寅	卯	辰	巳	午	未	申	酉	戌	亥	子	丑
除日吉	卯	辰	巳	午	未	申	酉	戌	亥	子	丑	寅
滿日凶	辰	巳	午	未	申	酉	戌	亥	子	丑	寅	卯
平日凶	巳	午	未	申	酉	戌	亥	子	丑	寅	卯	辰
定日吉	午	未	申	酉	戌	亥	子	丑	寅	卯	辰	巳
執日吉	未	申	酉	戌	亥	子	丑	寅	卯	辰	巳	午
破日凶	申	酉	戌	亥	子	丑	寅	卯	辰	巳	午	未
危日吉	酉	戌	亥	子	丑	寅	卯	辰	巳	午	未	申
成日吉	戌	亥	子	丑	寅	卯	辰	巳	午	未	申	酉
收日凶	亥	子	丑	寅	卯	辰	巳	午	未	申	酉	戌
開日吉	子	丑	寅	卯	辰	巳	午	未	申	酉	戌	亥
閉日凶	丑	寅	卯	辰	巳	午	未	申	酉	戌	亥	子
青龍黃道吉	子	寅	辰	午	申	戌	子	寅	辰	午	申	戌
明堂黃道吉	丑	卯	巳	未	酉	亥	丑	卯	巳	未	酉	亥
天刑黑道凶	寅	辰	午	申	戌	子	寅	辰	午	申	戌	子
朱雀黑道凶	卯	巳	未	酉	亥	丑	卯	巳	未	酉	亥	丑
金匱黃道吉	辰	午	申	戌	子	寅	辰	午	申	戌	子	寅
寶光黃道吉	巳	未	酉	亥	丑	卯	巳	未	酉	亥	丑	卯
白虎黑道凶	午	申	戌	子	寅	辰	午	申	戌	子	寅	辰
玉堂黃道吉	未	酉	亥	丑	卯	巳	未	酉	亥	丑	卯	巳
天牢黑道凶	申	戌	子	寅	辰	午	申	戌	子	寅	辰	午
元武黑道凶	酉	亥	丑	卯	巳	未	酉	亥	丑	卯	巳	未
司命黃道吉	戌	子	寅	辰	午	申	戌	子	寅	辰	午	申
勾陳黑道凶	亥	丑	卯	巳	未	酉	亥	丑	卯	巳	未	酉

十二建星的吉凶，下面「黃吉、黑凶」。

建	除	滿	平	定	執	破	危	成	收	開	閉
黑	黃	黑	黑	黃	黃	黑	黃	黃	黑	黃	黑

除、定、執、危、成、開，為吉

建，滿，平、破、收、閉，為凶

在每月交節時，有時兩星可重疊值日。如嫁娶用了黑道日，讓新人穿黃鞋可解。

十二建星吉凶詳細解釋如下：

建：一般主吉，但修造動土之事不宜。最忌埋葬、架造。

除：除舊迎新，宜療病。忌赴任。其他適宜。

滿：只宜祭祀、祈願，其他均不吉利，特別忌赴任、嫁娶、療病。

平：平平安安。萬事適宜。宜出行、修造、鋪路等。

定：宜宴飲、嫁娶、協議。忌醫療、訴訟和出師。
執：宜建屋、種植、捕捉。忌移居、出行、開市。
破：萬事不利，只宜拆遷、拆除、療病服藥。
危：萬事不順，有驚險，要小心謹慎。宜經商，忌嫁娶。
成：宜開業、嫁娶、赴任等，但不利訴訟。
收：忌出行、架橋、葬禮。其他都吉利。
開：宜架造、嫁娶、出行、求財。忌埋葬。
閉：萬事皆凶，修築之事吉，最宜埋葬。

大黃道日吉凶：

青龍、明堂、金匱、寶光、玉堂、司命，為黃道；
天刑、朱雀、白虎、天牢、元武、勾陳，為黑道。

大黃道中十二星神的解釋：

青龍黃道：天貴，喜訊，所求皆成。

明堂黃道：貴人，做事必成。

天刑黑道：利於出師，其他皆不宜。忌詞訟。

朱雀黑道：利公事，諸事忌用，謹防口舌爭訟。

金匱黃道：財星，利釋道，宜嫁娶。

寶光黃道：天德，做事有成，出行吉。

白虎黑道：宜出師、狩獵、祭祀。其餘都不利。

玉堂黃道：開星，百事吉，出行有財，文書有喜，不利做灶。

天牢黑道：陰人用事皆吉。其餘都不利。

玄武黑道：天獄，忌詞訟、賭博。防盜賊或暗害。

司命黃道：寅至申時大吉，宜白天用事。

勾陳黑道：有始無終，先喜後悲。防口舌牽連。

諸日起吉時表：

吉日（吉时）＼月(日)	子、午	丑、未	寅、申	卯、酉	辰、戌	巳、亥
青龙	申	戌	子	寅	辰	午
明堂	酉	亥	丑	卯	巳	未
金匮	子	寅	辰	午	申	戌
天德	丑	卯	巳	未	酉	亥
玉堂	卯	巳	未	酉	亥	丑
司命	午	申	戌	子	寅	辰

13、選用「天乙貴人日」

十日干貴人：

甲日貴在未丑。

乙日貴在申子。

丙日貴在酉亥。

丁日貴在亥酉。

戊日貴在丑未。

己日貴在子申。

庚日貴在丑未。

辛日貴在寅午。

壬日貴在卯巳。

癸日貴在巳卯。

14、選用「天德月德」、「天喜」

具體見下表。

天德、月德之日，散憂禍，逢凶化吉。

(1)天德日查法

天德貴人，以月份來查日干支。正月，日干見丁；二月，日支見申；三，日干見壬；四月，日干見辛；五月，日支見亥；六月，日干見甲；七月，日干見癸；八月，日支見寅；九月，日干見丙；十月，日干見乙；十一月，日支見巳；十二月，日干見庚。

(2)月德日查法

月德貴人，是以月份來查日干。寅午戌月，日干見丙；亥卯未月，日干見甲；申子辰月，日干見壬；巳酉丑月，日干見庚。

(3) 天喜日查法

八字命局中，以年支查四支，見者為是。如年支為子，地支中有酉，則為天喜。

子見酉、丑見申、寅見未、卯見午、辰見巳、巳見辰、午見卯、未見寅、申見丑、酉見子、戌見亥、亥見戌。

月份	天德	月德	天喜
正月	丁	丙	未
二月	申	甲	午
三月	壬	壬	巳
四月	辛	庚	辰
五月	亥	丙	卯
六月	甲	甲	寅
七月	亥	壬	丑
八月	寅	庚	子
九月	丙	丙	亥
十月	乙	甲	戌
冬月	己	壬	酉
臘月	庚	庚	申

15、配出的吉日，其四柱本身必須是吉利的

吉日中的妻財星、食傷星是相當重要的，為用神的時候不要受沖剋外，必須要生旺有氣，妻子、兒女日後才平安。如果休囚入墓，或者受沖剋，婚後妻子或兒女必有不順。

結婚吉日，集天、地、人等一切資訊，它是婚後生活的圖紙，不注重吉日四柱本身的喜用神是不夠科學的。

在實操中，選擇結婚吉日原則和方法

宇宙的巡行規律是我們祖先發現的自然奧祕之一。凡事的成敗皆有三個因素制約，那就是「天時、地利、人和」。結婚過程中有了「人和」因素，但是任何因素需要在「天時」、「地利」作用之下才可以進入有序狀態。所以結婚要選擇吉日，這裡的吉日包括年、月、日、時。擇吉日，俗稱「看日子」、「選日子」。它在民間源遠流長，影響深遠。

選擇吉日古籍很多，比如《玉匣記》、《敖頭通書》、《協記辯方》等。同時，也有很多學派和法門。經多年實踐，我們把有實用價值的方法編製一套程式，以利於擇吉日的操作。

一、配置優質的即時四柱。這個指的是吉日的年、月、日、時的配置。這樣的四柱要配置三或五組，以備用。在滿足這個條件之下，再次進行下面三步。

二、擇天德、月德、天喜、天乙貴人等月、日。

三、擇黃道吉日，不選黑道凶日。

四、排除如下的禁忌日：十二建破平收閉、二十八宿凶日、黑道日、楊公忌日、月忌日、日食月食日、交節令日、陰差陽錯日、十惡大敗日、當梁勾絞日、四絕日等。

註冊登記、婚宴儀式這兩個日子，都應該按上述擇日的原則和程式來選擇。

第五節 以神煞為綱，查宜忌的事

年月吉神宜：

祿馬貴人：百事俱吉。
天德合：百事皆吉。
天德：百事大吉。
月德：百事皆吉。

日吉神宜：

青龍黃道：宜嫁娶、訂婚，百事皆吉。
金匱黃道：宜修宅、訂婚、嫁娶、入宅、開市吉。
天德合：宜修造、入宅、嫁娶、訂婚吉。

天德：宜嫁娶、入宅、修造吉。
月德：宜嫁娶、訂婚、入宅、修造吉。
天恩：宜上任、訂婚、嫁娶，百事皆吉。
天赦：宜嫁娶、訂婚、修造吉。
天喜：宜訂婚、嫁娶、入宅、開市、造宅吉。
三合：宜嫁娶、訂婚、入宅、開市吉。
五合：宜嫁娶、開市吉。
六合：宜嫁娶、訂婚、開市、入宅吉。
天福：宜上任、訂婚、納采、入宅、開市，百事皆吉。

時吉神宜：

天赦：萬事大吉。
天乙貴人：宜出行、求財、嫁娶、訂婚、修造皆吉。

明堂黃道：宜嫁娶、訂婚、開市吉。
金匱黃道：宜嫁娶、訂婚、入宅吉。
青龍黃道：宜嫁娶、訂婚吉。
驛馬：宜上任、出行、開市、入宅、嫁娶、訂婚、求財皆吉。
三合：宜嫁娶、訂婚、修造、入宅、開市皆吉。
五合：宜嫁娶、訂婚、出行、開市吉。
六合：宜嫁娶、訂婚、出行、開市吉。
長生：宜嫁娶、入宅、開市、修造俱吉。
帝旺：宜嫁娶、入宅、開市、修造俱吉。
國印：宜上任、出行、嫁娶、求財吉。
福星貴人：宜嫁娶、訂婚、出行、入宅、求財俱吉。

第六節　婚姻擇吉可參考的其他神煞及其查法

歲干吉神						歲祿：興旺、盛大之象。				
	甲	乙	丙	丁	戊	己	庚	辛	壬	癸
歲祿	寅	卯	巳	午	巳	午	申	酉	亥	子

歲支吉神							驛馬：宜赴任，遷居、出行。					
歲支吉神	子	丑	寅	卯	辰	巳	午	未	申	酉	戌	亥
驛馬	寅	亥	申	巳	寅	亥	申	巳	寅	亥	申	巳

歲支凶神							歲破：忌興造，犯者主損財、害宅主。 劫煞：忌興造，犯者主有劫盜、傷殺之事。 災煞：忌營造，犯者主有病患。 伏兵：忌修造，犯者主有刑傷。 大禍：忌修造、出行，犯者主刑傷戮。					
歲支凶神	子	丑	寅	卯	辰	巳	午	未	申	酉	戌	亥
歲破	午	未	申	酉	戌	亥	子	丑	寅	卯	辰	巳
劫煞	巳	寅	亥	申	巳	寅	亥	申	巳	寅	亥	申
災煞	午	卯	子	酉	午	卯	子	酉	午	卯	子	酉
伏兵	丙	甲	壬	庚	丙	甲	壬	庚	丙	甲	壬	庚
大禍	丁	乙	癸	辛	丁	乙	癸	辛	丁	乙	癸	辛

月吉神						天德合：上吉之日，無禁忌。 月德合：上吉之日，無禁忌。						
月份	一	二	三	四	五	六	七	八	九	十	十一	十二
天德合	壬		丁	丙		己	戊		辛	庚		乙
月德合	辛	己	丁	乙	辛	己	丁	乙	辛	己	丁	乙
災煞	午	卯	子	酉	午	卯	子	酉	午	卯	子	酉

月令凶煞	一	二	三	四	五	六	七	八	九	十	十一	十二
月建	寅	卯	辰	巳	午	未	申	酉	戌	亥	子	丑
月破	申	酉	戌	亥	子	丑	寅	卯	辰	巳	午	未
地火	戌	酉	申	未	午	巳	辰	卯	寅	丑	子	亥
劫煞	亥	申	巳	寅	亥	申	巳	寅	亥	申	巳	寅
天火	子	酉	午	卯	子	酉	午	卯	子	酉	午	卯
墓庫煞	丑	戌	未	辰	丑	戌	未	辰	丑	戌	未	辰

天赦日：	宥罪赦過，消災化煞。
春：戊寅日。　夏：甲午日。　秋：戊申日。　冬：甲子日。	

天恩日：	共十五日。上天施恩德澤與百姓。
甲子、乙丑、丙寅、丁卯、戊辰、己卯、庚辰、辛巳、壬午、癸未、己酉、庚戌、辛亥、壬子、癸丑。	

第七節　婚姻類擇日術語

傳統民俗或者專業擇吉，都使用此類用詞。淺釋如下，供參考。

問名：取男女雙年庚，供於神案；之後三天中如無「不吉之事」發生，再議訂婚、完聘、嫁娶之事等。

納采：收授聘金，俗稱完聘、大聘、大定。

訂盟：俗稱訂婚、文定、小聘、過訂、暗定。

裁衣：裁制新娘的新衣。

安床：為新婚安置新床。

嫁娶：舉行結婚典禮。女方嫁出，男方娶入。

納婿：同嫁娶，男方入贅於女方。

歸寧：結婚儀式後，新娘與新郎第一次回娘家。

求嗣：向神明祈求後嗣。

合帳：為婚房製作蚊帳、安置窗簾等。

進人口：收養子女，或認乾兒子、乾女兒。

第八節　傳統嫁娶擇吉宜忌

擇吉用事，應該：以事為經，以神為緯；以事為綱，以神為目。

納采問名宜：

天德、月德、天德合、月德合、天赦、天喜、三合、六合日。

納采問名忌：

破、閉、平、收、滿日，劫殺、災殺、月刑、月害、月忌、四絕、二分二至日。

嫁娶擇日宜：

八字喜用神、二十八宿吉日，黃道日、十二建定執成開、天乙貴人、天德、月德、天喜等。

嫁娶擇日忌：

八字忌神、十二建破平收閉、二十八宿凶日，黑道日、楊公忌日、月忌日、日食月食日、交節令日、陰差陽錯日、十惡大敗日、當梁勾絞日、四絕日等。

第九節　嫁娶擇吉程式目錄

一、選擇年份

八字用神年、八字正偏官星、正偏財星之年、紅鸞天喜年。

二、選擇月份

八字用神月份、八字正偏官星、正偏財星之月份、紅鸞天喜月份。

三、選擇日期

（1）選擇八字喜用神日。

（2）選擇二十八宿吉日。

（3）選擇黃道吉日或者十二建的定執成開日。

（4）選擇天乙貴人、天喜、天德、月德、天德合日等。

(5) 排除掉如下日子：

排除掉八字忌神。

排除掉十二建破平收閉日。

排除掉二十八宿凶日。

排除掉黑道日。

排除掉楊公忌日。

排除掉月忌日。

排除掉日食月食日。

排除掉交節令日。

排除掉陰差陽錯日。

排除掉十惡大敗日。

排除掉當梁勾絞日。

排除掉四絕日。

四、選擇吉時

(1)選擇八字喜用神時辰。

(2)選擇黃道吉時。

(3)選擇三合、六合、五合時辰。

五、配置優質四柱

配置優質的即時四柱。意即吉日的年、月、日、時的配置。這樣的四柱要配置三或五組。

六、其他的注意事項；

注意婚房床位的吉方。

選擇結婚吉日，是非常嚴肅的事。第一需要預測師具有高深的易學修養，能對八字進行客觀的分析推導。第二需要預測師對眾多擇日門派和方法的深入研究、創新、總結，第三需要預測師的敬業精神。

在現代工業化的大潮中，快節奏的生活，和各種嚴苛工作制度，與古時的自給自足的小農經濟不同了，擇日方法，在服務於民眾同時更應該適應於民眾，因此，有必要對古代傳統的擇日法進行去偽存真、去繁就簡的改造。

結婚擇吉日的廣泛性、民眾認知性，是大家熟知的。婚姻是一輩子的大事，不管身在何方，不管時間多麼的緊湊，舉辦婚禮，總得討個好日子，圖個吉利。

擇吉日的方法，其原理根據地球、月球、太陽等星系的變化規律，具有一定的自然科學性。人來到世界，自身帶著不同的場，這裡的「場」意即磁場、生物電場、資訊場等。而每個人的場的屬性是不同的，所以需求也就不同。兩個需求不同的男女在一起生活五、六十年，更要謹慎選擇，選擇一個良好的開端是有必要的，俗話說：好的開始是成功的一半。

第四章
婚姻擇日
業務案例

第四章 婚姻擇吉日業務案例

以下例題選取係本人的實際業務，到目前，命主的婚姻存續，家庭幸福。

婚姻擇吉例題 1

第一、梳理資料

請你提供男女雙方生辰資料

男：西曆：1987 年 8 月 17 日早上 6 時。

女：西曆：1984 年 7 月 26 日下午 16 時。

請你簡述一下基本過程和風俗

結婚當天，要被送出村到國道上坐車，這個估計要20－30分鐘；然後開車，他家到我家公路全程開車15－20分鐘；然後在他家橋頭那裡下車，走到他家估計要20分鐘左右。

請問你需要選擇婚姻登記時間還是結婚典禮時間

需要婚姻典禮時間。

第二、排定八字命盤—（已考慮真太陽時）

坤造	甲子		辛未		辛酉		丙申	
大運	庚午	己巳	戊辰	丁卯	丙寅	乙丑	甲子	癸亥
歲數	7	17	27	37	47	57	67	77
年份	1990	2000	2010	2020	2030	2040	2050	2060

乾造	丁卯		戊申		戊戌		乙卯	
大運	丁未	丙午	乙巳	甲辰	癸卯	壬寅	辛丑	庚子
歲數	4	14	24	34	44	54	64	74
年份	1990	2000	2010	2020	2030	2040	2050	2060

第三、婚姻典禮吉日的運算結果

經過對八字命理分析，和吉日神煞取捨，最後確定結婚吉日四柱為：

出生西曆：2016年10月2日6時41分，星期日。

出生農曆：丙申年 九月 初二日 卯時。

坤造	丙申		丁酉		丁巳		癸卯	
大運	丙申	乙未	甲午	癸巳	壬辰	辛卯	庚寅	己丑
歲數	9	19	29	39	49	59	69	79
年份	2024	2034	2044	2054	2064	2074	2084	2094

以上吉日吉時，已經分析了八字命理、吉日神煞，並且排除不利的因素，對於一生的婚姻都有很好的補益。

第四、吉日及其他安排

1、2016年10月2日：上午七點男方動身迎親，上午十一點接到新房下車。開始典禮。

注意：七點指的是七點以前。十一點指的是十一點以後。7-11點之間按你們的風俗習慣辦活動就可以了。注意兩點：動身時間和下轎時間很重要。其他時間隨便安排。

2、婚房的臥室需要把床的位置放在臥室的西南、東北、西北、正西四個方位中的任意一個，說的是位置不是床頭朝向。婚房的客廳需要有植物萬年青等（其他象徵吉利的也可以）。

3、伴娘不能用的屬相為雞、馬、羊，其他都可以；伴郎不能用的屬相為雞、龍、鼠，其他都可以。如果當地是其他風俗可以不考慮這個。

4、新娘的鞋適合穿紅色的。飾物可以用紅色的。

5、新娘不克公婆。沒有忌諱。

6、其他事宜，根據風俗習慣安排就可以了。

7、另外注意，男方是要到女方家裡接親的，如果你們當地具體情況需要走到國道上車，一定要注意：女方提前到公路上等車到來，不要車到了女方家才從家裡去公路，那就會耽誤時間。

以上的安排先拿給女方父母看，如果沒有其他要求，盡快抄寫一份送給男方父母。

婚姻擇吉例題 2

第一、梳理資料

請你提供男女雙方生辰資料

女：西曆 1987 年 11 月 23 日上午 10 點 44 分。

男：西曆 1986 年 1 月 6 日凌晨 1 點 55 分。

請你簡述一下基本過程和風俗

傳統婚禮。沒有特別風俗。

請問你需要選擇婚姻登記時間還是結婚典禮時間

需要婚姻典禮時間和登記時間。典禮時間要求：2016 年 11 月到 2017 年 1 月。

第二、排定八字命盤（已考慮真太陽時）

坤造	丁卯		辛亥		丙子		甲午	
大運	壬子	癸丑	甲寅	乙卯	丙辰	丁巳	戊午	己未
歲數	6	16	26	36	46	56	66	76
年份	1992	2002	2012	2022	2032	2042	2052	2062

乾造	乙丑		己丑		庚戌		丁丑	
大運	戊子	丁亥	丙戌	乙酉	甲申	癸未	壬午	辛巳
歲數	1	11	21	31	41	51	61	71
年份	1985	1995	2005	2015	2025	2035	2045	2055

第三、辦理登記吉日的運算結果

經過對八字命理分析，和吉日神煞取捨，最後確定結婚吉日四柱為：

出生西曆：2016年9月6日11時10分，星期二。

出生農曆：丙申年 八月 初六日 午時。

坤造 丙申 丙申 辛卯 甲午

大運	乙未	甲午	癸巳	壬辰	辛卯	庚寅	己丑	戊子
歲數	11	21	31	41	51	61	71	81
年份	2026	2036	2046	2056	2066	2076	2086	2096

以上吉日吉時，已經分析了八字命理、吉日神煞，並且排除不利的因素，對於一生的婚姻都有很好的補益。

第四、吉日及其他安排

建議盡快辦理登記，免得夜長夢多。根據二人的八字命局選擇如下日期：

1、西曆2016年9月6日，這天的上午11點－1點之間進行註冊。

2、辦理登記這一天，最好不要有女方的父母陪同，也不要有男方的男性朋友陪同。

3、辦理登記這一天，女方最好穿紅色上衣，首飾可以用紅色。

4、辦理登記之前要先探好路徑，不要耽誤，也不要提前。

5、辦理完成以後，可以購買一些有紀念意義的禮品互贈。

6、2016年的下半年多注意維護感情。明年就會穩定一些。以後女方注意寬容大度，多溝通少猜疑。

第五、婚姻典禮吉日的運算結果

經過對八字命理分析，和吉日神煞取捨，最後確定結婚吉日四柱為：

出生西曆：2016年11月27日10時0分，星期日。

出生農曆：丙申年 十月 廿八日 巳時。

坤造	丙申		己亥		癸丑		丁巳	
大運	戊戌	丁酉	丙申	乙未	甲午	癸巳	壬辰	辛卯
歲數	8	18	28	38	48	58	68	78
年份	2023	2033	2043	2053	2063	2073	2083	2093

以上吉日吉時，已經分析了八字命理、吉日神煞，並且排除不利的因素，對於一生的婚姻都有很好的補益。

第六、吉日及其他安排

1、西曆 2016 年 11 月 27 日。

2、上午七點男方動身迎親，中午十點接到新房下車。注意安排行車時間，中間有 25 公里的路程，需要三個小時完成來回路程。

3、婚房需要安排西邊的房間，床的位置放在臥室的西南、東北、西北、正西四個方位中的任意一個，說的是床的位置不是床頭朝向。婚房的客廳可以有萬年青等盆栽植物。

4、伴娘不能用的屬相為雞、龍、鼠，其他都可以；伴郎不能用的屬相為狗、羊、馬，其他都可以。

5、新娘的鞋適合穿黃色的。飾物可以有金屬的。

6、其他事宜，根據風俗習慣安排就可以了。

以上的安排先拿給女方父母看，如果沒有其他要求，盡快抄寫一份送給男方父母。

婚姻擇吉例題3

第一、梳理資料

請你提供男女雙方生辰資料

女 西曆1987年3月13日上午5點15分。

男 西曆1980年11月6日中午12點45分。

請你簡述一下基本過程和風俗

我與父母居某市；他從某市的房子開車去我家大約半小時。晚上辦婚宴。上午他來接我去他家給他父母敬茶，然後中午女方親戚吃個中飯，下午拍拍照片，下午3－4點收拾打扮、去酒店，晚餐時候婚宴。

請問你需要選擇婚姻登記時間還是結婚典禮時間

已經辦好結婚登記了。需要婚姻典禮時間。2017年9－12月之間都可以。

第二、排定八字命盤（已考慮真太陽時）

坤造	丁卯		癸卯		辛酉		辛卯	
大運	甲辰	乙巳	丙午	丁未	戊申	己酉	庚戌	辛亥
歲數	8	18	28	38	48	58	68	78
年份	1994	2004	2014	2024	2034	2044	2054	2064
乾造	庚申		丙戌		癸未		己未	
大運	丁亥	戊子	己丑	庚寅	辛卯	壬辰	癸巳	甲午
歲數	2	12	22	32	42	52	62	72
年份	1981	1991	2001	2011	2021	2031	2041	2051

第三、婚姻典禮吉日的運算結果

經過對八字命理分析，和吉日神煞取捨，最後確定結婚吉日四柱為：

出生西曆：2017年10月13日11時15分，星期五。

出生農曆：丁酉年 八月 廿四日 午時。

坤造	丁酉		庚戌		癸酉		戊午	
大運	辛亥	壬子	癸丑	甲寅	乙卯	丙辰	丁巳	戊午
歲數	10	20	30	40	50	60	70	80
年份	2026	2036	2046	2056	2066	2076	2086	2096

以上吉日吉時，已經分析了八字命理、吉日神煞，並且排除不利的因素，對於一生的婚姻都有很好的補益。

第四、吉日及其他安排

1、西曆2017年10月13日，男方動身迎親時間為上午5－7點以前，接到新房下車時間為上午11點以後，11－12點。

2、婚房需要安排床的位置為臥室的西南、東北、西北、正西四個方位中的任意一個，說的是床位而不是床頭朝向。婚房的客廳放置盆栽植物萬年青等（其他象徵吉利的也可以）。

3、伴娘不能用的屬相為雞、龍、鼠，其他都可以；伴郎不能用的屬相為虎、豬、蛇，其他都可以。如果當地是其他風俗可以不考慮這個。

4、新娘的鞋適合穿黃色的。飾物可以用金屬的。

5、新娘接回來以後，下車時間不適合見到婆婆（男方母親）。在下車到房間的幾分鐘內婆婆迴避一下就可以了。怕有屬相沖剋。

6、其他事宜，根據風俗習慣安排就可以了。

以上的安排先拿給女方父母看，如果沒有其他要求，盡快抄寫一份送給男方父母。

婚姻擇吉例題 4

第一、梳理資料

請你提供男女雙方生辰資料

女，西曆：1984 年 11 月 11 日 20 時 5 分。

男，西曆：1982 年 12 月 5 日 7 時 5 分。

請你簡述一下基本過程和風俗

傳統婚禮。沒有特殊風俗。希望婚後能搬家到他所在的城市生活。

請問你需要選擇婚姻登記時間還是結婚典禮時間

需要婚姻登記時間。

第二、排定八字命盤（已考慮真太陽時）

坤造	甲子		乙亥		己酉		甲戌
大運	甲戌	癸酉	壬申	辛未	庚午	己巳	戊辰	丁卯
歲數	3	13	23	33	43	53	63	73
年份	1986	1996	2006	2016	2026	2036	2046	2056

乾造	壬戌		辛亥		壬戌		癸卯	
大運	壬子	癸丑	甲寅	乙卯	丙辰	丁巳	戊午	己未
歲數	2	12	22	32	42	52	62	72
年份	1983	1993	2003	2013	2023	2033	2043	2053

第三、婚姻登記吉日的運算結果

經過對八字命理分析，和吉日神煞取捨，最後確定結婚吉日四柱為：

出生西曆：2013年10月24日11時29分，星期四。
出生農曆：癸巳年 九月 二十日 午時。

坤造	癸巳	壬戌	癸亥	戊午			
大運	癸亥	甲子	乙丑	丙寅	丁卯	戊辰	己巳	庚午
歲數	6	16	26	36	46	56	66	76
年份	2018	2028	2038	2048	2058	2068	2078	2088

以上吉日吉時，已經分析了八字命理、吉日神煞，並且排除不利的因素，對於一生的婚姻都有很好的補益。

第四、吉日及其他安排

1、辦理登記建議盡快，免得夜長夢多。根據二人八字命局選擇如下日期：

2、西曆2013年10月24日，這天的上午11點－1點之間進行註冊。基本是上午的最後一位辦理登記的，不要在11點之前。

3、辦理登記這一天，最好不要有女方的父母陪同，也不要有男方的男性朋友陪同，注意。

4、辦理登記這一天，女方最好穿紅色上衣，首飾可以使用紅色。

5、辦理登記之前要先探好路徑，不要耽誤，也不要提前。

6、辦理完成以後，可以購買一些有紀念意義的禮品互贈。

7、今年男命多猶豫，但是明年不會。所以多注意維護感情，女方注意寬容大度，多溝通少猜疑。

8、女方命局2014年子午相沖，容易有地點變化。妳設想的搬到他所在的城市生活的事，2014年是可以的。掙錢也是為了家庭，否則掙再多的錢也沒有實際的意義。今年可以去辦理調動工作的相關手續，如果能順利的話，當然是最好的結果。

以上的安排先拿給女方父母看，如果沒有其他要求，盡快抄寫一份送給男方父母。

婚姻擇吉例題5

第一、梳理資料

請你提供男女雙方生辰資料

女，西曆：1987年2月25日辰時。

男，西曆：1983年1月23日下午2點50分。

請你簡述一下基本過程和風俗

他家坐汽車到我家的時間是40－45分左右，公車是1小時。習俗就是早上男方到女方家接親、遊街、到酒店、吃飯，大概就是這些吧！

請問你需要選擇婚姻登記時間還是結婚典禮時間

需要領證的時間。

第二、排定八字命盤（已考慮真太陽時）

坤造	丁卯		壬寅		乙巳		庚辰	
大運	癸卯	甲辰	乙巳	丙午	丁未	戊申	己酉	庚戌
歲數	4	14	24	34	44	54	64	74
年份	1990	2000	2010	2020	2030	2040	2050	2060
乾造	壬戌		癸丑		辛亥		乙未	
大運	甲寅	乙卯	丙辰	丁巳	戊午	己未	庚申	辛酉

歲數	5	15	25	35	45	55	65	75
年份	1987	1997	2007	2017	2027	2037	2047	2057

第三、婚姻登記吉日的運算結果

經過八字命理分析，和吉日神煞取捨，最後確定結婚吉日四柱為：

出生西曆：2017年8月15日10時30分，星期二。

出生農曆：丁酉年 閏六月 廿四日 巳時。

坤造	丁酉	戊申	甲戌	己巳				
大運	己酉	庚戌	辛亥	壬子	癸丑	甲寅	乙卯	丙辰
歲數	9	19	29	39	49	59	69	79
年份	2025	2035	2045	2055	2065	2075	2085	2095

以上吉日吉時，已經分析了八字命理、吉日神煞，並且排除不利的因素，對於

一生的婚姻都有很好的補益。

第四、吉日及其他安排

1、建議盡早辦理登記，免得夜長夢多。根據二人的八字命局選擇如下日期：

2、西曆2017年8月15日，這天的上午9點－11點之間進行註冊。盡量早點去排隊，不要在11點之後。

3、辦理登記這一天最好不要有女方的父母陪同，也不要有女方的同性朋友陪同，注意。

4、辦理登記這一天，女方最好穿黃色（鵝黃、米黃、淡黃等）上衣，首飾可以用金屬材質。

5、辦理登記之前要先探好路徑，計算好前往需要的時間，排除塞車時間。不要耽誤。

6、辦理完成以後出來，可以購買一些有紀念意義的禮品互贈。

7、多注意維護感情。女方要寬容大度，多溝通少猜疑。多為愛製造點情調和氣氛。

以上的安排先拿給女方父母看，如果沒有其他要求，盡快抄寫一份送給男方父母。

婚姻擇吉例題6

第一、梳理資料

請你提供男女雙方生辰資料：

女：西曆1991年3月19日11時10分。

男：西曆1986年4月4日14時。

請你簡述一下基本過程和風俗

傳統婚禮。沒有特別風俗。

請問你需要選擇婚姻登記時間還是結婚典禮時間

需要婚姻典禮時間和登記時間。

第二、排定八字命盤（已考慮真太陽時）

坤造	辛未	辛卯	戊子	戊午				
大運	壬辰	癸巳	甲午	乙未	丙申	丁酉	戊戌	己亥
歲數	6	16	26	36	46	56	66	76
年份	1996	2006	2016	2026	2036	2046	2056	2066

乾造	丙寅		辛卯		戊寅		己未	
大運	壬辰	癸巳	甲午	乙未	丙申	丁酉	戊戌	己亥
虛歲	1	11	21	31	41	51	61	71
始於	1986	1996	2006	2016	2026	2036	2046	2056

第三、辦理登記吉日的運算結果

經過對八字命理分析，和吉日神煞取捨，最後確定結婚吉日四柱為：

出生西曆：2018年1月26日10時10分，星期五。

出生農曆：丁酉年 十二月 初十日 巳時。

坤造	丁酉		癸丑		戊午		丁巳	
大運	甲寅	乙卯	丙辰	丁巳	戊午	己未	庚申	辛酉
歲數	4	14	24	34	44	54	64	74
年份	2020	2030	2040	2050	2060	2070	2080	2090

以上吉日吉時，已經分析了八字命理、吉日神煞，並且排除不利的因素，對於一生的婚姻都有很好的補益。

第四、吉日及其他安排

1、建議盡快辦理登記，免得夜長夢多。根據二人的八字命局選擇如下日期：

2、西曆2018年1月26日，這天的上午9點－11點之間進行註冊。不能用11點以後的時間，所以盡量早點去排隊，排到前面點，另外不能用下午時間。

3、辦理登記這一天，女方最好穿紅色上衣，首飾可以使用紅色。

4、辦理登記之前要先探好路徑，不要耽誤時間，計算好行程所用的時間。

5、辦理完成以後，出來可以購買一些有紀念意義的禮品互贈。

6、以後女方注意寬容大度，多溝通少猜疑。

7、至於你們的婚禮在廣州舉行還是在深圳舉行都無所謂，根據你們需要安排就可以了。

第五、婚姻典禮吉日的運算結果

經過對八字命理分析，和吉日神煞取捨，最後確定結婚吉日四柱為：

出生西曆：2018年7月1日10時10分，星期日。

出生農曆：戊戌年 五月 十八日 巳時。

坤造	戊戌	戊午	甲午	己巳				
大運	丁巳	丙辰	乙卯	甲寅	癸丑	壬子	辛亥	庚戌
歲數	9	19	29	39	49	59	69	79
年份	2026	2036	2046	2056	2066	2076	2086	2096

以上吉日吉時，已經分析了八字命理、吉日神煞，並且排除不利的因素，對於

一生的婚姻都有很好的補益。

第六、吉日及其他安排

1、西曆2018年7月1日。

2、上午八點男方動身迎親，中午十點接到酒店。注意安排行車時間，在限定時間內完成來回路程。

3、新房（也叫做婚房），就是新人的臥室，適合選擇在西北、西、西南、東北四個方位的房間，方位是站在室內總面積的中心位置看，你也可以下載一個羅盤軟體查看。同時，臥室內的床也適合放在房間的這四個位置：西北、西、西南、東北。方位是站在臥室中心看。

4、伴郎的屬相不適合用屬猴的人；伴娘的屬相不適合用屬牛的人。其他都可以用。

5、因為在酒店安排典禮，酒店預定一般都是排隊到6個月以後了，盡量早做安排。

6、其他事宜，根據風俗習慣安排就可以了。

以上的安排先拿給女方父母看，如果沒有其他要求，盡快抄寫一份送給男方父母。

第五章 為什麼要合婚

第五章 爲什麼要合婚

第一節 合婚的意義和價值

有一個偉人曾經說過，和平時期第一要處理好的是婚姻問題。婚姻是締結家庭的方式，而家庭是社會的元件和細胞，社會要和諧，必須家庭和諧，家庭要和諧，必須把婚姻關係處理好。

現代人從思想到行為方式和生活方式，確實有了很多很大的變化，但是，無論怎麼變化，人，始終還是一個肉體的人，既然是人，那就會知冷知熱、需要愛護和關懷，那就少不了家庭。沒有了家庭，人們就失去了歸宿；而沒有了婚姻呢？那麼，社會不會延續很久啦！歸根結底一句話，婚姻這件事，無論對於國家還是個人，都是很重要的事情。

然而要經營好婚姻可不是一件容易的事情，不過，我們有一件法寶，可以幫助我們能盡量減少婚姻傷害，那就是「合婚」。世界上能有五千年歷史的民族不是很多，而我們是。在這漫長的歷史長河中，祖先給我們留下了很多優秀的文化以及生存和養生的方法，合婚文化是其中一件。祝願得到這本書的讀者能從中獲得收穫，學到一些專業技術，並獲得一種生活的智慧，從而讓生活能更加順利一些，而我們生命的效率也就更高一些。

第二節　現代人誘發離婚的因素

離婚率已逐年攀高，造成網路上有人驚嘆「現代人的婚姻家庭在快速崩潰」等，這些言論可能會有些誇大但是也透露出一些社會現象。我們一向是崇尚「家和萬事興」，我們的婚姻家庭在世界上素來以「穩定」著稱，而今卻承受著一種強烈衝擊和震盪。

有的社會學家認為，這首先反映了社會與時代發展對年輕人思想的衝擊。過去「二人經濟聯合體」的合作式婚姻模式被打破，「好人不離婚」的觀念被拋離。經濟的發展促進了思想的解放和開放。這是進步還是垮掉我們尚且不談，首先是一種變化，這種變化來得悄然無聲而且勢力強勁。這種變化，我們把它看做一種結果，那麼具體來看，這種結果產生的根源有哪些呢？這引起了社會的關注和思考。

總結一下，主要有這些：

1、彩禮數目越大、婚禮開銷越大，離婚機率越高。

婚姻的彩禮錢不斷上漲，從近幾年的趨勢來看，平均一年漲一萬元，目前高的已經達到二、三十萬。虛榮排場的婚禮，超額透支的財務狀態，等度完蜜月，開始各種還貸，結果造成婚後經濟壓力山大，導致感情淡薄，最終離婚。從經濟學角度來看，組成一個家庭，頗似經營一家股份公司，本著有錢出錢、有力出力的原則，共同合作經營，利益均霑。如果婚姻的純利潤低於單身，那麼人們寧願選擇單身。

2、追求完美，處女情結、處男情結，容易離婚。

現在生活條件好，人都成熟得早，人們的觀念也都改變了，性慾現在是被看作肉體的正常排洩，就像是小便一樣，不再與道德掛鉤。大部份人在大學階段甚至中學階段就已經同居，所以那些抱著處女、處男夢想的人都會失望，如果抱著這個希望而結婚，那麼最後分手的機率很大。

3、婚前的同居時間越長，婚後離婚率越高。

同居過程中，彼此的性格缺點逐漸暴露，生活的困境逐漸呈現，時間長了就沒有了激情，變得平淡無奇，這個時候沒有相應的社會責任和家庭責任的約束，同時，這種同居狀態大部份缺乏家長的指導和教育，感情也就慢慢分崩離析。

4、從事寫作、美術、音樂等藝術門類，容易離婚。

從事藝術門類屬於創作性質的勞動，正因為是創作，所以投入的精力和時間比普通工作大得多。沒有時間照顧家人，甚至沒有時間刮鬍子、刷牙都是常事，靈感來了甚至變得和瘋子差不多，所以，大家印象之中的藝術創作者都不算很「正常」的人。要想和這樣的人生活在一起幾十年，那可真不是容易的事，除了操心勞累之外，還要經歷一段或者長期的清貧生活，另外還有大把的寂寞等著你，嫁或者娶了藝術創作者，那種煎熬不是一般人能承受的。所以，從事寫作、美術、音樂等藝術門類的人，大部份會晚婚或者離婚。

5、婚前同居起始點越早，婚後離婚率越高。

社會的進步，經濟的發展，人們進入溫飽的社會型態中，人的身體發育逐漸提前，大部份孩子在初中階段就已經發育成熟，而這個時候知識的累積和社會經驗的累積上沒有開始或者遠遠不足，所以這種脫節的狀態下，早戀「同居」也成為了很普遍的一個社會現象，甚至成為一種約定俗成的潮流，但是，玩心未泯的不成熟的男孩和女孩，在當初戀愛時，沒有慎重審視對方的思想能力，感情衝動偷吃禁果、身懷六甲後閃婚，婚後發現自己跟錯了人，早婚之後的感情之花會在現實的重壓之下輕輕的凋謝。

6、房價越高，離婚率越大。

買房成為沉重的生活負擔，或根本買不起房。不買房就結婚可以嗎？丈母娘絕不會同意。所以，有人說，房價是最好的避孕套和拆婚藥。

「無房裸婚」的話，平時生活節省到了極點，夫妻在一起做什麼都要精打細算，再加上工作壓力巨大，為了省錢供房，沒有娛樂和沒有自我，同時自己又缺乏紓解情緒的方式，經常吵架，雙方互相抱怨，日子過得更憋屈，時間長了矛盾就升級為離婚。

同時，現代人的同居群體中很多是剛走出校門的畢業生，年紀輕輕就遠離家人，過上了「旅居」、「漂泊」的生活，需要獨自面對大城市的工作壓力與充滿不確定性的職場和社會環境，漂泊的心都很疲憊，在合租的時候同居能減少一部份開銷，也給自己某些溫暖。很多人同居只是為了分擔生活費用、多一些安全感，或者只是想有個伴，但並非很投入這種關係。然而，這種同居的結果是飲鴆止渴，進一步結婚以後，困境仍然沒有改變，起碼短期內無法改變，所以開始懷疑人生，懷疑當初對感情的選擇是否正確。

高額信貸讓人們不堪重負，婚姻終究會在經濟危機中坍塌。「夫妻本是同林鳥，大難臨頭各自飛」，這是一種典型的逃避和懦弱心態，也是一種無責任心的思想素質。

7、高學歷夫妻，離婚率高。

人都覺得他們學歷高、有修養，應該不屬於容易離婚一族，其實，這裡需要專門講述一下什麼是「知識」。有些東西是被寫入了基因的，是生來就懂的，比如嬰兒出生就知道尋找乳頭吮吸，這不需要教育他，這些是與生俱來的，這一類型的知識暫時不叫做知識。我們所談的知識，指的是那些非生來就懂的東西，這是最寬泛的「知識」的定義。比如你學歷雖高但是沒有駕駛經驗，那麼你自駕車上路出車禍的機率就高，這說明你沒有充份的交通知識，看不懂路標指示圖等。那麼，問題來了，你能說交通知識和路標指示圖不屬於知識嗎？答案是否定的。再比如你學歷雖高但是你不懂得養生知識，油燜大蝦吃完之後同時服用了維生素C，而造成身體不適，你能說食品知識不是知識嗎？諸如此類的知識在學校的課本上是學不到的，這些需要在社會和家庭中獲得。所以，學歷高不等於知識淵博。現代教育的缺失不用再深度探討了，因為大家都知道，高學歷的人可能會沒有生活經驗、缺乏耐力和勇敢，沒有社會經驗、缺乏人生突變的應對能力，沒有交際能力、缺乏包容和責任心等等。所以，高學歷的離婚也沒有什麼感慨之處，人有所長必有所短，你用很多時間學習了課本知識，必定缺乏很多其他知識。結果在婚姻生活和家庭生活中出現障礙造成離婚不足為奇。

8、文化低，沒有成熟的思想，禁不住外面的色慾和物慾的誘惑容易離婚。

文化很低，思想沒有得到充份的拉練和擴容，在這樣狀態下，遇到突變的人生經歷，比如人倫慘變、家人去世、破產、暴富爆發、色誘等等，這些情況會使他失去理性，一方不甘受罪怕拖累。大腦中僅存的思想支柱融化和坍塌，會使他變化成為另一個人，離婚那就變得很簡單。社會貧富差距，扭曲了部份人的價值觀，一切用錢來衡量，而忽視感情基礎，在扭曲的物質觀念之下離婚率上升不足為奇。

9、身處娛樂圈中的男女，離婚率高。

娛樂圈的人，工作太忙，夫妻交流太少，而娛樂圈本身就是一個「感情場」、「名利場」「情緒場」、「宣洩場」，所以很容易採摘路邊野花，沒有點定力和責任心的人在娛樂場就更容易離婚。

10、理性太強、太現實、謀求捷徑、缺乏擔當的人容易離婚。

人們在結婚前往往會陷入周密的計算與考慮之中，房子、票子、車子、對方的職業、健康等，這些非愛情因素成為婚姻是否安全的重要考量指標。現在的人活在當下，都很現實，女孩子找對象結婚以物質條件為準則，要求「高富帥」、「富二代」等等。其實這是一種短視思想，你不想想，那些錢是他本人掙的嗎？同齡的年輕人真正能達到富豪的能有幾人呢？就算是找到了物質條件很好的對象，那麼，他的思想成熟嗎？有責任心嗎？既然有很充裕的物質條件，就能吸引很多拜金女，所以，他們的選擇餘地也很大，甚至於他有不良嗜好，貪戀夜生活，長期泡娛樂場所，有的吃喝嫖賭俱全，惡習不改等等。同時，婆媳關係難處理的現象在富貴人家中更為凸出。結果婚後妻子長期在家以淚洗面，對方出軌最終離婚。

11、生活小康而責任心差，沒有高尚的信仰和長遠理想，但是閒情四溢，容易離婚。

生活富裕了，溫飽思淫慾，這種類型比較好理解，簡單說就是「吃飽了撐著」型。本身沒有什麼理想和抱負，達到了一定的生活水準，胡吃海塞的給身體增加很多高營養物質，身體就變成了一個簡單的物質「通道」，吃進去還會流出來，所以找婚姻外性伴侶就成為必須，因為家裡的那位無法滿足需要了。這種類型離婚就順理成章。

12、婚後不生育的家庭容易離婚。

結婚以後，五年左右新鮮感就褪去，這個時候如果添了小寶寶，新的生活內容會讓小夫妻們忙碌和緊張，也會感到幸福和溫馨，但是，婚後五年內如果小夫妻還沒有孩子，這其中分為多種情況，其中一種是雙方商量好的「頂客一族」，還有另一種情況是男女一方身體帶有疾病無法受孕成功等。這兩種情況都不會持續很久，比如前者雖然是商量好的「頂客」，隨著時間流逝其中一個觀念逐漸改變想要孩子了，這種情況就會造成夫妻感情的裂痕和矛盾。後者隨著治療的進展，時間一長如果沒有解決，其中一方就會失去信心，所以這兩種情況的結果還是離婚。

13、婚後疾病多發容易離婚。

這個比較好理解，身體素質較差的話，面對繁重的工作和家務生活，沒有很多精力來應付夫妻房事，性生活是夫妻感情的潤滑劑，因為生活和工作的壓力造成身心疲憊，性生活不和諧，甚至無性夫妻，時間久了，夫妻的溝通就會不順暢，如果另一方性慾旺盛的話，就會去外面「打野食」，夫妻矛盾加劇，最終離婚。

14、「忘年戀」、「老少戀」，婚姻離婚率高

「老夫少妻」年齡相差15歲以上的，會因為在婚姻中表現出來的不同的觀念、習慣、愛好等代溝問題，導致忘年夫妻離婚。這部份人大部份開始的時候是覺得「雖然對方比我大很多，但只要對我好就可以了」，結果結婚以後發現，家庭不僅僅是「對你好」，組成婚姻家庭的內容太多，單方面的遷就和包容不是雙方的幸福。瑣碎生活中的摩擦、爭吵不斷，加上年齡差異大而出現的性慾需求的不同步，「厭倦了現在的婚姻生活，想換一種生活」，最終的結果還是離婚。

15、跨國婚姻或者異地居住的離婚率高。

國籍和種族本來不是婚姻的障礙，但是不同國籍和地域的兩個人確實存在著很多困擾，比如價值觀、經濟觀念、生活風俗習慣、宗教信仰、飲食口味、語言溝通等等，這些在開始的時候會被兩個人認為是新鮮感很刺激，但是正式生活在一起以後，

就會感到束縛和不自由，甚至某些情況下會被激化，所以，感情也會難以繼續融洽，久而久之，也會走向離婚。還有一種情況是異地分居的夫妻，因為社會的競爭激烈，生活的壓力也越來越大，為了謀生不得不離鄉背井，出外打拼，夫妻枉在一起吧又怕失去原來工作的基礎，就這樣長久的分居兩地，這樣的夫妻也容易出軌和離婚，

16、社會風氣和某些不良的媒體資訊加劇離婚。

影視作品中對「拜金主義」、「包二奶」、「性解放」、「絕對個人自由」等不良社會風氣的渲染，以及那種所謂的「包容和理解」態度，會讓不夠成熟的年輕人心理掀起波瀾，心理底線和道德底線再度被刷新，產生很多負面影響，這就是低俗影視作品抬高離婚率的原罪。不要忘了當年熱播《少林寺》的時候，曾經很多青少年效仿而離家隻身去少林寺。不要忘了《古惑仔》熱播的時候，香港青年模仿混混抽菸喝酒、打架群毆等，而那段時間出現的犯罪率上升。與此同時，隨著逐步與世界接軌，外國的情愛文化也紛紛湧進，使人們追求「性自由、愛隨便」。影視作品應當有更加

明確和積極的態度和導向，引導觀眾對人性的深刻剖析和思考，呼喚建立家庭道德的自覺性。

17、網路社交的多元化加深了夫妻矛盾，也加劇了離婚率。

人們為什麼那麼熱衷於養寵物，不知道大家是否想過這個問題？其實，是因為收養一個孤兒代價太大，養不起啊！同時，人會背叛自己，動物不會背叛，目前的情況是，動物的忠誠程度似乎超過了人，所以人們熱衷於養寵物。同樣的道理，人們為什麼沉迷於網路社交呢？那是因為在社會現實中的不順和碰壁，真正掙錢的人都是忙碌的，都不會在網路上任意耽誤時間的。但是網路社交形式的多元化，並沒有真正解決現實的困惑，比如網路上常常有網友約會被騙的文章。網路社交佔用很多的時間和感情，忽視家裡的老婆或丈夫的感情，搞起了網上戀和婚外情，最終走向離婚的不在少數。

18、一夜情、性伴侶加劇離婚率攀升。

一夜情、情人等，暫時把他們都叫做性伴侶。只要合「眼緣」，彼此看得上；其次合「體緣」，床上能配合默契。它的實質就是宣洩性慾，把對方當成廁所，不需要負責任，不需要愛情，來去自由，好聚好散，被很多成年男士當作「乾淨、安全、快樂」的性生活方式，不會破壞各自的家庭，不會介入對方的生活，所以也不會有種種麻煩產生。大部份擁有性伴侶的男女都是身體健康、生活溫飽的類型，因為家裡的那位無法滿足自己的性需求，而把生殖器官伸向社會，似乎這樣才能讓自己的情緒和身體達到平衡，似乎這樣有利於家庭的穩定，其實，這種短暫單純的肉體歡愉之後往往是徹底的無奈和溝通的堵塞，對於夫妻關係沒有任何好處，時間久了引起更嚴重的夫妻矛盾，最終離婚的不在少數。

19、觀念的轉變，女權的膨脹，是一把雙刃劍。

新社會，婦女衝出牢籠，不再是男人的附屬品，從家庭走向社會，同受教育、同工同酬，這無疑是社會的進步，但是，女性從精神到經濟的獨立自主，使得原本以男人為核心的家庭結構發生變化，男人說了算的傳統意識和女權主義的新思想在家庭中交鋒，互不相讓，造成的結果要嘛是「陰盛陽衰」的女人當家、「妻管嚴」，要嘛是夫妻感情不和、矛盾重重而走向離婚，所以說任何事情都是有它的弊端。與此同時，在家庭中，孩子經常看到的是母親欺負父親，而父親老是一副委屈求全的窩囊形象，這種潛移默化教育更加深了讓男孩越發膽小而讓女孩更加強悍。要知道，絕大多數的男人還是喜歡溫婉賢淑、善解人意的女孩，而厭惡「母老虎」式的、強勢的老婆，因此，男人在家裡得不到的溫柔就有可能在外面尋找心理平衡，這是導致高離婚率高升。

20、家庭角色的轉化，對於婚姻並沒有很大的益處。

不知道大家是否看過《動物世界》這樣的電視節目，在動物的世界裡，雄性為尊為大、為團隊的核心，為了維護牠的種族血統純粹，雄性的動物是不允許雌性與其他團隊交配的，這個現像是普遍存在的。如果說人類起源於森林、起源於動物，那麼，應該承認目前的人類血液中仍然存在這樣的基因性質的資訊。所以，在傳統的家庭中，男主外、女主內，男人主要做事業和掙錢，女人主要負責洗衣服做飯、做家務、照顧家人。但是現在的情況似乎變化了不少，很多的男士廚藝很高，在廚房裡鍛鍊得十八般武藝樣樣精通，國外有調查結果顯示男士做家事的家庭離婚率高。現在的小夫妻，妻子不會做家事的為數不少，女性家事能力的下降，降低了家庭的的幸福指數。俗話說「要想留住對方的心，必先留住對方的胃」，如果主婦能做得一手好菜，老公肯定樂意按時回家吃飯，就不會在外面貪杯，出軌的機率相對降低，離婚率自然也就比較低了。

21、丈母娘當家或者婆婆當家的，更容易離婚。

八〇年代大多是獨生子女，從小依賴父母，習慣了父母的奉獻，從小父母嬌生慣養，養成了任性和惰性。在自己的婚姻中，也常常「以我為中心」。很多家庭丈母娘在他岳父那裡是當家人，現在退休以後的老年人其實身體都還很棒的，精力很足，管孩子的這個、管孩子的那個，這樣宣洩自己的精力，打發自己的時光。這樣的家庭，大部份婚前就顯示出來了，丈母娘參與精挑細選，然後婚後，只要小夫妻稍有不順，就埋怨男方沒本事、無能力，對男方冷嘲熱諷，肆無忌憚地踐踏男子的自尊心。時間久了，男方就會向著丈母娘翻白眼，這樣自然會造成感情的矛盾、加劇離婚。婆婆的情況與上面說的類似。以上的兩種情況是矛盾源於長輩，還有一種情況是矛盾源於自身。比如男方有戀母情結，認為母親所做的都是對的，母親什麼都好，對母親百依百順，這樣的家庭就會加劇婆媳不和，最終造成夫妻感情矛盾。比如戀孩情結，把孩子當成寶貝是掌上明珠，不能受一點委屈，凡事都是對方的錯誤，這樣也會加劇夫妻的矛盾，引起離婚。

22、家庭暴力，容易造成離婚。

工作壓力大或者工作不順利、反覆換工作、婆媳關係、夫妻溝通不暢等，導致人們身心疲憊、煩躁易怒，引起夫妻肢體暴力、語言暴力、性暴力、冷暴力，矛盾不斷升級，最終會導致夫妻感情破裂，婚姻破碎。雖然說發怒也是一種發洩，但是大部份的怒氣都會帶來不良後果，夫妻感情得之不易，維護需要很多努力，根本禁不起暴力的襲擊。並且很多情況下只要打架開頭就無法停止，一次又一次的發生。所以，家庭中遭受暴力的婦女最終會逃離。

23、夫妻一方有惡習並且屢教不改，容易離婚。

婚姻中的男女有一方有「嫖、賭、抽」的習慣，而且好逸惡勞死不悔改，最終也會讓婚姻崩潰。因為這些習慣都是很燒錢的，明明被人圈宰，卻樂此不疲，反覆教育沒有效果，甚至被抓進派出所。丟人破財，還對身體有害無益，長此以往婚姻也會名存實亡終於離婚。

24、命理學家認為：雙方八字干支沖剋多，容易離婚。

雙方八字干支之間相互沖剋，在現實中的表現是：夫妻日子中總會遇到這樣那樣的問題，造成感情日漸淡漠，最終離婚。那麼，問題來了：既然八字不合為什麼結婚了呢？因為，他們在八字十神有同步資訊，換言之：雙方有一種相互傷害的緣份，所以，結婚就是為了離婚做準備的。

25、命理學家認為：雙方八字五行力量的大小和燥濕不互補，容易離婚。

八字過寒、過燥都是病，若夫妻八字燥濕不能互補，在現實中的表現就是：夫妻一方身體不佳，婚後無法受孕或者不孕不育等。造成感情分歧和矛盾，最終也會離婚。那麼，問題來了：不孕不育的話，換個人結婚就能生育了嗎？答案是肯定的，確實很多被醫院診斷為不孕不育的人，換個人結婚就生育了。也有的夫妻是堅守了愛情而沒有離婚，然後抱養、收養了其他人家的孩子。

幸福的家庭都是一樣的，不幸福的家庭是各式各樣的，但是總結一下無外乎這三大類：身體健康問題、思想性格問題、經濟工作問題。

第三節　舉例證明合婚的重要性

很多人問：合婚真的那麼重要嗎？合婚有什麼依據呢？怎麼證明合婚有用呢？……是的，這個需要先證明一下，事實勝於雄辯。下面，我用二十多個例題來證明合婚的必要性，當然，這只是一部份例題，在預測生涯中累積的例題不僅僅這些，只舉例這些是限於篇幅。

在預測實踐中，凡是八字五行不能中和的，或者不能互相補充八字用神的，或者紫微盤夫妻宮坐凶星煞星的，都會難以結婚、婚後不和睦、婚外情，甚至離婚。相反，如果八字五行中和或者補充用神、而紫微盤夫妻宮無凶星或者凶星受制約的，就算是父母反對，也最終能結婚並且白頭到老。

什麼是結婚？定義如下：

1、以夫妻名義公開居住生活兩年以上。

2、以夫妻名義履行社會責任和家族、家庭義務。

3、登記部門正規登記。

4、有夫妻之實，過正常的夫妻生活。

5、生兒育女。

6、事業和生活上，互相幫助和支持、相互教育和養育，並以此為義務和責任。

本書所言的婚姻大概就是如上的意義。

合婚的結果有三類

1、上等婚，能結婚，婚後有兒女，家庭和諧，沒有離婚。

2、中等婚，能結婚，婚後感情不太好，時好時壞，或者沒有兒女，抱養孩子。

3、下等婚，能結婚，但是婚後感情很差，離婚。互相傷害。沒有兒女或者兒女命運悲慘。

例題 1

<table>
<tr>
<td>天左火三恩天天破
機輔星臺光才月碎
平平得平平廟　陷
臨官
小耗
亡神　65~74　辛
病符　遷移宮　巳</td>
<td>紫文天天封截
微昌福使誥空
廟陷平平　廟
冠帶
青龍
將星　55~64　壬
歲建　疾厄宮　午</td>
<td>天陀鈴地天副天
鉞羅星空貴截空
旺廟利平旺廟陷
身宮
沐浴
力士
攀鞍　45~54　癸
晦氣　財帛宮　未</td>
<td>破文祿天解天孤
軍曲存馬神巫辰
得得廟旺不　平
長生
博士
歲驛　35~44　甲
喪門　子女宮　申</td>
</tr>
<tr>
<td>七鳳天寡年
殺閣傷宿解
廟陷平陷廟
帝旺
將軍
月煞　75~84　庚
弔客　交友宮　辰</td>
<td colspan="2" rowspan="2">八字五行和用神：
坤造　庚　己　乙　庚
　　　午　卯　酉　辰
大运　戊寅　丁丑　丙子　乙亥　甲戌　癸酉　壬申　辛未
岁数　6　16　26　36　46　56　66　76
年份　1995　2005　2015　2025　2035　2045　2055　2065</td>
<td>右擎紅八
弼羊鸞座
陷陷旺廟
養
官府
息神　25~34　乙
貫索　夫妻宮　酉</td>
</tr>
<tr>
<td>太天地天咸天
陽梁劫喜池德
廟廟平旺平平
祿
衰
奏書
咸池　85~94　己
天德　官祿宮　卯</td>
<td>廉天天龍臺旬華
貞府刑池輔空蓋
利廟廟陷　陷平
胎
伏兵
華蓋　15~24　丙
官符　兄弟宮　戌</td>
</tr>
<tr>
<td>武天天天蜚
曲相姚廚廉
得廟旺
權
病
飛廉
指背　95~104　戊
白虎　田宅宮　寅</td>
<td>天巨天天大龍
同門魁壽耗德
不不旺廟平
忌
死
喜神
天煞　105~114　己
龍德　福德宮　丑</td>
<td>貪天天陰
狼哭虛煞
旺平陷
墓
病符
災煞　115~124　戊
歲破　父母宮　子</td>
<td>太天副劫月
陰官旬煞德
廟旺平
科
絕
大耗
劫煞　5~14　丁
小耗　命　宮　亥</td>
</tr>
</table>

<table>
<tr>
<td>天陀鳳封年
機羅閣誥解
平陷廟　旺
長生
力士
指背　34~43　己
歲建　子女宮　巳</td>
<td>紫祿火天天天咸
微存星刑月空池
廟廟廟平　廟陷
養
博士
咸池　24~33　庚
晦氣　夫妻宮　午</td>
<td>文文擎天蜚
昌曲羊壽廉
利旺廟旺
忌
胎
官府
月煞　14~23　辛
喪門　兄弟宮　未</td>
<td>破天地天天副孤陰
軍鉞空巫廚截辰煞
得廟廟　　廟平
絕
伏兵
亡神　4~13　壬
貫索　命　宮　申</td>
</tr>
<tr>
<td>七天恩天解寡
殺喜光貴神宿
廟陷廟旺廟陷
沐浴
青龍
天煞　44~53　戊
病符　財帛宮　辰</td>
<td colspan="2" rowspan="2">八字五行和用神：
乾造　己　乙　甲　丁
　　　巳　亥　申　卯
大运　甲戌　癸酉　壬申　辛未　庚午　己巳　戊辰
岁数　5　15　25　35　45　55　65
年份　1993　2003　2013　2023　2033　2043　2053</td>
<td>龍天臺截破
池官輔空碎
廟平　廟平
墓
大耗
將星　114~123　癸
官符　父母宮　酉</td>
</tr>
<tr>
<td>太天八天
陽梁座使
廟廟平平
科
冠帶
小耗
災煞　54~63　丁
弔客　疾厄宮　卯</td>
<td>廉天紅天副大月
貞府鸞姚旬耗德
利廟陷廟陷平
死
病符
攀鞍　104~113　甲
小耗　福德宮　戌</td>
</tr>
<tr>
<td>武天地天劫天
曲相劫福煞德
得廟平旺　平
祿
身宮
臨官
將軍
劫煞　64~73　丙
天德　遷移宮　寅</td>
<td>天巨左右鈴天天天華
同門輔弼星才傷哭蓋
不不廟廟得平平廟陷
帝旺
奏書
華蓋　74~83　丁
白虎　交友宮　丑</td>
<td>貪天龍
狼魁德
旺旺
權
衰
飛廉
息神　84~93　丙
龍德　官祿宮　子</td>
<td>太天三旬天
陰馬臺空虛
廟平平平平
病
喜神
歲驛　94~103　乙
歲破　田宅宮　亥</td>
</tr>
</table>

【背景資料】：

求測者是女命主，2012年問和對象合婚。

【合婚分析】：

1、先看命盤圖的中間位置的八字：

A干支黏合度，天干有乙庚合、甲己合，地支有亥卯半合，黏合度較好。

B五行用神，女命主命運用水喜木，男命主命運用金，能互補。

C結婚時間，女命主晚婚至2020年或2021年才可以結婚，男命主2017年或2018年結婚，顯然結婚的時間不一致。

2、再分析紫微命盤圖的夫妻宮

D夫妻宮資訊參考：女命主夫妻宮，紅鸞八座照太陽化祿天梁天喜，說明戀愛複雜但沒有二婚，丈夫年齡會大較多；男命主夫妻宮資訊顯示，夫妻感情不好或者二婚。顯然不一致。

3、所以判斷：二人有緣無份，有感情經歷過程，但是無法結成夫妻。

【結果回饋】：

結果這兩個人果然沒有在一起，2014年、2016年都問過什麼時候結婚，而且再問的男友八字已經完全換人了。

例題 2

<table>
<tr>
<td>太陀鳳臺年
陰羅閣輔解
陷陷廟　旺
官府　115～124　絕
指背　己
歲建　兄弟宮　巳</td>
<td>貪祿天咸
狼存空池
旺廟廟陷
權
博士　5～14　胎
咸池　庚
晦氣　命宮　午</td>
<td>天巨左右擎蜚
同門輔弼羊廉
不不廟廟廟
力士　15～24　養
月煞　辛
喪門　父母宮　未</td>
<td>武天天天天副孤陰
曲相鉞貴廚截辰煞
得廟廟陷　廟平
祿
青龍　25～34　長生
亡神　壬
貫索　福德宮　申</td>
</tr>
<tr>
<td>廉天天天恩寡
貞府喜姚光宿
利廟陷陷廟陷
身宮
伏兵　105～114　墓
天煞　戊
病符　夫妻宮　辰</td>
<td colspan="2" rowspan="2">八字五行和用神：

坤造　己　己　辛　己
　　　巳　巳　未　亥

大运　庚午　辛未　壬申　癸酉　甲戌　乙亥　丙子
岁数　9　19　29　39　49　59　69
年份　1997　2007　2017　2027　2037　2047　2057</td>
<td>太天鈴龍天天截破
陽梁星池壽官空碎
平得得廟平平廟平
科
小耗　35～44　沐浴
將星　癸
官符　田宅宮　酉</td>
</tr>
<tr>
<td>文
曲
旺
忌
大耗　95～104　死
災煞　丁
弔客　子女宮　卯</td>
<td>七地紅解副大月
殺劫鸞神旬耗德
廟平陷廟陷平
將軍　45～54　冠帶
攀鞍　甲
小耗　官祿宮　戌</td>
</tr>
<tr>
<td>破火天天劫天
軍星福月煞德
得廟旺　　平
病符　85～94　病
劫煞　丙
天德　財帛宮　寅</td>
<td>三八天封天華
臺座使誥哭蓋
廟廟陷　廟陷
喜神　75～84　衰
華蓋　丁
白虎　疾厄宮　丑</td>
<td>紫天地天龍
微魁空刑德
平旺平平
飛廉　65～74　帝旺
息神　丙
龍德　遷移宮　子</td>
<td>天文天天天天旬天
機昌馬才傷巫空虛
平利平廟旺　平平
奏書　55～64　臨官
歲驛　乙
歲破　交友宮　亥</td>
</tr>
</table>

<table>
<tr>
<td>巨陀地地天天天天孤蜚破
門羅劫空馬才壽廚辰廉碎
旺陷不廟平廟平　陷　陷
忌
力士　94～103　長生
歲驛　乙
喪門　田宅宮　巳</td>
<td>廉天祿天
貞相存喜
平廟廟廟
博士　84～93　養
息神　丙
貫索　官祿宮　午</td>
<td>天擎天龍鳳天年華
梁羊姚池閣傷解蓋
旺廟旺廟陷陷得陷
官府　74～83　胎
華蓋　丁
官符　交友宮　未</td>
<td>七封大劫月
殺誥耗煞德
廟　陷
伏兵　64～73　絕
劫煞　戊
小耗　遷移宮　申</td>
</tr>
<tr>
<td>貪右文鈴三天
狼弼昌星臺空
廟廟得陷廟廟
青龍　104～113　沐浴
攀鞍　甲
晦氣　福德宮　辰</td>
<td colspan="2" rowspan="2">八字五行和用神：

乾造　丁　戊　辛　甲
　　　卯　申　亥　午

大運　丁未　丙午　乙巳　甲辰　癸卯　壬寅　辛丑
歲數　8　18　28　38　48　58　68
年份　1994　2004　2014　2024　2034　2044　2054</td>
<td>天天恩天天
同鉞光使虛
平廟陷陷旺
權
大耗　54～63　墓
災煞　己
歲破　疾厄宮　酉</td>
</tr>
<tr>
<td>太火天天截天
陰星刑貴空哭
陷利廟旺平廟
祿
小耗　114～123　冠帶
將星　癸
歲建　父母宮　卯</td>
<td>武左文八副龍
曲輔曲座旬德
廟廟陷平陷
病符　44～53　死
天煞　庚
龍德　財帛宮　戌</td>
</tr>
<tr>
<td>紫天天解天副陰
微府官神巫截煞
旺廟平廟　陷
身宮
將軍　4～13　臨官
亡神　壬
病符　命宮　寅</td>
<td>天寡
機宿
陷平
科
奏書　14～23　帝旺
月煞　癸
弔客　兄弟宮　丑</td>
<td>破紅臺咸天
軍鸞輔池德
廟廟　陷廟
飛廉　24～33　衰
咸池　壬
天德　夫妻宮　子</td>
<td>太天天天旬
陽魁福月空
陷旺廟　平
喜神　34～43　病
指背　辛
白虎　子女宮　亥</td>
</tr>
</table>

【背景資料】：

求測者是女命主，2012 年問和男友合婚。相親了兩個都沒有感覺，也不知道問題出在哪？

【合婚分析】：

1、先看命盤圖的中間位置的八字：

A 干支黏合度，天干有甲己相合，地支有巳申相合，黏合度一般。

B 五行用神，女命主命運用水和丑辰濕土，男命主命運用木喜水，女命不能提供補充。

C 結婚時間，女命主婚姻時間在 2016 年或者 2017 年，男命主婚姻時間在 2014 年或者 2015 年，顯然結婚時間不一致。

2、再分析紫微命盤圖的夫妻宮：

D夫妻宮資訊參考：女命主夫妻宮，天府天喜天姚恩光，說明婚前感情複雜，嫁給較大的男人，一般大五、六歲。男命主夫妻宮資訊顯示，夫妻感情不好或者二婚。可見男命主的年齡不符合女命主的命理需要。

3、所以判斷：二人有緣無份，感情單方面存在，但是無法結成夫妻。

【結果回饋】：

求測者說，這是前男友的八字，2011年跟相處五年的男友分手了，為了他去了那個城市陪他，不顧家裡的反對，可是我最後什麼也沒得到。朋友們都說我對他太好了，好到他都覺得理所當然了。盡人事吧！剩下的，看天意了。很感謝和我說這麼多。

例題3

<table>
<tr>
<td>天天龍臺天天
梁刑池輔巫哭
得陷陷　　不
權
青龍
指背　65~74　辛
官符　遷移宮　巳
絕</td>
<td>七天天副咸大月
殺使廚截池耗德
旺平　廟陷旺
小耗
咸池　75~84　壬
小耗　疾厄宮　午
胎</td>
<td>截天
空虛
廟陷
將軍
月煞　85~94　癸
歲破　財帛宮　未
養</td>
<td>廉天天天龍
貞鉞喜福德
廟廟旺廟
奏書
亡神　95~104　甲
龍德　子女宮　申
長生</td>
</tr>
<tr>
<td>紫天擎天天天解
微相羊貴官傷神
得得廟旺旺平廟
科
力士
天煞　55~64　庚
貫索　交友宮　辰
墓</td>
<td colspan="2" rowspan="2">八字五行和用神：

坤造　乙　丙　戊　癸
　　　丑　戌　子　亥

大運　丁亥　戊子　己醜　庚寅　辛卯　壬辰　癸巳
歲數　8　18　28　38　48　58　68
年份　1992　2002　2012　2022　2032　2042　2052</td>
<td>鈴天鳳蜚年
星姚閣廉解
得廟廟　旺
身宮
飛廉
將星　105~114　乙
白虎　夫妻宮　酉
沐浴</td>
</tr>
<tr>
<td>天巨文祿
機門曲存
旺廟旺廟
祿
博士
災煞　45~54　己
喪門　官祿宮　卯
死</td>
<td>破地天副寡陰天
軍劫壽旬宿煞德
旺平廟陷陷　廟
喜神
攀鞍　115~124　丙
天德　兄弟宮　戌
冠帶</td>
</tr>
<tr>
<td>貪右陀火紅三天天孤劫
狼弼羅星鸞臺月空辰煞
平旺陷廟旺平　陷平
官府
劫煞　35~44　戊
晦氣　田宅宮　寅
病</td>
<td>太太封破華
陽陰誥碎蓋
不廟　陷陷
忌
伏兵
華蓋　25~34　己
歲建　福德宮　丑
衰</td>
<td>武天左天地八恩天
曲府輔魁空座光才
旺廟旺旺平陷平旺
大耗
息神　15~24　戊
病符　父母宮　子
帝旺</td>
<td>天文天旬
同昌馬空
廟利平平
病符
歲驛　5~14　丁
弔客　命宮　亥
臨官</td>
</tr>
</table>

<table>
<tr>
<td>天文天天天天
相曲鉞馬福虛
得廟旺平旺旺
喜神
歲驛　62~71　丁
歲破　遷移宮　巳
臨官</td>
<td>天三天天解陰龍
梁臺官使神煞德
廟旺廟平廟
飛廉
息神　52~61　戊
龍德　疾厄宮　午
冠帶</td>
<td>廉七天臺天華
貞殺刑輔哭蓋
利廟陷　平陷
奏書
華蓋　42~51　己
白虎　財帛宮　未
沐浴</td>
<td>八天劫天
座貴煞德
廟陷　平
將軍
劫煞　32~41　庚
天德　子女宮　申
長生</td>
</tr>
<tr>
<td>巨紅天大月
門鸞傷耗德
陷廟平平
權
病符
攀鞍　72~81　丙
小耗　交友宮　辰
帝旺</td>
<td colspan="2" rowspan="2">八字五行和用神：

乾造　癸　甲　甲　乙
　　　亥　子　午　丑

大运　癸亥　壬戌　辛酉　庚申　己未　戊午　丁巳
岁数　9　19　29　39　49　59　69
年份　1991　2001　2011　2021　2031　2041　2051</td>
<td>文破
昌碎
廟平
小耗
災煞　22~31　辛
弔客　夫妻宮　酉
養</td>
</tr>
<tr>
<td>紫貪天龍封
微狼魁池誥
旺利廟廟
忌
大耗
將星　82~91　乙
官符　官祿宮　卯
衰</td>
<td>天火地天天天寡
同星空喜才月宿
平廟陷陷陷　陷
青龍
天煞　12~21　壬
病符　兄弟宮　戌
胎</td>
</tr>
<tr>
<td>天太左天孤
機陰輔巫辰
得旺廟　平
科
伏兵
亡神　92~101　甲
貫索　田宅宮　寅
病</td>
<td>天擎截旬蜚
府羊空空廉
廟廟不平
身宮
官府
月煞　102~111　乙
喪門　福德宮　丑
死</td>
<td>太右祿地恩天副副天咸
陽弼存劫光壽截旬空池
陷廟廟陷平平陷陷陷陷
博士
咸池　112~121　甲
晦氣　父母宮　子
墓</td>
<td>武破陀鈴天鳳天年
曲軍羅星姚閣廚解
平平陷利陷旺　得
祿
力士
指背　2~11　癸
歲建　命宮　亥
絕</td>
</tr>
</table>

【背景資料】：

求測者是女命主，兩個人感情很好。但是父母反對結婚。

【合婚分析】：

1、先看命盤圖的中間位置的八字：

A干支黏合度，天干有戊癸相合，地支有子丑相合，黏合度一般。

B五行用神，女命主的命運用水喜木，男命主的命運用土喜火，可見兩個人互補。

C結婚時間，女命主的婚姻時間為 2014 年和 2015 年，男命主的婚姻時間為 2014 年和 2015 年，可見二人的結婚時間是一致的。

2、再分析紫微命盤圖的夫妻宮：

D夫妻宮資訊參考：女命主夫妻宮，天姚鳳閣照天機巨門文曲祿存，說明嫁給遠方、年長男子。男命主岳父宮資訊顯示，與岳父母關係不好。可見二人資訊與現實相符。

3、所以判斷：二人夫妻緣份深刻，能結成夫妻。

【結果回饋】：

2014年結婚了。父母反對但是還是結婚了。

例題4

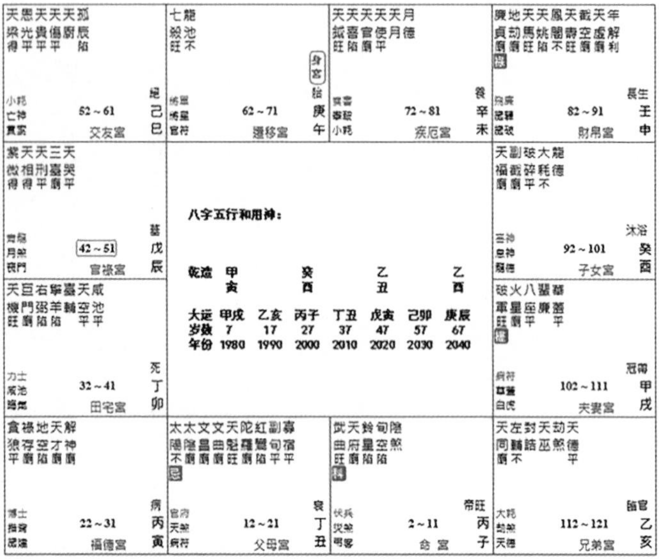
八字五行和用神：
乾造 甲寅 癸酉 乙丑 乙酉
大运 甲戌 乙亥 丙子 丁丑 戊寅 己卯 庚辰
岁数 7 17 27 37 47 57 67
年份 1980 1990 2000 2010 2020 2030 2040

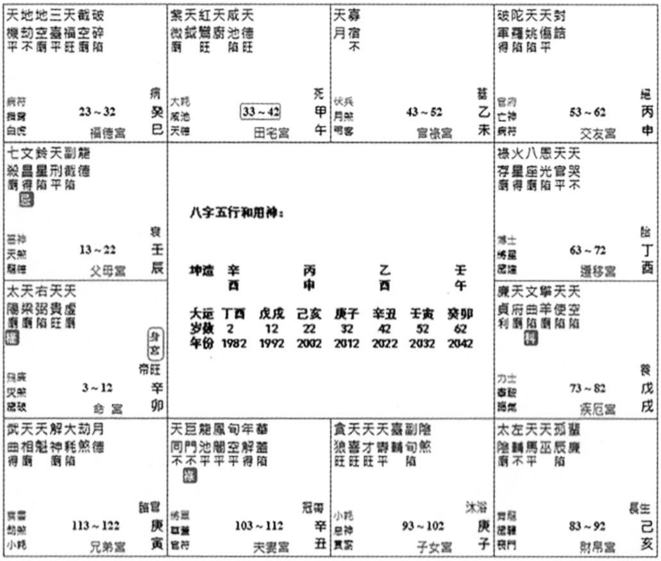
八字五行和用神：
坤造 辛酉 丙申 乙酉 壬午
大运 丁酉 戊戌 己亥 庚子 辛丑 壬寅 癸卯
岁数 2 12 22 32 42 52 62
年份 1982 1992 2002 2012 2022 2032 2042

【背景資料】：

求測者是男命主，在政府單位上班，問與女朋友能否成功。

【合婚分析】：

1、先看命盤圖的中間位置的八字：

A干支黏合度，地支有丑酉半合，黏合度低。

B五行用神，男命主命運用神為水喜火，女命主命運用神為金，可見女方缺乏男方需求的五行。

C結婚時間，男命主結婚時間為2013年，女命主結婚時間為2012年或者2017年，可見二人結婚時間不一致。

2、再分析紫微命盤圖的夫妻宮：

D夫妻宮資訊參考：男命主夫妻宮，破軍化權火星蜚廉，說明娶一個長相一般的二婚女才能白頭到老。女命主夫妻宮資訊顯示，婚前感情複雜，晚婚，丈夫工作不穩定。可見目前未婚的女命主不符合男命主的命理需要。

3、所以判斷：二人難以結成夫妻，沒有夫妻緣份。

【結果回饋】：

後來果然沒有成功。現任妻子四柱為壬戌、丙午、乙亥、癸未。

例題 5

<table>
<tr>
<td>天天天天天天天
同鉞馬姚福巫虛
廟旺平平旺　旺
奏書
歲驛 15～24 絕 丁
歲破 父母宮 巳</td>
<td>武天右文天陰龍
曲府弼曲官煞德
旺旺旺陷廟
飛廉
息神 25～34 胎 戊
龍德 福德宮 午</td>
<td>太太天天天華
陽陰壽月哭蓋
得不旺　平陷
科
喜神
華蓋 35～44 養 己
白虎 田宅宮 未</td>
<td>貪左文臺劫天
狼輔昌輔煞德
平平得　　平
忌
身宮
病符
劫煞 45～54 長生 庚
天德 官祿宮 申</td>
</tr>
<tr>
<td>破紅三封大月
軍鸞臺誥耗德
旺廟廟　平
祿
將軍
攀鞍 5～14 墓 丙
小耗 命宮 辰</td>
<td colspan="2" rowspan="2">八字五行和用神：

坤造 癸亥 戊午 庚寅 戊寅

大运 己未 庚申 辛酉 壬戌 癸亥 甲子 乙丑
岁数 3 13 23 33 43 53 63
年份 1985 1995 2005 2015 2025 2035 2045</td>
<td>天巨地天破
機門空傷碎
旺廟廟平平
權
大耗
災煞 55～64 沐浴 辛
弔客 交友宮 酉</td>
</tr>
<tr>
<td>天恩龍天
魁光池才
廟廟廟旺
小耗
將星 115～124 死 乙
官符 兄弟宮 卯</td>
<td>紫天天八寡
微相喜座宿
得得陷平陷
伏兵
天煞 65～74 冠帶 壬
病符 遷移宮 戌</td>
</tr>
<tr>
<td>廉孤
貞辰
廟平
青龍
亡神 105～114 病 甲
貫索 夫妻宮 寅</td>
<td>擎地天天截旬蜚
羊劫刑貴空空廉
廟陷陷旺不平
力士
月煞 95～104 衰 乙
喪門 子女宮 丑</td>
<td>七祿鈴解副副天咸
殺存星神截旬空池
旺廟陷廟陷陷陷陷
博士
咸池 85～94 帝旺 甲
晦氣 財帛宮 子</td>
<td>天陀火鳳天天年
梁羅星閣使廚解
陷陷利旺旺　得
官府
指背 75～84 臨官 癸
歲建 疾厄宮 亥</td>
</tr>
</table>

<table>
<tr>
<td>文天紅天大龍
曲鉞鸞傷耗德
廟旺旺平陷
飛廉
亡神 53～62 病 乙
龍德 交友宮 巳</td>
<td>天天解
機福神
廟平廟
喜神
將星 63～72 死 丙
白虎 遷移宮 午</td>
<td>紫破天臺寡天
微軍使輔宿德
廟旺平　不廟
權
病符
攀鞍 73～82 墓 丁
天德 疾厄宮 未</td>
<td>天天天
馬刑哭
旺陷廟
大耗
歲驛 83～92 絕 戊
弔客 財帛宮 申</td>
</tr>
<tr>
<td>太鈴八天陰
陽星座虛煞
旺陷旺陷
奏書
月煞 43～52 衰 甲
歲破 官祿宮 辰</td>
<td colspan="2" rowspan="2">八字五行和用神：

乾造 壬戌 癸丑 辛酉 己丑

大运 甲寅 乙卯 丙辰 丁巳 戊午 己未 庚申
岁数 2 12 22 32 42 52 62
年份 1983 1993 2003 2013 2023 2033 2043</td>
<td>天文天
府昌廚
旺廟
伏兵
息神 93～102 胎 己
病符 子女宮 酉</td>
</tr>
<tr>
<td>武七左天恩封副咸月
曲殺輔魁光誥截池德
利旺陷廟廟　平平
忌 科
將軍
咸池 33～42 帝旺 癸
小耗 田宅宮 卯</td>
<td>太陀地三天天華
陰羅空臺才官蓋
旺廟陷旺陷平平
官府
華蓋 103～112 養 庚
歲建 夫妻宮 戌</td>
</tr>
<tr>
<td>天天火龍天截
同梁星池月空
利廟廟平　陷
祿
身宮
小耗
指背 23～32 臨官 壬
官符 福德宮 寅</td>
<td>天副破
相旬碎
廟平陷
青龍
天煞 13～22 冠帶 癸
貫索 父母宮 丑</td>
<td>巨擎地天鳳天旬蜚年
門羊劫姚閣壽空廉解
旺陷陷陷廟平陷　廟
力士
災煞 3～12 沐浴 壬
喪門 命宮 子</td>
<td>廉貪右祿天天天天孤劫
貞狼弼存喜貴巫空辰煞
陷陷平廟旺平　平陷
博士
劫煞 113～122 長生 辛
晦氣 兄弟宮 亥</td>
</tr>
</table>

【背景資料】：

求測者是女命主，研究生學歷，事業單位工作。男朋友的脾氣差，分居兩地，家裡人也不看好他們。

【合婚分析】：

1、先看命盤圖的中間位置的八字：

A干支黏合度，天干有戊癸相合，黏合度低。

B五行用神，女命主的命運用土喜金，男命主的命運用水喜木，可見兩個人本來是能互補的，但是女命主寅午半合化火而不顧男命的需要。

C結婚時間，女命主的結婚時間是 2015 年或者 2018 年，男命主的結婚時間是 2014 年，可見二人結婚時間不一致。

2、再分析紫微命盤圖的夫妻宮：

D夫妻宮資訊參考：女命主夫妻宮，廉貞星加會武曲天府右弼紫微天相，說明嫁給剛強霸道的本省男子，有二婚。男命主夫妻宮資訊顯示，外省賢慧女子。可見二人資訊不一致。

3、所以判斷：二人沒有夫妻緣份，盡人事聽天命吧！

【結果回饋】：

事後，求測者說，已經進入冷戰期，沒有信心了。後來果然沒有成，到2018年說遇到了一個想結婚的人。

例題 6

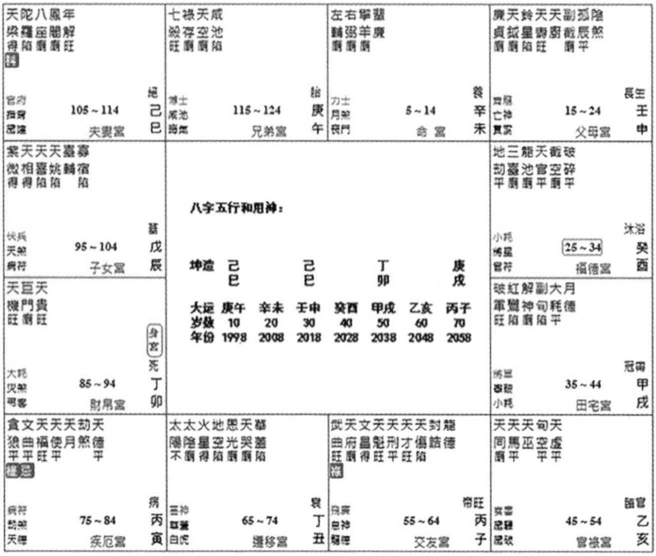

天陀八鳳年
梁羅座閣解
得陷廟廟旺
科
官府 指背 忌達
105～114
絕 己巳
夫妻宮
七祿天咸
殺存空池
旺廟廟陷
博士 咸池 晦氣
115～124
胎 庚午
兄弟宮
左右擎蜚
輔弼羊廉
廟廟廟
力士 月煞 喪門
5～14
養 辛未
命宮
廉天鈴天天副孤陰
貞鉞星壽廚截辰煞
廟廟陷旺 廟平
青龍 亡神 貫索
15～24
長生 壬申
父母宮
紫天天天臺寡
微相喜姚輔宿
得得陷陷 陷
伏兵 天煞 病符
95～104
墓 戊辰
子女宮
八字五行和用神：
坤造 己 己 丁 庚
巳 巳 卯 戌
大运 庚午 辛未 壬申 癸酉 甲戌 乙亥 丙子
岁数 10 20 30 40 50 60 70
年份 1998 2008 2018 2028 2038 2048 2058
地三龍天截破
劫臺池官空碎
平廟廟平廟平
小耗 將星 官符
25～34
沐浴 癸酉
福德宮
天巨天
機門貴
旺廟旺
身宮
大耗 災煞 弔客
85～94
死 丁卯
財帛宮
破紅解副大月
軍鸞神旬耗德
旺陷廟陷平
將軍 攀鞍 小耗
35～44
冠帶 甲戌
田宅宮
貪文天天天劫天
狼曲福使月煞德
平平旺平 平
權忌
病符 劫煞 天德
75～84
病 丙寅
疾厄宮
太太火地恩天華
陽陰星空光哭蓋
不廟得陷廟廟陷
喜神 華蓋 白虎
65～74
衰 丁丑
遷移宮
武天文天天天天封龍
曲府昌魁刑才傷誥德
旺廟得旺平旺陷
祿
飛廉 息神 龍德
55～64
帝旺 丙子
交友宮
天天天旬天
同馬巫空虛
廟平 平平
奏書 歲驛 歲破
45～54
臨官 乙亥
官祿宮

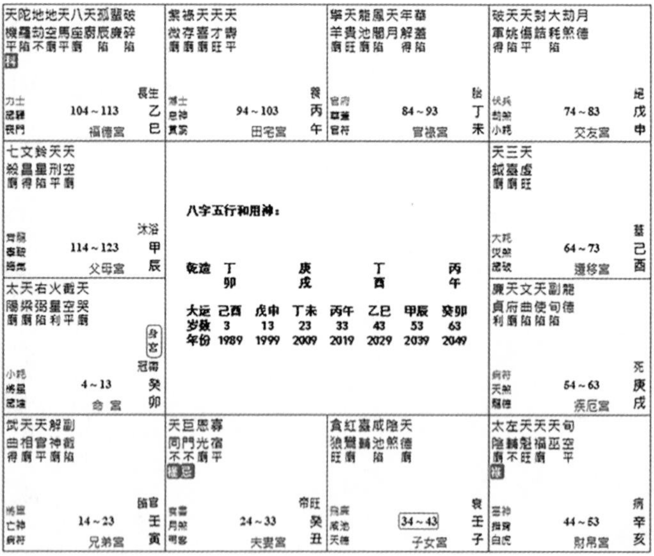

天陀地地天八天孤蜚破
機羅劫空馬座廚辰廉碎
平陷不廟平廟 陷 陷
科
力士 歲驛 喪門
104～113
長生 乙巳
福德宮
紫祿天天天
微存喜才壽
廟廟廟旺平
博士 息神 貫索
94～103
養 丙午
田宅宮
擎天龍鳳天年華
羊貴池閣月解蓋
廟旺廟陷 得陷
官府 華蓋 官符
84～93
胎 丁未
官祿宮
破天天封大劫月
軍姚傷誥耗煞德
得陷平 陷
伏兵 劫煞 小耗
74～83
絕 戊申
交友宮
七文鈴天天
殺昌星刑空
廟得陷平廟
青龍 攀鞍 晦氣
114～123
沐浴 甲辰
父母宮
八字五行和用神：
乾造 丁 庚 丁 丙
卯 戌 酉 午
大运 己酉 戊申 丁未 丙午 乙巳 甲辰 癸卯
岁数 3 13 23 33 43 53 63
年份 1989 1999 2009 2019 2029 2039 2049
天三天
鉞臺虛
廟廟旺
大耗 災煞 歲破
64～73
墓 己酉
遷移宮
太天右火截天
陽梁弼星空哭
廟廟陷利平廟
身宮
小耗 將星 歲建
4～13
冠帶 癸卯
命宮
廉天文天副龍
貞府曲使旬德
利廟陷陷陷
病符 天煞 龍德
54～63
死 庚戌
疾厄宮
武天天解副
曲相官神截
得廟平廟陷
將軍 亡神 病符
14～23
臨官 壬寅
兄弟宮
天巨恩寡
同門光宿
不不廟平
權忌
奏書 月煞 弔客
24～33
帝旺 癸丑
夫妻宮
貪紅蠹咸陰天
狼鸞輔池煞德
旺廟 陷 廟
飛廉 咸池 天德
34～43
衰 壬子
子女宮
太左天天天旬
陰輔魁福巫空
廟不旺廟 平
祿
喜神 指背 白虎
44～53
病 辛亥
財帛宮

【背景資料】：

求測者說，我們是想結婚，房子問題成了我父母的心結，他的叔叔也不是很喜歡我，嫌棄我不好看，我們還有緣份嗎？到底是我出了問題，還是他出了問題？時間久了，發現除了經常吵架，感情好像還行。

【合婚分析】：

1、先看命盤圖的中間位置的八字：

A干支黏合度，天干丁庚相同，地支中卯戌相合，黏合度稍好。

B五行用神，女命主的命運用神為土，男命主的命運用神為金。男命主卯戌相合化火成功，不顧女命主的需要。二人命運五行的互相補給力量很小。

C結婚時間，女命主的結婚時間是2018年，男命主的結婚時間是2022年或者2024年，可見二人結婚時間不一致。

2、再分析紫微命盤圖的夫妻宮：

D夫妻宮資訊參考：女命主夫妻宮，天梁化科八座鳳閣，說明嫁給年長的外省男子，感情較好。男命主夫妻宮資訊顯示，夫妻感情不好，二婚。可見二人資訊不一致。

3、所以判斷：二人沒有夫妻緣份，順其自然吧！

【結果回饋】：

兩年後，求測者說，我周圍有比他好的男孩我都沒要，就唯獨喜歡他這個人，為何不合適。我覺得我很專一，我談了三年，就想和他結婚，婚姻都提上議程，還是分了。

例題 7

<table>
<tr>
<td>太陀天天孤蜚破
陽羅馬廚辰廉碎
旺陷平　陷　陷
官府　長生
歲驛　64～73　乙
喪門　遷移宮　巳</td>
<td>破祿天天三天臺天
軍存喜刑臺使輔月
廟廟廟平旺平
博士　沐浴
息神　74～83　丙
貫索　疾厄宮　午</td>
<td>天擎龍鳳年華
機羊池閣解蓋
陷廟廟陷得陷
科
力士　冠帶
華蓋　84～93　丁
官符　財帛宮　未</td>
<td>紫天八天天陰大劫月
微府座貴巫煞耗煞德
旺得廟陷　　陷
青龍　臨官
劫煞　94～103　戊
小耗　子女宮　申</td>
</tr>
<tr>
<td>武文天解天
曲曲傷神空
廟得平廟廟
伏兵　養
攀鞍　54～63　甲
晦氣　交友宮　辰</td>
<td colspan="2" rowspan="2">八字五行和用神：

坤造　丁　壬　辛　戊
　　　卯　子　卯　子

大运　癸丑　甲寅　乙卯　丙辰　丁巳　戊午　己未
岁数　11　21　31　41　51　61　71
年份　1997　2007　2017　2027　2037　2047　2057</td>
<td>太天火天
陰鉞星虛
旺廟得旺
祿
小耗　帝旺
災煞　104～113　己
歲破　夫妻宮　酉</td>
</tr>
<tr>
<td>天截天
同空哭
平平廟
權
大耗　胎
將星　44～53　癸
歲建　官祿宮　卯</td>
<td>貪文鈴天副龍
狼昌星姚旬德
廟陷廟廟陷
將軍　衰
天煞　114～123　庚
龍德　兄弟宮　戌</td>
</tr>
<tr>
<td>七恩天天天封副
殺光才壽官誥截
廟平廟旺平　陷
病符　絕
亡神　[34～43]　壬
病符　田宅宮　寅</td>
<td>天左右寡
梁輔弼宿
旺廟廟平
喜神　墓
月煞　24～33　癸
弔客　福德宮　丑</td>
<td>廉天紅咸天
貞相鸞池德
平廟廟陷廟
飛廉　死
咸池　14～23　壬
天德　父母宮　子</td>
<td>巨天地地天旬
門魁劫空福空
旺旺　陷廟平
忌　身宮
奏書　病
指背　4～13　辛
白虎　命宮　亥</td>
</tr>
</table>

<table>
<tr>
<td>天龍天臺天
梁池壽輔哭
得陷平　不
權
伏兵　病
指背　13～22　辛
官符　兄弟宮　巳</td>
<td>七天副咸大月
殺廚截池耗德
旺　廟陷旺
大耗　衰
咸池　3～12　壬
小耗　命宮　午</td>
<td>左右三八天截天
輔弼臺座才空虛
廟廟廟平平廟陷
病符　帝旺
月煞　113～122　癸
歲破　父母宮　未</td>
<td>廉天天天陰龍
貞鉞喜福煞德
廟廟旺廟
喜神　臨官
亡神　103～112　甲
龍德　福德宮　申</td>
</tr>
<tr>
<td>紫天擎天天
微相羊姚官
得得廟陷旺
科　身宮
官府　死
天煞　23～32　庚
貫索　夫妻宮　辰</td>
<td colspan="2" rowspan="2">八字五行和用神：

乾造　乙　辛　己　乙
　　　丑　巳　未　亥

大运　庚辰　己卯　戊寅　丁丑　丙子　乙亥　甲戌
岁数　6　16　26　36　46　56　66
年份　1990　2000　2010　2020　2030　2040　2050</td>
<td>鈴鳳蜚年
星閣廉解
得廟　旺
飛廉　冠帶
將星　93～102　乙
白虎　田宅宮　酉</td>
</tr>
<tr>
<td>天巨文祿
機門曲存
旺廟旺廟
祿
博士　墓
災煞　[33～42]　己
喪門　子女宮　卯</td>
<td>破地恩解副寡天
軍劫光神旬宿德
旺平廟廟陷陷廟
奏書　沐浴
攀鞍　83～92　丙
天德　官祿宮　戌</td>
</tr>
<tr>
<td>貪陀火紅天天天孤劫
狼羅星鸞貴月空辰煞
平陷廟旺平　陷平
力士　絕
劫煞　43～52　戊
晦氣　財帛宮　寅</td>
<td>太太天封破華
陽陰使誥碎蓋
不廟陷　陷陷
忌
青龍　胎
華蓋　53～62　己
歲建　疾厄宮　丑</td>
<td>武天天地天
曲府魁空刑
旺廟旺平平
小耗　養
息神　63～72　戊
病符　遷移宮　子</td>
<td>天文天天天旬
同昌馬傷巫空
廟利平旺　平
將軍　長生
歲驛　73～82　丁
弔客　交友宮　亥</td>
</tr>
</table>

【背景資料】：

我們戀愛五年，老公人很高，比較帥，是我初戀，純裸婚，就是個吵架啊吵架，雞毛蒜皮的小事。他從來不知道說點好聽的，除了教育我還是教育我。2016 年自從春節，夫妻吵架，娘家母親病情加重，他爸年後住院兩次了，兩邊跑，照顧老人和孩子，身體累，和老公打得雞飛狗跳，哎！心裡越來越絕望。

【合婚分析】：

1、先看命盤圖的中間位置的八字：

A干支黏合度，地支有子丑相合、亥卯半合、卯未半合，黏合度一般。

B五行用神，女命主的命運用木忌土，男命主的命運用木喜水，可見男命主單方面需求滿足了。單方面需求是夫妻感情不好的主要原因。

C對家庭不利的年份，女命主 2016 年丙辛相合與丈夫不和；2017 年丁壬相合夫妻矛盾多等，男命主 2016 年丙辛相合，為長輩所累，消耗大；2017 年巳酉丑三合，辛金剋乙木，是非多愛發脾氣。可見運氣相同，這是夫妻應該一起承受的磨難。

2、再分析紫微命盤圖的夫妻宮：

D夫妻宮資訊參考：女命主夫妻宮，太陰化祿天鉞火星，加會太陽天梁星，說明嫁給形象好的男子，感情時好時壞，常吵架。男命主夫妻宮資訊顯示，夫妻愛吵架矛盾多但是感情還是很深的。可見二人資訊一致。

3、所以判斷：感情深，不會離婚，但是吵架比較難停止，異地工作會好些。

【結果回饋】：

2018 年，求測者說，前兩年夫妻關係不好，今年轉好了，老公收入也不錯，所以準備生二胎了。

例題 8

<table>
<tr>
<td>巨鈴天孤
門星廚辰
旺得　陷
臨官
小耗
亡神　36～45　己
貫索　田宅宮　巳</td>
<td>廉天左文龍
貞相輔曲池
平廟旺陷不
祿
身宮
帝旺
將軍
將星　46～55　庚
官符　官祿宮　午</td>
<td>天天天天天月
梁鉞喜官傷德
旺旺陷廟陷
衰
奏書
攀鞍　56～65　辛
小耗　交友宮　未</td>
<td>七右文天鳳天臺截天年
殺弼昌馬閣壽輔空虛解
廟不得旺不旺　廟廟利
病
飛廉
歲驛　66～75　壬
歲破　遷移宮　申</td>
</tr>
<tr>
<td>貪天封天天
狼才誥月哭
廟陷　　平
冠帶
青龍
月煞　26～35　戊
喪門　福德宮　辰</td>
<td colspan="2" rowspan="2">八字五行和用神：

乾造　甲　丁　己　丙
　　　寅　卯　巳　寅

大运　戊辰　己巳　庚午　辛未　壬申　癸酉　甲戌
岁数　3　13　23　33　43　53　63
年份　1976　1986　1996　2006　2016　2026　2036</td>
<td>天地天天副破大龍
同空福使截碎耗德
平廟廟陷廟平不
死
喜神
息神　76～85　癸
龍德　疾厄宮　酉</td>
</tr>
<tr>
<td>太擎火天八天咸
陰羊星姚座空池
陷陷利廟平平平
沐浴
力士
咸池　16～25　丁
晦氣　父母宮　卯</td>
<td>武天解蜚陰華
曲貴神廉煞蓋
廟旺廟　　平
科
墓
病符
華蓋　86～95　甲
白虎　財帛宮　戌</td>
</tr>
<tr>
<td>紫天祿天
微府存巫
旺廟廟
長生
博士
指背　6～15　丙
歲建　命宮　寅</td>
<td>天天陀地紅副寡
機魁羅劫鸞旬宿
陷旺廟陷陷平平
養
官府
天煞　116～125　丁
病符　兄弟宮　丑</td>
<td>破恩旬
軍光空
廟平陷
權
胎
伏兵
災煞　106～115　丙
弔客　夫妻宮　子</td>
<td>太天三劫天
陽刑臺煞德
陷陷平　平
忌
絕
大耗
劫煞　96～105　乙
天德　子女宮　亥</td>
</tr>
</table>

<table>
<tr>
<td>紫七文天破劫月
微殺昌廚碎煞德
旺平廟　陷
長生
大耗
劫煞　34～43　己
小耗　子女宮　巳</td>
<td>地三天解天天
空臺壽神哭虛
廟旺平廟陷平
身宮
養
病符
災煞　24～33　庚
歲破　夫妻宮　午</td>
<td>天火恩天封大龍
鉞星光官誥耗德
旺利旺廟　平
胎
喜神
天煞　14～23　辛
龍德　兄弟宮　未</td>
<td>天八天截蜚
刑座才空廉
陷廟廟廟
絕
飛廉
指背　4～13　壬
白虎　命宮　申</td>
</tr>
<tr>
<td>天天地龍陰華
機梁劫池煞蓋
利廟陷廟　廟
沐浴
伏兵
華蓋　44～53　戊
官符　財帛宮　辰</td>
<td colspan="2" rowspan="2">八字五行和用神：

坤造　乙　戊　乙　辛
　　　丑　寅　亥　巳

大运　己卯　庚辰　辛巳　壬午　癸未　甲申　乙酉
岁数　11　21　31　41　51　61　71
年份　1994　2004　2014　2024　2034　2044　2054</td>
<td>廉破文天天副咸天
貞軍曲喜福截池德
平陷廟廟廟廟平不
祿 權
墓
奏書
咸池　114～123　癸
天德　父母宮　酉</td>
</tr>
<tr>
<td>天左擎鈴紅天
相輔羊星鸞使
陷陷陷利廟平
冠帶
官府
息神　54～63　丁
貫索　疾厄宮　卯</td>
<td>鳳旬寡年
閣空宿解
廟陷陷廟
死
將軍
月煞　104～113　甲
弔客　福德宮　戌</td>
</tr>
<tr>
<td>太巨祿天天孤
陽門存馬月辰
旺廟廟旺　平
忌
臨官
博士
歲驛　64～73　丙
喪門　遷移宮　寅</td>
<td>武貪天陀天天
曲狼魁羅傷空
廟廟旺廟平平
科
帝旺
力士
攀鞍　74～83　丁
晦氣　交友宮　丑</td>
<td>天太天
同陰姚
旺廟陷
衰
青龍
將星　84～93　丙
歲建　官祿宮　子</td>
<td>天右天臺天副
府弼貴輔巫旬
得平平　　平
病
小耗
亡神　94～103　乙
病符　田宅宮　亥</td>
</tr>
</table>

【背景資料】：

求測者是男命主，他是公務員，他的女友是醫生。問合婚。

【合婚分析】：

1、先看命盤圖的中間位置的八字：

A干支黏合度，天干有丙辛相合，地支有寅亥相合，黏合度一般。

B五行用神，男命主的命運用神為火喜土，女命主的命運用神為土喜金，可見二人不能互補用神，雙方五行不能互相需要。

C結婚時間，男命主多婚，2016 或者 2017 年有婚姻，女命主的婚姻時間為 2018 年，可見二人結婚時間不一致。

2、再分析紫微命盤圖的夫妻宮：

D夫妻宮資訊參考：男命主夫妻宮，破軍化權照天相左輔，加會七殺天馬貪狼星，說明是多婚命，感情不和，娶離異女子才能白頭到老。女命主夫妻宮資訊顯示，感情苦惱、晚婚，嫁異國他鄉或者嫁離異男。可見目前未婚的女命主不適合男命主的命理需要。

3、所以判斷：二人沒有夫妻緣份，無法結婚。

【結果回饋】：

後來，兩個人果然沒有成功，2017年男命主和另外一個女子結婚，她的四柱為：**丙寅、甲午、己丑、丙寅**。

例題 9

<table>
<tr>
<td>天陀天天三封天天孤蜚破
梁羅馬刑臺誥巫廚辰廉碎
得陷平陷平　　　陷　陷
官府
歲驛　102～111　絕　乙
喪門　夫妻宮　巳</td>
<td>七祿天
殺存喜
旺廟廟
博士
息神　112～121　胎　丙
貫索　兄弟宮　午</td>
<td>文文擎龍鳳年華
昌曲羊池閣解蓋
利旺廟廟陷得陷
力士
華蓋　2～11　養　丁
官符　命 宮　未</td>
<td>廉地大劫月
貞空耗煞德
廟廟陷
青龍
劫煞　12～21　長生　戊
小耗　父母宮　申</td>
</tr>
<tr>
<td>紫天天解天
微相壽神空
得得廟廟廟
伏兵
攀鞍　92～101　墓　甲
晦氣　子女宮　辰</td>
<td colspan="2" rowspan="2">八字五行和用神：

坤造　丁　庚　庚　己
　　　卯　戌　戌　卯

大运　辛亥　壬子　癸丑　甲寅　乙卯　丙辰　丁巳
岁数　5　15　25　35　45　55　65
年份　1991　2001　2011　2021　2031　2041　2051</td>
<td>天天八臺天
鉞姚座輔虛
廟廟廟　旺
小耗
災煞　22～31　沐浴　己
歲破　福德宮　酉</td>
</tr>
<tr>
<td>天巨截天
機門空哭
旺廟平廟
科忌
大耗
將星　82～91　死　癸
歲建　財帛宮　卯</td>
<td>破天副陰龍
軍才旬煞德
旺陷陷
將軍
天煞　32～41　冠帶　庚
龍德　田宅宮　戌</td>
</tr>
<tr>
<td>貪右地天天天副
狼弼劫官使月截
平旺平平平　陷
病符
亡神　72～81　病　壬
病符　疾厄宮　寅</td>
<td>太太鈴寡
陽陰星宿
不廟得平
祿
身宮
喜神
月煞　62～71　衰　癸
弔客　遷移宮　丑</td>
<td>武天左火紅天咸天
曲府輔星鸞傷池德
旺廟旺陷廟陷陷廟
飛廉
咸池　52～61　帝旺　壬
天德　交友宮　子</td>
<td>天天恩天天旬
同魁光貴福空
廟旺不平廟平
權
奏書
指背　42～51　臨官　辛
白虎　官祿宮　亥</td>
</tr>
</table>

<table>
<tr>
<td>天祿天天天天副孤
府存刑官傷巫截辰
得廟陷旺平　廟陷
博士
亡神　75～84　臨官　癸
貫索　交友宮　巳</td>
<td>天太擎龍
同陰羊池
陷不陷不
祿
官府
將星　65～74　冠帶　甲
官符　遷移宮　午</td>
<td>武貪天天月
曲狼喜使德
廟廟陷平
伏兵
攀鞍　55～64　沐浴　乙
小耗　疾厄宮　未</td>
<td>太巨天鳳天年
陽門馬閣虛解
得廟旺不廟利
身宮
大耗
歲驛　45～54　長生　丙
歲破　財帛宮　申</td>
</tr>
<tr>
<td>陀臺解截天
羅輔神空哭
廟　廟陷平
力士
月煞　85～94　帝旺　壬
喪門　官祿宮　辰</td>
<td colspan="2" rowspan="2">八字五行和用神：

乾造　丙　戊　丙　戊
　　　寅　戌　午　戌

大运　己亥　庚子　辛丑　壬寅　癸卯　甲辰　乙巳
岁数　4　14　24　34　44　54　64
年份　1989　1999　2009　2019　2029　2039　2049</td>
<td>天天地天破大龍
相鉞劫姚碎耗德
陷廟平廟平不
病符
息神　35～44　養　丁
龍德　子女宮　酉</td>
</tr>
<tr>
<td>廉破天咸
貞軍空池
平陷平平
忌
青龍
咸池　95～104　衰　辛
晦氣　田宅宮　卯</td>
<td>天天天旬蜚陰華
機梁壽空廉煞蓋
利廟廟陷　　平
權
喜神
華蓋　25～34　胎　戊
白虎　夫妻宮　戌</td>
</tr>
<tr>
<td>右文天天天
弼曲貴才月
旺平平廟
小耗
指背　105～114　病　庚
歲建　福德宮　寅</td>
<td>鈴地紅三八寡
星空鸞臺座宿
得陷陷廟廟平
將軍
天煞　115～124　死　辛
病符　父母宮　丑</td>
<td>左文恩天封天
輔昌光福誥廚
旺得平平
科
奏書
災煞　5～14　墓　庚
弔客　命 宮　子</td>
<td>紫七天火副劫天
微殺魁星旬煞德
旺平旺利平　平
飛廉
劫煞　15～24　絕　己
天德　兄弟宮　亥</td>
</tr>
</table>

【背景資料】：

求測者是女命主，在2016年2月份說，2015年和男朋友在一起，糾糾纏纏已久，不知如何抬腳下一步。

【合婚分析】：

1、先看命盤圖的中間位置的八字：

A干支黏合度，地支有卯戌相合，午戌半合，黏合度較低。

B五行用神，女命主的命運用木喜水，男命主的命運用神為火喜木，可見二人相互補充的力量很小。

C結婚時間，女命主的結婚時間為2017年或者2018年，男命主的結婚時間為2017年，兩個人的結婚時間有交集。

2、再分析紫微命盤圖的夫妻宮：

D夫妻宮資訊參考：女命主夫妻宮，天梁天馬三台封誥天巫星，說明嫁給一個年齡大的二婚男子。男命主夫妻宮資訊顯示，晚婚，娶一個年齡較大的美女才能白頭，否則會二婚。可見女命主的年齡不符合男命主的命理需要。

3、所以判斷：二人沒有夫妻緣份，會分手。

【結果回饋】：

後來說男孩對她不好，兩年糾纏還是沒有成。2016年8月果斷分手。

例題10

天右祿臺破 府弼存輔碎 得平廟　陷 科 博士 亡神 病符 病 33～42 子女宮 丁巳	天太擎天天 同陰羊姚廚 陷不陷平 權 身宮 官府 將星 歲建 衰 23～32 夫妻宮 戊午	武貪天天天 曲狼鉞貴空 廟廟旺旺陷 祿 伏兵 攀鞍 晦氣 帝旺 13～22 兄弟宮 己未	太巨天天孤 陽門馬巫辰 得廟旺　平 大耗 歲驛 喪門 臨官 3～12 命宮 庚申
陀鳳寡陰年 羅閣宿煞解 廟陷陷　廟 力士 月煞 弔客 死 43～52 財帛宮 丙辰	**八字五行和用神：** **坤造　戊　己　丁　辛** **　　　午　未　酉　亥** **大运　戊午　丁巳　丙辰　乙卯　甲寅　癸丑　壬子** **岁数　10　20　30　40　50　60　70** **年份　1987　1997　2007　2017　2027　2037　2047**		天左紅 相輔鸞 陷陷旺 病符 息神 貫索 冠帶 113～122 父母宮 辛酉
廉破文天恩天天天天咸天 貞軍曲喜光官福使月池德 平陷旺旺廟旺平平　平平 青龍 咸池 天德 墓 53～62 疾厄宮 乙卯			天天地龍華 機梁劫池蓋 利廟平陷平 忌 喜神 華蓋 官符 沐浴 103～112 福德宮 壬戌
鈴天三天蜚 星刑臺才廉 廟廟平廟 小耗 指背 白虎 絕 63～72 遷移宮 甲寅	天天封副副大龍 魁傷誥截旬耗德 旺平　不平平 將軍 天煞 龍德 胎 73～82 交友宮 乙丑	火地八天解截旬天天 星空座壽神空空哭虛 陷平陷平廟陷陷平陷 奏書 災煞 歲破 養 83～92 官祿宮 甲子	紫七文劫月 微殺昌煞德 旺平利 飛廉 劫煞 小耗 長生 93～102 田宅宮 癸亥

天地地天天天孤 機劫空才壽廚辰 平不廟廟平　陷 小耗 亡神 貫索 臨官 26～35 福德宮 己巳	紫恩龍 微光池 廟廟不 將軍 將星 官符 帝旺 36～45 田宅宮 庚午	天火天天天月 鉞星喜官月德 旺利陷廟 奏書 攀鞍 小耗 衰 46～55 官祿宮 辛未	破天天鳳天封截天年 軍馬姚閣傷誥空虛解 得旺陷不平　廟廟利 權 飛廉 歲驛 歲破 病 56～65 交友宮 壬申
七文天天 殺昌刑哭 廟得平平 青龍 月煞 喪門 冠帶 16～25 父母宮 戊辰	**八字五行和用神：** **乾造　甲　癸　乙　壬** **　　　寅　酉　亥　午** **大运　甲戌　乙亥　丙子　丁丑　戊寅　己卯　庚辰** **岁数　4　14　24　34　44　54　64** **年份　1977　1987　1997　2007　2017　2027　2037**		鈴天副破大龍 星福截碎耗德 得廟廟平不 喜神 息神 龍德 死 66～75 遷移宮 癸酉
太天右擎天咸 陽梁弼羊空池 廟廟陷陷平平 忌 身宮 力士 咸池 晦氣 沐浴 6～15 命宮 丁卯			廉天文天蜚華 貞府曲使廉蓋 利廟陷陷　平 祿 病符 華蓋 白虎 墓 76～85 疾厄宮 甲戌
武天祿三解 曲相存臺神 得廟廟平廟 科 博士 指背 歲建 長生 116～125 兄弟宮 丙寅	天巨天陀紅副寡 同門魁羅鸞旬宿 不不旺廟陷平平 官府 天煞 病符 養 106～115 夫妻宮 丁丑	貪八天臺旬陰 狼座貴輔空煞 旺陷廟　陷 伏兵 災煞 弔客 胎 96～105 子女宮 丙子	太左天劫天 陰輔巫煞德 廟不　平 大耗 劫煞 天德 絕 86～95 財帛宮 乙亥

【背景資料】：

求測者說，老公每週有一半時間不回家睡覺，回到家也是睡書房，很久前就發現調情的短信，我和老公沒去過的酒店，有他的信用卡消費紀錄，而那天晚上他和我說要加班不回家睡覺了。但小孩已經四歲，夫妻關係名存實亡，該如何繼續。

【合婚分析】：

1、先看命盤圖的中間位置的八字：

A干支黏合度，天干有甲己相合、戊癸相合、丁壬相合，地支有寅亥相合、午未相合，黏合度很高。

B五行用神，女命主的命運用土喜金，男命主的命運用神用水喜木，可見兩人無法互補用神。這是夫妻感情不好的主要原因。

C對家庭不利的年份，女命主丁巳大運巳亥相沖，說明丈夫已經出軌，男命主

丙子大運是典型的桃花運。可見運氣相同，這是夫妻應該一起承受的磨難

2、再分析紫微命盤圖的夫妻宮：

D夫妻宮資訊參考：女命主夫妻宮，天同天妖太陰化權，說明易有女人招惹丈夫。男命主夫妻宮資訊顯示，好色，重視肉慾，易有外遇。可見二人有相同的資訊，是必須一起面對和解決的問題。

3、所以判斷：夫妻緣份很深，不容易離婚。婚外情需要更多包容，想一些策略幫助對方糾正思想。也要多在自己身上找原因，提高自己的吸引力。

【結果回饋】：

後來，求測者說，他開輛奧迪在外面擺顯，不回家，05年就開始有外遇了。為了孩子沒有鬧離婚，等待他回歸家庭。

例題 11

<table>
<tr>
<td>天火封天破劫月
機星誥廚碎煞德
平得　　陷
長生
大耗
劫煞 44~53 己
小耗 財帛宮 巳</td>
<td>紫三解天天陰
微臺神哭虛煞
廟旺廟陷平
養
病符
災煞 [34~43] 庚
歲破 子女宮 午</td>
<td>文文天天天大龍
昌曲鉞刑官耗德
利旺旺陷廟平
胎
喜神
天煞 24~33 辛
龍德 夫妻宮 未</td>
<td>破地八截蜚
軍空座空廉
得廟廟廟
權
絕
飛廉
指背 14~23 壬
白虎 兄弟宮 申</td>
</tr>
<tr>
<td>七龍天華
殺池使蓋
廟廟陷廟
沐浴
伏兵
華蓋 54~63 戊
官符 疾厄宮 辰</td>
<td colspan="2" rowspan="2">八字五行和用神：

坤造 甲子 丙子 己丑 丁卯

大运 乙亥 甲戌 癸酉 壬申 辛未 庚午 己巳
岁数 6 16 26 36 46 56 66
年份 1989 1999 2009 2019 2029 2039 2049</td>
<td>天天天臺副咸天
喜才福輔截池德
廟旺廟　廟平不
墓
奏書
咸池 4~13 癸
天德 命宮 酉</td>
</tr>
<tr>
<td>太天擎紅天
陽梁羊鸞壽
廟廟陷廟陷
忌
身宮
冠帶
官府
息神 64~73 丁
貫索 遷移宮 卯</td>
<td>廉天恩天鳳天旬寡年
貞府光貴閣月空宿解
利廟廟旺廟　陷陷廟
祿
死
將軍
月煞 114~123 甲
弔客 父母宮 戌</td>
</tr>
<tr>
<td>武天左祿地天天天孤
曲相輔存劫馬傷巫辰
得廟廟廟平旺平　平
科
臨官
博士
歲驛 74~83 丙
喪門 交友宮 寅</td>
<td>天巨天陀鈴天
同門魁羅星空
不不旺廟得平
帝旺
力士
攀鞍 84~93 丁
晦氣 官祿宮 丑</td>
<td>貪右
狼弼
旺廟
衰
青龍
將星 94~103 丙
歲建 田宅宮 子</td>
<td>太天副
陰姚旬
廟陷平
病
小耗
亡神 104~113 乙
病符 福德宮 亥</td>
</tr>
</table>

<table>
<tr>
<td>紫七天紅天天天大龍
微殺鉞鸞刑傷巫耗德
旺平旺旺陷平　陷
權
病
飛廉
亡神 53~62 乙
龍德 交友宮 巳</td>
<td>天天
壽福
平平
死
喜神
將星 63~72 丙
白虎 遷移宮 午</td>
<td>天寡天
使宿德
平不廟
墓
病符
攀鞍 73~82 丁
天德 疾厄宮 未</td>
<td>天天
馬哭
旺廟
身宮
絕
大耗
歲驛 83~92 戊
弔客 財帛宮 申</td>
</tr>
<tr>
<td>天天臺解天
機梁輔神虛
利廟　廟陷
祿
衰
奏書
月煞 43~52 甲
歲破 官祿宮 辰</td>
<td colspan="2" rowspan="2">八字五行和用神：

乾造 壬戌 庚戌 甲申 甲戌

大运 辛亥 壬子 癸丑 甲寅 乙卯 丙辰 丁巳
岁数 5 15 25 35 45 55 65
年份 1986 1996 2006 2016 2026 2036 2046</td>
<td>廉破地天天
貞軍劫姚廚
平陷平廟
胎
伏兵
息神 93~102 己
病符 子女宮 酉</td>
</tr>
<tr>
<td>天天八副咸月
相魁座截池德
陷廟平平平
帝旺
將軍
咸池 [33~42] 癸
小耗 田宅宮 卯</td>
<td>陀恩天天陰華
羅光才官煞蓋
廟廟陷平　平
養
官府
華蓋 103~112 庚
歲建 夫妻宮 戌</td>
</tr>
<tr>
<td>太巨右文龍天截
陽門弼曲池月空
旺廟旺平平　陷
臨官
小耗
指背 23~32 壬
官符 福德宮 寅</td>
<td>武貪鈴地副破
曲狼星空旬碎
廟廟得陷平陷
忌
冠帶
青龍
天煞 13~22 癸
貫索 父母宮 丑</td>
<td>天太左文擎天鳳封旬蜚年
同陰輔昌羊貴閣誥空廉解
旺廟旺得陷廟廟　陷　廟
科
沐浴
力士
災煞 3~12 壬
喪門 命宮 子</td>
<td>天祿火天三天孤劫
府存星喜臺空辰煞
得廟利旺平平陷
長生
博士
劫煞 113~122 辛
晦氣 兄弟宮 亥</td>
</tr>
</table>

【背景資料】：

求測者說：之前幾年都在大學做行政，後來進入一家上市企業做大老闆的祕書。這個男友很喜歡她，對她很好，如果沒什麼意外就能結婚，但好像沒那麼喜歡他，您看在相處上該注意什麼？

【合婚分析】：

1、先看命盤圖的中間位置的八字：

A干支黏合度，天干有甲己相合、丁壬相合，地支有卯戌相合，黏合度稍好。

B五行用神，女命主的命運用神為木忌土，男命主的命運用神為金忌木，可見二人不能互相補充用神五行。

C結婚時間，女命主有二婚，在 2022 年或者 2024 年有婚姻，男命主的結婚時間為 2014 年和 2015 年，可見二人結婚時間不一致。

2、再分析紫微命盤圖的夫妻宮：

D夫妻宮資訊參考：女命主夫妻宮，文曲文昌天鉞天官龍德，加會太陽化忌天梁，說明會有二婚。男命主夫妻宮資訊顯示，與形象好而年齡比自己大的女子結婚。可見女命主的年齡不符合男命主的命理需要。

3、所以判斷：二人沒有夫妻緣份，無法在一起。

【結果回饋】：

後來，她和這個男友果然沒有成，之後的2016年和屬兔男子談戀愛，而2018年和屬虎男子戀愛，換過多個人。

例題 12

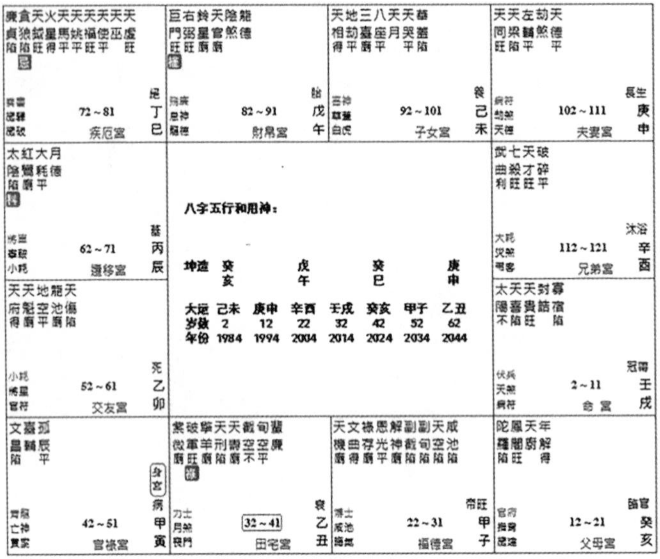

廉貪天火天天天天天天
貞狼鉞星馬姚福使巫虛
陷陷旺得平平旺平 旺
絕 72～81 丁巳 疾厄宮
巨右鈴天陰龍
門弼星官煞德
旺旺廟廟
胎 82～91 戊午 財帛宮
天地三八天天華
相劫臺座月哭蓋
得平廟平 平陷
養 92～101 己未 子女宮
天天左劫天
同梁輔煞德
旺陷平 平
長生 102～111 庚申 夫妻宮
太紅大月
陰鸞耗德
陷廟平
墓 62～71 丙辰 遷移宮
武七天破
曲殺才碎
利旺旺平
沐浴 112～121 辛酉 兄弟宮
八字五行和用神：
坤造 癸亥 戊午 癸巳 庚申
大運 己未 庚申 辛酉 壬戌 癸亥 甲子 乙丑
岁数 2 12 22 32 42 52 62
年份 1984 1994 2004 2014 2024 2034 2044
天天地龍天
府魁空池傷
得廟平廟陷
死 52～61 乙卯 交友宮
太天天封寡
陽喜貴誥宿
不陷旺 陷
冠帶 2～11 壬戌 命宮
文蜚孤
昌廉辰
陷 平
身宮 病 42～51 甲寅 官祿宮
紫破擎天天截旬蜚
微軍羊刑壽空空廉
廟旺廟陷廟不平
衰 32～41 乙丑 田宅宮
天文祿恩解副副天咸
機曲存光神截旬空池
廟得廟平廟陷陷陷陷
帝旺 22～31 甲子 福德宮
陀鳳天年
羅閣廚解
陷旺 得
臨官 12～21 癸亥 父母宮

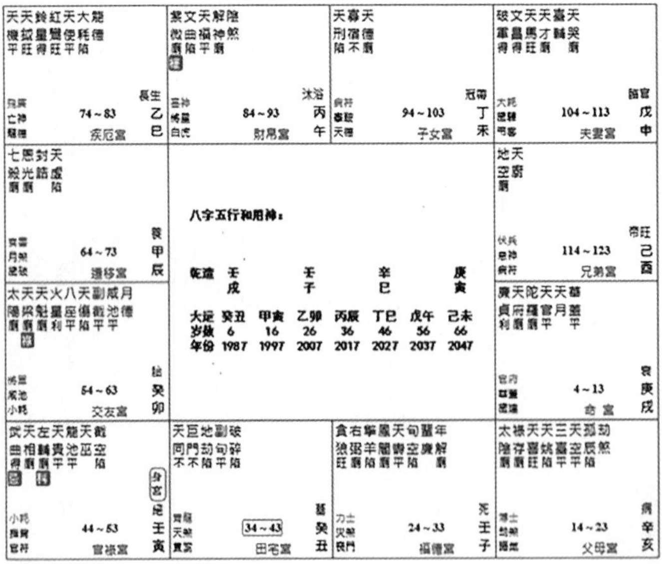

天天鈴紅天大龍
機鉞星鸞使耗德
平旺得旺平陷
長生 74～83 乙巳 疾厄宮
紫文天解陰
微曲福神煞
廟陷平廟
沐浴 84～93 丙午 財帛宮
天寡天
刑宿德
陷不廟
冠帶 94～103 丁未 子女宮
破文天天臺天
軍昌馬才輔哭
得得旺廟 廟
臨官 104～113 戊申 夫妻宮
七恩封天
殺光誥虛
廟廟 陷
養 64～73 甲辰 遷移宮
地天
空廚
廟
帝旺 114～123 己酉 兄弟宮
八字五行和用神：
乾造 壬戌 壬子 辛巳 庚寅
大運 癸丑 甲寅 乙卯 丙辰 丁巳 戊午 己未
岁数 6 16 26 36 46 56 66
年份 1987 1997 2007 2017 2027 2037 2047
太天天火八天副咸月
陽梁魁星座傷截池德
廟廟廟利平陷平平
胎 54～63 癸卯 交友宮
廉天陀天天華
貞府羅官月蓋
利廟廟平 平
衰 4～13 庚戌 命宮
武天左天龍天截
曲相輔貴池巫空
得廟廟平平 陷
身宮 絕 44～53 壬寅 官祿宮
天巨地副破
同門劫旬碎
不不陷平陷
墓 34～43 癸丑 田宅宮
貪右擎鳳天旬蜚年
狼弼羊閣壽空廉解
旺廟陷廟平陷 廟
死 24～33 壬子 福德宮
太祿天天三天孤劫
陰存喜姚臺空辰煞
廟廟旺陷平平陷
病 14～23 辛亥 父母宮

【背景資料】：

求測者是女命主，她現在是自己做字畫生意。是07年認識丈夫的，09年結婚，12年生的女兒。

【合婚分析】：

1、先看命盤圖的中間位置的八字：

A干支黏合度，天干壬癸庚比合，地支子午沖、寅亥相合，黏合度很低。

B五行用神，女命主的命運用神為金喜水，男命主的命運用神為水喜木，可見是女命主單方面獲得用神補充。

C對家庭不利的年份，女命主在2012年辰酉相合，丈夫外遇；男命主在2011年辛卯桃花，2012年壬辰紅鸞，也是戀愛和外遇資訊。可見兩個人的資訊是一樣的。

2、再分析紫微命盤圖的夫妻宮：

D夫妻宮資訊參考：女命主夫妻宮，天同天梁左輔劫煞星，說明會有二婚，容易與人共夫。男命主夫妻宮資訊顯示，解除婚約，婚姻來去都很快，能和新女性、文青類型的女子白頭。兩個人是初婚，一定會離婚。

3、所以判斷：二人的婚姻難保，盡人事聽天命吧！

【結果回饋】：

由於第三者插足，後來，2012年底離婚，求測者說，他離婚後和那個小三大概在一起一年左右又分手了。

例題 13

<table>
<tr>
<td>天天火天天天天天天
相鉞星馬刑壽福巫虛
得旺得平陷平旺 旺
奏書
歲驛 32~41 絕 丁
歲破 田宅宮 巳</td>
<td>天鈴天龍
梁星官德
廟廟廟
身宮
飛廉 胎
息神 42~51 戊
龍德 官祿宮 午</td>
<td>廉七地天天華
貞殺劫傷哭蓋
利廟平陷平陷
喜神 養
華蓋 52~61 己
白虎 交友宮 未</td>
<td>劫天
煞德
平
病符 長生
劫煞 62~71 庚
天德 遷移宮 申</td>
</tr>
<tr>
<td>巨紅恩解大月
門鸞光神耗德
陷廟廟廟平
權
將軍 墓
攀鞍 22~31 丙
小耗 福德宮 辰</td>
<td colspan="2" rowspan="2">八字五行和用神：

坤造 癸 壬 庚 甲
亥 戌 午 申

大运 癸亥 甲子 乙丑 丙寅 丁卯 戊辰 己巳
岁数 11 21 31 41 51 61 71
年份 1993 2003 2013 2023 2033 2043 2053</td>
<td>天天破
姚使碎
廟陷平
大耗 沐浴
災煞 72~81 辛
弔客 疾厄宮 酉</td>
</tr>
<tr>
<td>紫貪天地三龍
微狼魁空臺池
旺利廟平陷廟
忌
小耗 死
將星 12~21 乙
官符 父母宮 卯</td>
<td>天天封寡陰
同喜誥宿煞
平陷 陷
伏兵 冠帶
天煞 82~91 壬
病符 財帛宮 戌</td>
</tr>
<tr>
<td>天太右文天臺天孤
機陰弼昌貴輔月辰
得旺旺陷平 平
科
青龍 病
亡神 2~11 甲
貫索 命 宮 寅</td>
<td>天擎天截旬蜚
府羊才空空廉
廟廟平不平
力士 衰
月煞 112~121 乙
喪門 兄弟宮 丑</td>
<td>太左文祿副副天咸
陽輔曲存截旬空池
陷旺得廟陷陷陷陷
博士 帝旺
咸池 102~111 甲
晦氣 夫妻宮 子</td>
<td>武破陀八鳳天年
曲軍羅座閣廚解
平平陷廟旺 得
祿
官府 臨官
指背 92~101 癸
歲建 子女宮 亥</td>
</tr>
</table>

<table>
<tr>
<td>廉貪左天地地紅天大龍
貞狼輔鉞劫空鸞月耗德
陷陷平旺不廟旺 陷
科
飛廉 絕
亡神 85~94 乙
龍德 財帛宮 巳</td>
<td>巨天
門福
旺平
喜神 胎
將星 95~104 丙
白虎 子女宮 午</td>
<td>天火天天寡天
相星才壽宿德
得利平旺不廟
病符 養
攀鞍 105~114 丁
天德 夫妻宮 未</td>
<td>天天天天封解天天
同梁馬貴誥神巫哭
旺陷旺陷 不 廟
祿
大耗 長生
歲驛 115~124 戊
弔客 兄弟宮 申</td>
</tr>
<tr>
<td>太文三天天
陰昌臺使虛
陷得廟陷陷
奏書 墓
月煞 75~84 甲
歲破 疾厄宮 辰</td>
<td colspan="2" rowspan="2">八字五行和用神：

乾造 壬 癸 己 庚
戌 卯 丑 午

大运 甲辰 乙巳 丙午 丁未 戊申 己酉 庚戌
岁数 10 20 30 40 50 60 70
年份 1991 2001 2011 2021 2031 2041 2051</td>
<td>武七右鈴天
曲殺弼星廚
利旺陷得
忌
身宮
伏兵 沐浴
息神 5~14 己
病符 命 宮 酉</td>
</tr>
<tr>
<td>天天副咸月
府魁截池德
得廟平平
將軍 死
咸池 65~74 癸
小耗 遷移宮 卯</td>
<td>太文陀天八天華
陽曲羅刑座官蓋
不陷廟廟平平平
官府 冠帶
華蓋 15~24 庚
歲建 父母宮 戌</td>
</tr>
<tr>
<td>天恩龍天截
姚光池傷空
旺平平平陷
小耗 病
指背 55~64 壬
官符 交友宮 寅</td>
<td>紫破副破
微軍旬碎
廟旺平陷
權
青龍 衰
天煞 45~54 癸
貫索 官祿宮 丑</td>
<td>天擎鳳臺旬蜚陰年
機羊閣輔空廉煞解
廟陷廟 陷 廟
力士 帝旺
災煞 35~44 壬
喪門 田宅宮 子</td>
<td>祿天天孤劫
存喜空辰煞
廟旺平陷
博士 臨官
劫煞 25~34 辛
晦氣 福德宮 亥</td>
</tr>
</table>

【背景資料】：

求測者說，第一段婚姻他是屬鼠的，以失敗告終。第二段，婚前發現他有嫖娼，花心、好色，拈花惹草，沒有原則，性格也是強硬的很。崩潰。2014年3月份領證，可是我一點都不願意嫁給他，一點安全感都沒有。

【合婚分析】：

1、先看命盤圖的中間位置的八字：

A干支黏合度，天干壬癸比合，甲己相合，地支卯戌相合，黏合度一般。

B五行用神，女命主的命運用神為水喜木，男命主的命運用神為土喜火，可見二人能互補用神。

C對家庭不利的年份，女命主在2014年，午火官星帶桃花與戌土半合，丈夫外遇；男命主在2014年甲午，午火為桃花，甲木為五合之幹，戀愛和外遇資訊強烈。可見兩個人的資訊是一樣的。

2、再分析紫微命盤圖的夫妻宮：

D夫妻宮資訊參考：女命主夫妻宮，太陽陷落左輔文曲祿存，照天梁鈴星，說明會多婚，丈夫年齡大、多情多慾等。男命主夫妻宮資訊顯示，適合晚婚，容易二婚，會錯失良緣，適合找年齡差距大的女子結婚。可見女命主的年齡不符合男命主的命理需要。

3、所以判斷：男命主是初婚就比較容易離婚。盡量多努力吧！如果不能勸說成功也不願意忍受，就難保婚姻了。

【結果回饋】：

求測者說，覺得男方感情不專一，時不時有女人打電話給他，喜歡按摩嫖娼，喜歡那些亂七八糟的女人，來者不拒，跟他是孽緣，2014年5月份離婚，被他騙了6萬，說是借，哎，要不回來了，命運多舛，隨他去吧！

例題14

<table>
<tr>
<td>天龍天
梁池哭
得陷不
權
青龍 指背 官符
35~44 田宅宮
絕 辛巳</td>
<td>七解天副咸陰大月
殺神廚截池煞耗德
旺廟 廟陷 旺
小耗 咸池 小耗
45~54 官祿宮
胎 壬午</td>
<td>天天截天
刑傷空虛
陷陷廟陷
將軍 月煞 歲破
55~64 交友宮
養 癸未</td>
<td>廉天鈴天天龍
貞鉞星喜福德
廟廟陷旺廟
奏書 亡神 龍德
65~74 遷移宮
長生 甲申</td>
</tr>
<tr>
<td>紫天擎三天臺
微相羊臺官輔
得得廟廟旺
科
力士 天煞 貫索
25~34 福德宮
墓 庚辰</td>
<td colspan="2" rowspan="2">八字五行和用神：

坤造 乙 戊 己 甲
丑 子 亥 戌

大运 己丑 庚寅 辛卯 壬辰 癸巳 甲午 乙未
岁数 5 15 25 35 45 55 65
年份 1989 1999 2009 2019 2029 2039 2049</td>
<td>地鳳天蜚年
劫閣使廉解
平廟陷 旺
飛廉 將星 白虎
75~84 疾厄宮
沐浴 乙酉</td>
</tr>
<tr>
<td>天巨祿天天
機門存貴才
旺廟廟旺旺
祿
博士 災煞 喪門
15~24 父母宮
死 己卯</td>
<td>破八天副寡天
軍座月旬宿德
旺平 陷陷廟
身宮
喜神 攀鞍 天德
85~94 財帛宮
冠帶 丙戌</td>
</tr>
<tr>
<td>貪左文陀紅天天孤劫
狼輔曲羅鸞巫空辰煞
平廟平陷旺 陷平
官府 劫煞 晦氣
5~14 命宮
病 戊寅</td>
<td>太太火地恩破華
陽陰星空光碎蓋
不廟得陷廟陷陷
忌
伏兵 華蓋 歲建
115~124 兄弟宮
衰 己丑</td>
<td>武天右文天封
曲府弼昌魁誥
旺廟廟得旺
大耗 息神 病符
105~114 夫妻宮
帝旺 戊子</td>
<td>天天天天旬
同馬姚壽空
廟平陷旺平
病符 歲驛 弔客
95~104 子女宮
臨官 丁亥</td>
</tr>
</table>

<table>
<tr>
<td>天文天紅天天大龍
梁曲鉞鸞刑巫耗德
得廟旺旺陷 陷
祿
飛廉 亡神 龍德
85~94 財帛宮
絕 乙巳</td>
<td>七三天
殺臺福
旺旺平
喜神 將星 白虎
95~104 子女宮
胎 丙午</td>
<td>天臺寡天
才輔宿德
平 不廟
病符 攀鞍 天德
105~114 夫妻宮
養 丁未</td>
<td>廉天八天
貞馬座哭
廟旺廟廟
大耗 歲驛 弔客
115~124 兄弟宮
長生 戊申</td>
</tr>
<tr>
<td>紫天鈴天解天
微相星使神虛
得得陷陷廟陷
權
奏書 月煞 歲破
75~84 疾厄宮
墓 甲辰</td>
<td colspan="2" rowspan="2">八字五行和用神：

乾造 壬 庚 辛 己
戌 戌 卯 丑

大运 辛亥 壬子 癸丑 甲寅 乙卯 丙辰 丁巳
岁数 3 13 23 33 43 53 63
年份 1984 1994 2004 2014 2024 2034 2044</td>
<td>文天天天
昌姚壽廚
廟廟平
伏兵 息神 病符
5~14 命宮
沐浴 己酉</td>
</tr>
<tr>
<td>天巨天封副咸月
機門魁誥截池德
旺廟廟 平平
將軍 咸池 小耗
65~74 遷移宮
死 癸卯</td>
<td>破陀地天天陰華
軍羅空貴官煞蓋
旺廟陷旺平 平
官府 華蓋 歲建
15~24 父母宮
冠帶 庚戌</td>
</tr>
<tr>
<td>貪右火恩龍天天截
狼弼星光池傷月空
平旺廟平平平 陷
小耗 指背 官符
55~64 交友宮
病 壬寅</td>
<td>太太副破
陽陰旬碎
不廟平陷
青龍 天煞 貫索
45~54 官祿宮
衰 癸丑</td>
<td>武天左擎地鳳旬蜚年
曲府輔羊劫閣空廉解
旺廟旺陷陷廟陷 廟
忌 科
力士 災煞 喪門
35~44 田宅宮
帝旺 壬子</td>
<td>天祿天天孤劫
同存喜空辰煞
廟廟旺平陷
身宮
博士 劫煞 晦氣
25~34 福德宮
臨官 辛亥</td>
</tr>
</table>

【背景資料】：

求測者說，當初不顧所有人的反對，毅然嫁給了他，結婚時他沒錢買房子，也沒要求婚禮辦多風光，以為他會善待我，可是自從生完孩子老公一點也不關心我，婆婆總挑撥是非，老公就知道裝大爺，在家裡什麼都要使喚我，也不跟我交流感情，老公有事都跟婆婆彙報，不和我商量，他的工資也交給婆婆，看著別人老公那麼體貼老婆我很羨慕，我每天都在想這樣的婚姻還要維持嗎？

【合婚分析】：

1、先看命盤圖的中間位置的八字：

A干支黏合度，天干有乙庚相合、甲己相合，地支有卯戌相合、子丑相合，黏合度高。

B五行用神，女命主的命運用神為土喜火，男命主的命運用神為水喜木，可見二人八字是能互補用神的。

C對家庭不利的年份，女命主在2015年亥卯未三合化木，與丈夫不和；2017年丁酉，與大運辛卯沖剋，口舌多、矛盾多。男命主在2015年乙庚相合，與妻子不和；2017年丁酉，酉金沖卯木，感情不和，爭執多。可見兩個人的運程資訊是一致的。

2、再分析紫微命盤圖的夫妻宮：

D夫妻宮資訊參考：女命主夫妻宮，武曲天府右弼天魁封誥文昌，照七殺星，說明丈夫不愛說話但是霸道獨斷，大男人主義明顯；男命主夫妻宮資訊顯示，和妻子口舌多、但是妻子還算賢慧。可見二人資訊是一致的。

3、所以判斷：夫妻緣份深厚，不會離婚的，過了這幾個流年感情會好轉。在家庭中盡量包容，婆婆只是摳門一點，對你們還算有照顧的。

【結果回饋】：

後來果然沒有離婚。求測者說，近三年在吵吵鬧鬧中度過了，老公最近很乖，我也不能無事生非，可是心裡就是有一道坎過不去，我就是希望老公對我服個軟，知道他錯了就行，可是我婆婆把問題都推到我身上，有這樣的婆婆是不是沒好日子。

例題15

<table>
<tr>
<td>武破天破劫月
曲軍廚碎煞德
平平　陷
科權
小耗　長生
劫煞　94～103　己
小耗　子女宮　巳</td>
<td>太文火封解天天陰
陽昌星誥神哭虛煞
旺陷廟　廟陷平
忌
將軍　沐浴
災煞　104～113　庚
歲破　夫妻宮　午</td>
<td>天天地天天大龍
府鉞空刑官耗德
廟旺平陷廟平
奏書　冠帶
天煞　114～123　辛
龍德　兄弟宮　未</td>
<td>天太文天截蜚
機陰曲才空廉
得利得廟廟
飛廉　臨官
指背　4～13　壬
白虎　命宮　申</td>
</tr>
<tr>
<td>天天龍天華
同貴池壽蓋
平旺廟廟廟
身宮
青龍　養
華蓋　84～93　戊
官符　財帛宮　辰</td>
<td colspan="2" rowspan="2">八字五行和用神：

乾造　甲　丁　辛　壬
　　　子　丑　亥　辰

大运　戊寅　己卯　庚辰　辛巳　壬午　癸未　甲申
岁数　9　19　29　39　49　59　69
年份　1992　2002　2012　2022　2032　2042　2052</td>
<td>紫貪天天副咸天
微狼喜福截池德
旺利廟廟廟平不
喜神　帝旺
咸池　14～23　癸
天德　父母宮　酉</td>
</tr>
<tr>
<td>擎地紅八天
羊劫鸞座使
陷平廟平平
力士　胎
息神　74～83　丁
貫索　疾厄宮　卯</td>
<td>巨鳳臺天旬寡年
門閣輔月空宿解
陷廟　陷陷廟
病符　衰
月煞　24～33　甲
弔客　福德宮　戌</td>
</tr>
<tr>
<td>左祿鈴天恩天孤
輔存星馬光巫辰
廟廟廟旺平　平
博士　絕
歲驛　64～73　丙
喪門　遷移宮　寅</td>
<td>廉七天陀天天
貞殺魁羅傷空
利廟旺廟平平
祿
官府　墓
攀鞍　54～63　丁
晦氣　交友宮　丑</td>
<td>天右
梁弼
廟廟
伏兵　死
將星　44～53　丙
歲建　官祿宮　子</td>
<td>天天三副
相姚臺旬
得陷平平
大耗　病
亡神　34～43　乙
病符　田宅宮　亥</td>
</tr>
</table>

<table>
<tr>
<td>天右三龍臺天
府弼臺池輔哭
得平平陷　不
青龍　絕
指背　92～101　辛
官符　子女宮　巳</td>
<td>天太天恩天副咸大月
同陰姚光廚截池耗德
陷不平廟　廟陷旺
忌
身宮
小耗　胎
咸池　102～111　壬
小耗　夫妻宮　午</td>
<td>武貪天截天
曲狼壽空虛
廟廟旺廟陷
將軍　養
月煞　112～121　癸
歲破　兄弟宮　未</td>
<td>太巨天天天天龍
陽門鉞喜福巫德
得廟廟旺廟
奏書　長生
亡神　2～11　甲
龍德　命宮　申</td>
</tr>
<tr>
<td>擎天陰
羊官煞
廟旺
力士　墓
天煞　82～91　庚
貫索　財帛宮　辰</td>
<td colspan="2" rowspan="2">八字五行和用神：

坤造　乙　甲　戊　癸
　　　丑　申　寅　亥

大运　乙酉　丙戌　丁亥　戊子　己丑　庚寅　辛卯
岁数　11　21　31　41　51　61　71
年份　1995　2005　2015　2025　2035　2045　2055</td>
<td>天左鈴八鳳天蜚年
相輔星座閣才廉解
陷陷得廟廟旺　旺
飛廉　沐浴
將星　12～21　乙
白虎　父母宮　酉</td>
</tr>
<tr>
<td>廉破文祿天天
貞軍曲存使月
平陷旺廟平
博士　死
災煞　72～81　己
喪門　疾厄宮　卯</td>
<td>天天地天副寡天
機梁劫貴旬宿德
利廟平旺陷陷廟
祿權
喜神　冠帶
攀鞍　22～31　丙
天德　福德宮　戌</td>
</tr>
<tr>
<td>陀火紅天天孤劫
羅星鸞刑空辰煞
陷廟旺廟陷平
官府　病
劫煞　62～71　戊
晦氣　遷移宮　寅</td>
<td>天封破華
傷誥碎蓋
平　陷陷
伏兵　衰
華蓋　52～61　己
歲建　交友宮　丑</td>
<td>天地解
魁空神
旺平廟
大耗　帝旺
息神　42～51　戊
病符　官祿宮　子</td>
<td>紫七文天旬
微殺昌馬空
旺平利平平
科
病符　臨官
歲驛　32～41　丁
弔客　田宅宮　亥</td>
</tr>
</table>

【背景資料】：

求測者是男命主，他學的是化學分析專業，從事食品檢測，在質檢單位工作。問合婚。

【合婚分析】：

1、先看命盤圖的中間位置的八字：

A干支黏合度，地支有寅亥相合、子丑相合，黏合度一般。

B五行用神，男命主的命運用神為金，女命主的命運用神為木，可見二人八字能互補用神。

C結婚時間，男命主婚姻時間在2015年和2016年，女命主婚姻時間在2014年和2015年，可見二人有共同的結婚時間。

2、再分析紫微命盤圖的夫妻宮：

D夫妻宮資訊參考：男命主的夫妻宮，太陽化忌文昌火星封誥解神陰煞，照天梁右弼星，說明戀愛不順、閃電結婚、感情不和。女命主的夫妻宮顯示，夫妻感情平淡、沒有情趣，結婚較快或者先同居後結婚。可見二人的資訊是一致的。

3、所以判斷：二人有夫妻緣份，可以在 2015 年結婚。

【結果回饋】：

果然在 2015 修成正果，這年結婚了。

例題 16

<table>
<tr>
<td>天天火紅大龍
機鉞星鸞耗德
平旺得旺陷
飛廉 臨官
亡神 16~25 乙
龍德 父母宮 巳</td>
<td>紫文恩天封
微昌光福誥
廟陷廟平
權
喜神 帝旺
將星 26~35 丙
白虎 福德宮 午</td>
<td>鈴地天寡天
星空姚宿德
利平旺不廟
病符 衰
攀鞍 36~45 丁
天德 田宅宮 未</td>
<td>破文天天天
軍曲馬貴哭
得得旺陷廟
大耗 病
歲驛 46~55 戊
弔客 官祿宮 申</td>
</tr>
<tr>
<td>七右天
殺弼虛
廟廟陷
奏書 冠帶
月煞 6~15 甲
歲破 命宮 辰</td>
<td colspan="2" rowspan="2">八字五行和用神：

乾造 壬 戊 乙 庚
戌 申 亥 辰

大运 己酉 庚戌 辛亥 壬子 癸丑 甲寅 乙卯
岁数 7 17 27 37 47 57 67
年份 1988 1998 2008 2018 2028 2038 2048</td>
<td>天天
傷廚
平
伏兵 死
息神 56~65 己
病符 交友宮 酉</td>
</tr>
<tr>
<td>太天天地天八副咸月
陽梁魁劫刑座截池德
廟廟廟平廟平平平
祿
將軍 沐浴
咸池 116~125 癸
小耗 兄弟宮 卯</td>
<td>廉天左陀天天臺華
貞府輔羅壽官輔蓋
利廟廟廟廟平 平
科
官府 墓
華蓋 66~75 庚
歲建 遷移宮 戌</td>
</tr>
<tr>
<td>武天龍天解天截陰
曲相池才神巫空煞
得廟平廟廟 陷
忌
小耗 長生
指背 106~115 壬
官符 夫妻宮 寅</td>
<td>天巨副破
同門旬碎
不不平陷
青龍 養
天煞 96~105 癸
貫索 子女宮 丑</td>
<td>貪擎鳳旬蜚年
狼羊閣空廉解
旺陷廟陷 廟
身宮
力士 胎
災煞 86~95 壬
喪門 財帛宮 子</td>
<td>太祿天三天天天孤劫
陰存喜臺使月空辰煞
廟廟旺平旺 平陷
博士 絕
劫煞 76~85 辛
晦氣 疾厄宮 亥</td>
</tr>
</table>

<table>
<tr>
<td>太陀天天臺天孤蜚破
陰羅馬傷輔廚辰廉碎
陷陷平平 陷 陷
祿
官府 病
歲驛 53~62 乙
喪門 交友宮 巳</td>
<td>貪祿天天天
狼存喜刑月
旺廟廟平
博士 死
息神 63~72 丙
貫索 遷移宮 午</td>
<td>天巨擎龍鳳天年華
同門羊池閣使解蓋
不不廟廟陷平得陷
權 忌
力士 墓
華蓋 73~82 丁
官符 疾厄宮 未</td>
<td>武天火天陰大劫月
曲相星巫煞耗煞德
得廟陷 陷
青龍 絕
劫煞 83~92 戊
小耗 財帛宮 申</td>
</tr>
<tr>
<td>廉天解天
貞府神空
利廟廟廟
伏兵 衰
攀鞍 43~52 甲
晦氣 官祿宮 辰</td>
<td colspan="2" rowspan="2">八字五行和用神：

坤造 丁 壬 戊 癸
卯 子 戌 亥

大运 癸丑 甲寅 乙卯 丙辰 丁巳 戊午 己未
岁数 8 18 28 38 48 58 68
年份 1994 2004 2014 2024 2034 2044 2054</td>
<td>太天天鈴天
陽梁鉞星虛
平得廟得旺
小耗 胎
災煞 93~102 己
歲破 子女宮 酉</td>
</tr>
<tr>
<td>文天截天
曲才空哭
旺旺平廟
大耗 帝旺
將星 33~42 癸
歲建 田宅宮 卯</td>
<td>七地天恩副龍
殺劫姚光旬德
廟平廟廟陷
身宮
將軍 養
天煞 103~112 庚
龍德 夫妻宮 戌</td>
</tr>
<tr>
<td>破天天副
軍貴官截
得平平陷
病符 臨官
亡神 23~32 壬
病符 福德宮 寅</td>
<td>左右三八天封寡
輔弼臺座壽誥宿
廟廟廟廟廟 平
喜神 冠帶
月煞 13~22 癸
弔客 父母宮 丑</td>
<td>紫地紅咸天
微空鸞池德
平平廟陷廟
飛廉 沐浴
咸池 3~12 壬
天德 命宮 子</td>
<td>天文天天旬
機昌魁福空
平利旺廟平
科
奏書 長生
指背 113~122 辛
白虎 兄弟宮 亥</td>
</tr>
</table>

【背景資料】：

求測者說，麻煩老師看看婚姻品質如何，是第二次結婚，是認識十八天後閃婚，家人都十分滿意。

【合婚分析】：

1、先看命盤圖的中間位置的八字：

A干支黏合度，天干有丁壬相合、戊癸相合，地支有卯戌相合、辰戌相沖，黏合度一般，

B五行用神，男命主的命運用神為水喜木，女命主的命運用神為木喜水，可見二人能互相補充用神。

C結婚時間：男命主多婚，在2010年或者2014年有婚姻，女命主的結婚時間是2014年或者2015年，可見二人有共同的結婚時間。

2、再分析紫微命盤圖的夫妻宮：

D夫妻宮資訊參考：男命主的夫妻宮，武曲化忌天相天巫陰煞星，照破軍文曲星，加會紫微星，說明感情不和、吵鬧多，離異等。女命主的夫妻宮資訊顯示，嫁給年齡大很多的男人、一見鍾情、閃電結婚，但是婚後爭執矛盾也不少。可見二人的資訊一致。

3、所以判斷：二人有夫妻緣份，但是婚後子息方面不太順利，或者多矛盾。

【結果回饋】：已經結婚，果然婚後流產。

例題17

<table>
<tr>
<td>天祿天天副孤
相存官傷截辰
得廟旺平廟陷
博士 絕
亡神 55~64 癸巳
貫索 交友宮</td>
<td>天擎恩龍臺解陰
梁羊光池輔神煞
廟陷廟不 廟
力士 胎
將星 65~74 甲午
官符 遷移宮</td>
<td>廉七天天天月
貞殺喜刑使德
利廟陷陷平
忌
青龍 養
攀鞍 75~84 乙未
小耗 疾厄宮</td>
<td>天鳳天年
馬閣虛解
旺不廟利
小耗 長生
歲驛 85~94 丙申
歲破 財帛宮</td>
</tr>
<tr>
<td>巨文陀截天
門曲羅空哭
陷得廟陷平
官府 墓
月煞 45~54 壬辰
喪門 官祿宮</td>
<td colspan="2" rowspan="2">八字五行和用神：

乾造 丙寅 庚子 辛丑 戊子

大运 辛丑 壬寅 癸卯 甲辰 乙巳 丙午 丁未
岁数 6 16 26 36 46 56 66
年份 1991 2001 2011 2021 2031 2041 2051</td>
<td>天破大龍
鉞碎耗德
廟平不
將軍 沐浴
息神 95~104 丁酉
龍德 子女宮</td>
</tr>
<tr>
<td>紫貪鈴八天咸
微狼星座空池
旺利利平平平
伏兵 死
咸池 35~44 辛卯
晦氣 田宅宮</td>
<td>天文天旬華
同昌月空蓋
平陷 陷 平
權科
奏書 冠帶
華蓋 105~114 戊戌
白虎 夫妻宮</td>
</tr>
<tr>
<td>天太左天天封天
機陰輔才壽誥巫
得旺廟廟旺
祿
大耗 病
指背 25~34 庚寅
歲建 福德宮</td>
<td>天火紅寡
府星鸞宿
廟得陷平
病符 衰
天煞 15~24 辛丑
病符 父母宮</td>
<td>太右天天天
陽弼貴福廚
陷廟廟平
身宮
喜神 帝旺
災煞 5~14 庚子
弔客 命宮</td>
<td>武破天地地天三副劫天
曲軍魁劫空姚臺旬煞德
平平旺 陷陷平平 平
飛廉 臨官
劫煞 115~124 己亥
天德 兄弟宮</td>
</tr>
</table>

<table>
<tr>
<td>陀天天天孤蜚破
羅馬傷廚辰廉碎
陷平平 陷 陷
官府 病
歲驛 53~62 乙巳
喪門 交友宮</td>
<td>天左文祿天封
機輔昌存喜誥
廟旺陷廟廟
科
博士 死
息神 63~72 丙午
貫索 遷移宮</td>
<td>紫破擎地龍鳳天年華
微軍羊空池閣使解蓋
廟旺廟平廟陷平得陷
力士 墓
華蓋 73~82 丁未
官符 疾厄宮</td>
<td>右文大劫月
弼曲耗煞德
不得陷
身宮
青龍 絕
劫煞 83~92 戊申
小耗 財帛宮</td>
</tr>
<tr>
<td>太天天
陽月空
旺 廟
伏兵 衰
攀鞍 43~52 甲辰
晦氣 官祿宮</td>
<td colspan="2" rowspan="2">八字五行和用神：

坤造 丁卯 甲辰 丙申 壬辰

大运 乙巳 丙午 丁未 戊申 己酉 庚戌 辛亥
岁数 7 17 27 37 47 57 67
年份 1993 2003 2013 2023 2033 2043 2053</td>
<td>天天天
府鉞虛
旺廟旺
小耗 胎
災煞 93~102 己酉
歲破 子女宮</td>
</tr>
<tr>
<td>武七地天天截天
曲殺劫姚才空哭
利旺平廟旺平廟
大耗 帝旺
將星 33~42 癸卯
歲建 田宅宮</td>
<td>太臺解副陰龍
陰輔神旬煞德
旺 廟陷
祿
將軍 養
天煞 103~112 庚戌
龍德 夫妻宮</td>
</tr>
<tr>
<td>天天鈴天天天副
同梁星貴官巫截
利廟廟平平 陷
權
病符 臨官
亡神 23~32 壬寅
病符 福德宮</td>
<td>天火三八寡
相星臺座宿
廟得廟廟平
喜神 冠帶
月煞 13~22 癸丑
弔客 父母宮</td>
<td>巨紅恩咸天
門鸞光池德
旺廟平陷廟
忌
飛廉 沐浴
咸池 3~12 壬子
天德 命宮</td>
<td>廉貪天天天天旬
貞狼魁刑壽福空
陷陷旺陷旺廟平
奏書 長生
指背 113~122 辛亥
白虎 兄弟宮</td>
</tr>
</table>

【背景資料】：

求測者是男命主，問合婚。

【合婚分析】：

1、先看命盤圖的中間位置的八字：

A干支黏合度，天干中有庚甲相剋、戊壬相剋、丙辛相合，地支有子辰半合，黏合度低。

B五行用神，男命主的命運用神為土喜金，女命主的命運用神為木喜火，可見二人能互補用神但是補充力量不大。

C結婚時間，男命主的婚姻時間為2014年或者2015年，女命主的婚姻時間為2017年，可見二人的結婚時間不一致。

2、再分析紫微命盤圖的夫妻宮：

D夫妻宮資訊參考：男命主的夫妻宮，天同化祿文昌化科天月蜚廉星，說明夫妻感情不和或者多是非、多病，妻子年齡小，容易二婚。女命主的夫妻宮資訊顯示，遠嫁他鄉，丈夫年齡大，夫妻和睦。可見二人的資訊不一致。

3、所以判斷：二人沒有夫妻緣份，難成。

【結果回饋】：

後來，兩個人果然沒有成，2015 年與另一女子結婚，妻子的四柱為癸酉、癸亥、戊戌、己未。

例題 18

天天三龍臺天天 府姚臺池輔巫哭 得平平陷　　不 身宮 病 伏兵 指背　23～32　辛 官符　夫妻宮　巳	天太右天天副咸陰大月 同陰弼壽廚截池煞耗德 陷不旺平　廟陷　旺 忌 衰 大耗 咸池　13～22　壬 小耗　兄弟宮　午	武貪恩天截天 曲狼光月空虛 廟廟旺　廟陷 帝旺 病符 月煞　3～12　癸 歲破　命宮　未	太巨左天天天天龍 陽門輔鉞喜才福德 得廟平廟旺廟廟 臨官 喜神 亡神　113～122　甲 龍德　父母宮　申
擎天 羊官 廟旺 死 官府 天煞　33～42　庚 貫索　子女宮　辰	**八字五行和用神：** **乾造　乙丑　癸未　己酉　乙亥** **大运　壬午　辛巳　庚辰　己卯　戊寅　丁丑　丙子** **岁数　2　12　22　32　42　52　62** **年份　1986　1996　2006　2016　2026　2036　2046**		天鈴八鳳蜚年 相星座閣廉解 陷得廟廟　旺 冠帶 飛廉 將星　103～112　乙 白虎　福德宮　酉
廉破文祿 貞軍曲存 平陷旺廟 墓 博士 災煞　43～52　己 喪門　財帛宮　卯			天天地副寡天 機梁劫旬宿德 利廟平陷陷廟 祿權 沐浴 奏書 攀鞍　93～102　丙 天德　田宅宮　戌
陀火紅天天孤劫 羅星鸞使空辰煞 陷廟旺平陷平 絕 力士 劫煞　53～62　戊 晦氣　疾厄宮　寅	天封破華 刑誥碎蓋 陷　陷陷 胎 青龍 華蓋　63～72　己 歲建　遷移宮　丑	天地天解 魁空傷神 旺平陷廟 養 小耗 息神　73～82　戊 病符　交友宮　子	紫七文天天旬 微殺昌馬貴空 旺平利平平平 科 長生 將軍 歲驛　83～92　丁 弔客　官祿宮　亥

陀天天天天孤蜚破 羅馬壽使廚辰廉碎 陷平平平　陷　陷 長生 官府 歲驛　74～83　乙 喪門　疾厄宮　巳	天文祿天解陰 機曲存喜神煞 廟陷廟廟廟 科 沐浴 博士 息神　84～93　丙 貫索　財帛宮　午	紫破擎天天龍鳳年華 微軍羊刑貴池閣解蓋 廟旺廟陷旺廟陷得陷 冠帶 力士 華蓋　94～103　丁 官符　子女宮　未	文臺大劫月 昌輔耗煞德 得　陷 臨官 青龍 劫煞　104～113　戊 小耗　夫妻宮　申
太三封天 陽臺誥空 旺廟　廟 養 伏兵 攀鞍　64～73　甲 晦氣　遷移宮　辰	**八字五行和用神：** **坤造　丁卯　癸丑　庚午　戊寅** **大运　甲寅　乙卯　丙辰　丁巳　戊午　己未　庚申** **岁数　8　18　28　38　48　58　68** **年份　1994　2004　2014　2024　2034　2044　2054**		天天地恩天 府鉞空光虛 旺廟廟陷旺 帝旺 小耗 災煞　114～123　己 歲破　兄弟宮　酉
武七天截天 曲殺傷空哭 利旺陷平廟 胎 大耗 將星　54～63　癸 歲建　交友宮　卯			太八天副龍 陰座月旬德 旺平　陷 祿 衰 將軍 天煞　4～13　庚 龍德　命宮　戌
天天左天天副 同梁輔官巫截 利廟廟平　陷 權 身宮 絕 病符 亡神　44～53　壬 病符　官祿宮　寅	天地天寡 相劫才宿 廟陷平平 墓 喜神 月煞　34～43　癸 弔客　田宅宮　丑	巨右鈴紅咸天 門弼星鸞池德 旺廟陷廟陷廟 忌 死 飛廉 咸池　24～33　壬 天德　福德宮　子	廉貪天火天天旬 貞狼魁星姚福空 陷陷旺利陷廟平 病 奏書 指背　14～23　辛 白虎　父母宮　亥

【背景資料】：

求測者為男命主，2013年問合婚。

【合婚分析】：

1、先看命盤圖的中間位置的八字：

A干支黏合度，天干有戊癸相合、乙庚相合，地支中有寅亥相合、午未相合、卯酉沖，黏合度比較高。

B五行用神，男命主的命運用神為木喜水，女命主的命運用神為土，可見二人能互補用神五行。

C結婚時間，男命主的結婚時間為2014年，女命主的結婚時間為2014年或者2016年，可見二人有相同的結婚時間2014年。

2、再分析紫微命盤圖的夫妻宮：

D夫妻宮資訊參考：男命主的夫妻宮，天府三台龍池台輔天巫星，照紫微星，說明娶年齡較大的或者是在機關單位工作的女子為妻。女命主的夫妻宮資訊顯示，嫁給外省出生的、年齡較大的男子。可見二人的資訊是一致的。

3、所以判斷：有深刻的夫妻緣份，能結婚，可以在2014年結婚。

【結果回饋】：

果然2014年結婚了。妻子後來在機關為中層領導職務。

例題19

<table>
<tr>
<td>天左陀天天天孤蜚破
梁輔羅馬廚月辰廉碎
得平陷平　　陷　陷
力士
歲驛　64~73　長生
喪門　遷移宮　乙巳</td>
<td>七文祿天天天封
殺昌存喜貴使誥
旺陷廟廟廟平
博士
息神　54~63　養
貫索　疾厄宮　丙午</td>
<td>擎地龍鳳年華
羊空池閣解蓋
廟平廟陷得陷
身宮
官府
華蓋　44~53　胎
官符　財帛宮　丁未</td>
<td>廉文解天大劫月
貞曲神巫耗煞德
廟得不　陷
伏兵
劫煞　34~43　絕
小耗　子女宮　戊申</td>
</tr>
<tr>
<td>紫天三恩天天
微相臺光傷空
得得廟廟平廟
青龍
攀鞍　74~83　沐浴
晦氣　交友宮　甲辰</td>
<td colspan="2" rowspan="2">八字五行和用神：

乾造　丁　癸　己　戊
　　　卯　卯　未　辰

大運　壬寅　辛丑　庚子　己亥　戊戌　丁酉　丙申
岁数　2　12　22　32　42　52　62
年份　1988　1998　2008　2018　2028　2038　2048</td>
<td>右天天
弼鉞虛
陷廟旺
大耗
災煞　24~33　墓
歲破　夫妻宮　己酉</td>
</tr>
<tr>
<td>天巨地截天
機門劫空哭
旺廟平平廟
科忌
小耗
將星　84~93　冠帶
歲建　官祿宮　癸卯</td>
<td>破天八天臺副龍
軍刑座壽輔旬德
旺廟平廟　陷
病符
天煞　14~23　死
龍德　兄弟宮　庚戌</td>
</tr>
<tr>
<td>貪鈴天天天副
狼星姚才官截
平廟旺廟平陷
將軍
亡神　94~103　臨官
病符　田宅宮　壬寅</td>
<td>太太火寡
陽陰星宿
不廟得平
祿
奏書
月煞　104~113　帝旺
弔客　福德宮　癸丑</td>
<td>武天紅咸陰天
曲府鸞池煞德
旺廟廟陷　廟
飛廉
咸池　114~123　衰
天德　父母宮　壬子</td>
<td>天天天旬
同魁福空
廟旺廟平
權
喜神
指背　4~13　病
白虎　命宮　辛亥</td>
</tr>
</table>

<table>
<tr>
<td>武破祿火恩天副孤
曲軍存星光官截辰
平平廟得平旺廟陷
博士
亡神　36~45　絕
貫索　子女宮　癸巳</td>
<td>太文擎龍天封解陰
陽昌羊池壽誥神煞
旺陷陷不平　廟
科
官府
將星　26~35　墓
官符　夫妻宮　甲午</td>
<td>天鈴地天天天月
府星空喜刑貴德
廟利平陷陷旺
伏兵
攀鞍　16~25　死
小耗　兄弟宮　乙未</td>
<td>天太文天鳳天年
機陰曲馬閣虛解
得利得旺不廟利
權
大耗
歲驛　6~15　病
歲破　命宮　丙申</td>
</tr>
<tr>
<td>天陀截天
同羅空哭
平廟陷平
祿
身宮
力士
月煞　46~55　胎
喪門　財帛宮　壬辰</td>
<td colspan="2" rowspan="2">八字五行和用神：

坤造　丙　己　庚　庚
　　　寅　亥　辰　辰

大運　戊戌　丁酉　丙申　乙未　甲午　癸巳　壬辰
岁数　9　19　29　39　49　59　69
年份　1994　2004　2014　2024　2034　2044　2054</td>
<td>紫貪天破大龍
微狼鉞碎耗德
旺利廟平不
病符
息神　116~125　衰
龍德　父母宮　丁酉</td>
</tr>
<tr>
<td>地天天咸
劫使空池
平平平平
青龍
咸池　56~65　養
晦氣　疾厄宮　辛卯</td>
<td>巨天臺天旬蜚華
門才輔月空廉蓋
陷陷　　陷　平
喜神
華蓋　106~115　帝旺
白虎　福德宮　戊戌</td>
</tr>
<tr>
<td>左三天
輔臺巫
廟平
小耗
指背　66~75　長生
歲建　遷移宮　庚寅</td>
<td>廉七紅天寡
貞殺鸞傷宿
利廟陷平平
忌
將軍
天煞　76~85　沐浴
病符　交友宮　辛丑</td>
<td>天右八天天
梁弼座福廚
廟廟陷平
奏書
災煞　86~95　冠帶
弔客　官祿宮　庚子</td>
<td>天天天副劫天
相魁姚旬煞德
得旺陷平　平
飛廉
劫煞　96~105　臨官
天德　田宅宮　己亥</td>
</tr>
</table>

【背景資料】：

求測者說，對象是二婚的，她是2012年底離婚的，是被別人從家裡趕出來的，還有主要是因為不能生育，婚後一直沒有懷上小孩。她家人不理解我，覺得我會欺騙他們的女兒。現在給她找了一個二婚男。哎，這樣的家人，為何就接受不了我這個未婚的男士呢？為何離婚後就一定要找個離婚的人呢？這女孩在醫院檢查出輸卵管堵塞，以後我們會不會有孩子？

【合婚分析】：

1、先看命盤圖的中間位置的八字：

A干支黏合度，地支中有亥卯半合，黏合度很低。

B五行用神，男命主的命運用神為土，女命主的命運用神為土喜金，可見二人命運的土五行都較弱，都無法提供有力的用神五行給對方。

C結婚時間，男命主的結婚時間為 2019 年，女命主為多婚，在 2015 年或者 2016 年有婚姻。可見二人的結婚時間沒有交集。

2、再分析紫微命盤圖的夫妻宮：

D夫妻宮資訊參考：男命主的夫妻宮，天鉞天虛左弼星，照天機巨門化忌，說明婚前感情痛苦，婚後口舌是非嚴重，容易被騙或者離異。女命主的夫妻宮資訊顯示，嫁給距離較遠的、年齡大的男人，二婚命。可見男命主的年齡不符合女命主的命理需要。

3、所以判斷：二人沒有未來，不能成為夫妻。

【結果回饋】：

後來果然沒有成功。

例題 20

<table>
<tr>
<td>天天鈴天天天
府鉞星馬福虛
得旺得平旺旺
喜神 歲驛 歲破
臨官
5～14 丁
命宮 巳</td>
<td>天太地天天解陰龍
同陰劫壽官神煞德
陷不廟平廟廟
科
飛廉 息神 龍德
冠帶
115～124 戊
父母宮 午</td>
<td>武貪天天華
曲狼刑哭蓋
廟廟陷平陷
忌
身宮
奏書 華蓋 白虎
沐浴
105～114 己
福德宮 未</td>
<td>太巨劫天
陽門煞德
得廟 平
權
將軍 劫煞 天德
長生
95～104 庚
田宅宮 申</td>
</tr>
<tr>
<td>火地紅天大月
星空鸞才耗德
陷陷廟陷平
病符 攀鞍 小耗
帝旺
15～24 丙
兄弟宮 辰</td>
<td colspan="2" rowspan="2">八字五行和用神：

乾造 癸 甲 辛 乙
亥 子 卯 未

大运 癸亥 壬戌 辛酉 庚申 己未 戊午 丁巳
岁数 9 19 29 39 49 59 69
年份 1991 2001 2011 2021 2031 2041 2051</td>
<td>天封破
相誥碎
陷 平
小耗 災煞 弔客
養
85～94 辛
官祿宮 酉</td>
</tr>
<tr>
<td>廉破文天三恩龍
貞軍昌魁臺光池
平陷利廟陷廟廟
祿
大耗 將星 官符
衰
25～34 乙
夫妻宮 卯</td>
<td>天天天天天寡
機梁喜傷月宿
利廟陷平 陷
青龍 天煞 病符
胎
75～84 壬
交友宮 戌</td>
</tr>
<tr>
<td>左天孤
輔巫辰
廟 平
伏兵 亡神 貫索
病
35～44 甲
子女宮 寅</td>
<td>擎臺截旬蜚
羊輔空空廉
廟 不平
官府 月煞 喪門
死
45～54 乙
財帛宮 丑</td>
<td>右祿天副副天咸
弼存使截旬空池
廟廟陷陷陷陷陷
博士 咸池 晦氣
墓
55～64 甲
疾厄宮 子</td>
<td>紫七文陀天八天鳳天年
微殺曲羅姚座貴閣廚解
旺平旺陷陷廟平旺 得
力士 指背 歲建
絕
65～74 癸
遷移宮 亥</td>
</tr>
</table>

<table>
<tr>
<td>文八天破劫月
曲座廚碎煞德
廟廟 陷
大耗 劫煞 小耗
絕
66～75 己
遷移宮 巳</td>
<td>天天解天天陰
機使神哭虛煞
廟平廟陷平
病符 災煞 歲破
墓
56～65 庚
疾厄宮 午</td>
<td>紫破天天天臺大龍
微軍鉞刑官輔耗德
廟旺旺陷廟 平
權
喜神 天煞 龍德
死
46～55 辛
財帛宮 未</td>
<td>截蜚
空廉
廟
飛廉 指背 白虎
病
36～45 壬
子女宮 申</td>
</tr>
<tr>
<td>太龍天華
陰池傷蓋
旺廟平廟
忌
伏兵 華蓋 官符
胎
76～85 戊
交友宮 辰</td>
<td colspan="2" rowspan="2">八字五行和用神：

坤造 甲 丙 丁 辛
子 子 酉 丑

大运 乙亥 甲戌 癸酉 壬申 辛未 庚午 己巳
岁数 9 19 29 39 49 59 69
年份 1992 2002 2012 2022 2032 2042 2052</td>
<td>天文天三天副咸天
府昌喜臺福截池德
旺廟廟廟廟廟平不
奏書 咸池 天德
衰
26～35 癸
夫妻宮 酉</td>
</tr>
<tr>
<td>武七擎火紅恩封
曲殺羊星鸞光誥
利旺陷利廟廟
科
官府 息神 貫索
養
86～95 丁
官祿宮 卯</td>
<td>太地鳳天旬寡年
陰空閣月空宿解
旺陷廟 陷陷廟
將軍 月煞 弔客
帝旺
16～25 甲
兄弟宮 戌</td>
</tr>
<tr>
<td>天天左祿天天孤
同梁輔存馬巫辰
利廟廟廟旺 平
博士 歲驛 喪門
長生
96～105 丙
田宅宮 寅</td>
<td>天天陀天天
相魁羅壽空
廟旺廟廟平
身宮
力士 攀鞍 晦氣
沐浴
106～115 丁
福德宮 丑</td>
<td>巨右地
門弼劫
旺廟陷
青龍 將星 歲建
冠帶
116～125 丙
父母宮 子</td>
<td>廉貪鈴天天天副
貞狼星姚貴才旬
陷陷利陷平廟平
祿
小耗 亡神 病符
臨官
6～15 乙
命宮 亥</td>
</tr>
</table>

【背景資料】：

求測者是男命主，2013 年問合婚，異地戀。

【合婚分析】：

1、先看命盤圖的中間位置的八字：

A干支黏合度，天干有丙辛相合，地支中有子丑相合、卯酉相沖，黏合度很低，

B五行用神，男命主的命運用神為金喜土，女命主的命運用神為水忌木，可見二人是單方面需求為主的，在雙方命局中含有對方的忌神力量大多太大。

C結婚時間，男命主的婚姻時間在 2017 年和 2018 年，女命主的婚姻時間在 2017 年，兩個人在結婚時間上有一樣的年份。

2、再分析紫微命盤圖的夫妻宮：

D夫妻宮資訊參考：男命主夫妻宮，廉貞破軍陷落化祿文昌天魁恩光龍池，說

明婚前感情多波折，晚婚或者多婚，夫妻情義淡薄。女命主的夫妻宮資訊顯示，嫁給老男人，能和睦偕老，略風流。可見二人的資訊不一致。

3、所以判斷：二人在一起的難度較大。

【結果回饋】：

後來果然沒有成功，到 2015 年還在尋找愛情和對象。

例題 21

<table>
<tr>
<td>天左陀鳳天年
機輔羅閣月解
平平陷廟　旺

臨官
官府
指背　26～35　己
歲建　福德宮　巳</td>
<td>紫祿三臺天咸
微存臺輔空池
廟廟旺　廟陷

帝旺
博士
咸池　36～45　庚
晦氣　田宅宮　午</td>
<td>擎蜚
羊廉
廟

衰
力士
月煞　46～55　辛
喪門　官祿宮　未</td>
<td>破天八天天天解天天副孤
軍鉞座才壽傷神巫廚截辰
得廟廟廟旺平不　　廟平

病
青龍
亡神　56～65　壬
貫索　交友宮　申</td>
</tr>
<tr>
<td>七文天天寡
殺曲喜貴宿
廟得陷旺陷
忌

冠帶
伏兵
天煞　16～25　戊
病符　父母宮　辰</td>
<td colspan="2" rowspan="2">八字五行和用神：

坤造　己　丁　戊　壬
　　　巳　卯　辰　子

大运　戊辰　己巳　庚午　辛未　壬申　癸酉　甲戌
岁数　10　20　30　40　50　60　70
年份　1998　2008　2018　2028　2038　2048　2058</td>
<td>右龍天截破
弼池官空碎
陷廟平廟平

死
小耗
將星　66～75　癸
官符　遷移宮　酉</td>
</tr>
<tr>
<td>太天火
陽梁星
廟廟利
科

身宮
沐浴
大耗
災煞　6～15　丁
弔客　命宮　卯</td>
<td>廉天文鈴紅天恩天副大月
貞府昌星鸞刑光使旬耗德
利廟陷廟陷廟廟陷陷平

墓
將軍
攀鞍　76～85　甲
小耗　疾厄宮　戌</td>
</tr>
<tr>
<td>武天天天封劫天
曲相姚福誥煞德
得廟旺旺　　平
祿

長生
病符
劫煞　116～125　丙
天德　兄弟宮　寅</td>
<td>天巨天華
同門哭蓋
不不廟陷

養
喜神
華蓋　106～115　丁
白虎　夫妻宮　丑</td>
<td>貪天陰龍
狼魁煞德
旺旺
權

胎
飛廉
息神　96～105　丙
龍德　子女宮　子</td>
<td>太地地天旬天
陰劫空馬空虛
廟　陷平平平

絕
奏書
歲驛　86～95　乙
歲破　財帛宮　亥</td>
</tr>
</table>

<table>
<tr>
<td>廉貪陀天鳳年
貞狼羅貴閣解
陷陷陷平廟旺
權

長生
力士
指背　44～53　己
歲建　財帛宮　巳</td>
<td>巨祿臺天咸
門存輔空池
旺廟　廟陷

養
博士
咸池　34～43　庚
晦氣　子女宮　午</td>
<td>天擎天蜚
相羊月廉
得廟

胎
官府
月煞　24～33　辛
喪門　夫妻宮　未</td>
<td>天天天天天副孤
同梁鉞姚廚截辰
旺陷廟陷　廟平
科

絕
伏兵
亡神　14～23　壬
貫索　兄弟宮　申</td>
</tr>
<tr>
<td>太文天天天寡
陰曲喜刑使宿
陷得陷平陷陷
忌

沐浴
青龍
天煞　54～63　戊
病符　疾厄宮　辰</td>
<td colspan="2" rowspan="2">八字五行和用神：

乾造　己　壬　乙　丙
　　　巳　申　丑　子

大运　辛未　庚午　己巳　戊辰　丁卯　丙寅　乙丑
岁数　9　19　29　39　49　59　69
年份　1997　2007　2017　2027　2037　2047　2057</td>
<td>武七龍天截破
曲殺池官空碎
利旺廟平廟平
祿

身宮
墓
大耗
將星　4～13　癸
官符　命宮　酉</td>
</tr>
<tr>
<td>天右火
府弼星
得陷利

冠帶
小耗
災煞　64～73　丁
弔客　遷移宮　卯</td>
<td>太文鈴紅副大月
陽昌星鸞旬耗德
不陷廟陷陷平

死
病符
攀鞍　114～123　甲
小耗　父母宮　戌</td>
</tr>
<tr>
<td>天天天天封解劫天
才壽福傷誥神煞德
廟旺旺平　廟　平

臨官
將軍
劫煞　74～83　丙
天德　交友宮　寅</td>
<td>紫破三八天華
微軍臺座哭蓋
廟旺廟廟廟陷

帝旺
奏書
華蓋　84～93　丁
白虎　官祿宮　丑</td>
<td>天天陰龍
機魁煞德
廟旺

衰
飛廉
息神　94～103　丙
龍德　田宅宮　子</td>
<td>左地地天恩天旬天
輔劫空馬光巫空虛
不　陷平不　平平

病
喜神
歲驛　104～113　乙
歲破　福德宮　亥</td>
</tr>
</table>

【背景資料】：

求測者說，男朋友是退伍軍人，問合婚。

【合婚分析】：

1、先看命盤圖的中間位置的八字：

A干支黏合度，天干中有丁壬相合、壬丙相沖，地支中有巳申相合、子丑相合，黏合度較好。

B五行用神，女命主的命運用神為水，男命主的命運用神為木，可見二人能互補用神五行，並且用神五行在對方八字命局是最旺的五行。

C結婚時間，女命主的結婚時間為 2013 年和 2014 年，男命主的結婚時間為 2013 年和 2014 年，可見二人的結婚時間是相同的。

2、再分析紫微命盤圖的夫妻宮：

D夫妻宮資訊參考：女命主的夫妻宮，天同巨門天哭星，合貪狼天魁星，說明感情一般，對方長相好，有外遇可能。男命主夫妻宮資訊顯示，娶一個長相一般的女子，性情不合、聚少離多或者兩家距離遠。可見二人的資訊一致。

3、所以判斷：二人能結婚，有夫妻緣份。

【結果回饋】：

後來果然於2014年結婚了，2016年生女兒。

例題22

<table>
<tr>
<td>天祿天副孤
府存官截辰
得廟旺廟陷
博士 臨官
亡神 85~94 癸
貫索 官祿宮 巳</td>
<td>天太擎龍天臺解
同陰羊池傷輔神
陷不陷不陷　廟
祿
官府 冠帶
將星 75~84 甲
官符 交友宮 午</td>
<td>武貪天月
曲狼喜德
廟廟陷
伏兵 沐浴
奏書 65~74 乙
小耗 遷移宮 未</td>
<td>太巨天天鳳天天年
陽門馬刑閣使虛解
得廟旺陷不平廟利
大耗 長生
歲驛 55~64 丙
歲破 疾厄宮 申</td>
</tr>
<tr>
<td>文陀三天截天陰
曲羅臺貴空哭煞
得廟廟旺陷平
力士 帝旺
月煞 95~104 壬
喪門 田宅宮 辰</td>
<td colspan="2" rowspan="2">八字五行和用神：

坤造 丙寅 庚子 庚戌 丙子

大运 己亥 戊戌 丁酉 丙申 乙未 甲午 癸巳
岁数 9 19 29 39 49 59 69
年份 1994 2004 2014 2024 2034 2044 2054</td>
<td>天天破大龍
相鉞碎耗德
陷廟平不
病符 養
息神 45~54 丁
龍德 財帛宮 酉</td>
</tr>
<tr>
<td>廉破左鈴天天天咸
貞軍輔星才壽空池
平陷陷利旺陷平平
忌
青龍 衰
咸池 105~114 辛
晦氣 福德宮 卯</td>
<td>天天文八恩旬蜚華
機梁昌座光空廉蓋
利廟陷平廟陷　平
權 科
喜神 胎
華蓋 35~44 戊
白虎 子女宮 戌</td>
</tr>
<tr>
<td>封天
誥月
小耗 病
指背 115~124 庚
歲建 父母宮 寅</td>
<td>火紅寡
星鸞宿
得陷平
身宮
將軍 死
天煞 5~14 辛
病符 命宮 丑</td>
<td>天天天
姚福廚
陷平
奏書 墓
災煞 15~24 庚
弔客 兄弟宮 子</td>
<td>紫七右天地地天副劫天
微殺弼魁劫空巫旬煞德
旺平平旺　陷　平　平
飛廉 絕
劫煞 25~34 己
天德 夫妻宮 亥</td>
</tr>
</table>

<table>
<tr>
<td>廉貪天天天截破
貞狼刑福巫空碎
陷陷陷旺　廟陷
將軍 長生
指背 14~23 癸
白虎 兄弟宮 巳</td>
<td>巨文天紅八封天咸天
門昌鉞鸞座誥廚池德
旺陷　旺旺　　陷旺
祿忌
小耗 養
咸池 4~13 甲
天德 命宮 午</td>
<td>天火地寡
相星空宿
得利平不
青龍 胎
月煞 114~123 乙
弔客 父母宮 未</td>
<td>天天文陀三
同梁曲羅臺
旺陷得陷旺
科
力士 絕
亡神 104~113 丙
病符 福德宮 申</td>
</tr>
<tr>
<td>太解副龍
陰神截德
陷廟陷
奏書 沐浴
天煞 24~33 壬
龍德 夫妻宮 辰</td>
<td colspan="2" rowspan="2">八字五行和用神：

乾造 辛酉 丁酉 丁巳 甲辰

大运 丙申 乙未 甲午 癸巳 壬辰 辛卯 庚寅
岁数 11 21 31 41 51 61 71
年份 1991 2001 2011 2021 2031 2041 2051</td>
<td>武七祿天天天
曲殺存姚官哭
利旺廟廟平不
博士 墓
將星 94~103 丁
歲建 田宅宮 酉</td>
</tr>
<tr>
<td>天地天天天
府劫貴才虛
得平旺旺廟
飛廉 冠帶
災煞 34~43 辛
歲破 子女宮 卯</td>
<td>太擎臺天陰
陽羊輔空煞
不廟　陷
權
官府 死
奏書 84~93 戊
晦氣 官祿宮 戌</td>
</tr>
<tr>
<td>右天鈴天大劫月
弼魁星月耗煞德
旺　廟　陷
身宮
喜神 臨官
劫煞 44~53 庚
小耗 財帛宮 寅</td>
<td>紫破恩龍鳳天旬年華
微軍光池閣使空解蓋
廟旺廟平平陷平得陷
病符 帝旺
華蓋 54~63 辛
官符 疾厄宮 丑</td>
<td>天左天副
機輔喜旬
廟旺旺陷
大耗 衰
息神 64~73 庚
貫索 遷移宮 子</td>
<td>天天天孤蜚
馬壽傷辰廉
平旺旺陷
伏兵 病
歲驛 74~83 己
喪門 交友宮 亥</td>
</tr>
</table>

【背景資料】：

2009 年已婚，看看我和我老公的如何？看看會離婚嗎？嫁了個又懶有沒責任心的男人。太自私又懶，煩死了，我帶著大的懷著小的，他什麼都不管不問，人家懷孕是皇后我是保母。

【合婚分析】：

1、先看命盤圖的中間位置的八字：

A干支黏合度，天干有丙辛相合，黏合度低。

B五行用神，女命主的命運用神為土喜金，男命主的命運用神為火喜木，可見兩個人能互補用神，只是女方獲得的補充更多一些。

C不利家庭和感情的年份，女命主在 2013 年和 2014 年官殺太過，會與丈夫不和睦；男命主在 2013 年和 2014 年財來財去、感情不和等。可見二人資訊一致。

2、再分析紫微命盤圖的夫妻宮：

D夫妻宮資訊參考：女命主的夫妻宮，紫微七殺右弼天魁地劫劫煞星，照天賦祿存星，說明丈夫年齡大、大男人主義、不善理財等。男命主的夫妻宮資訊顯示，妻子體貼細膩賢慧，感情一般。可見二人都沒有嚴重的二婚資訊。

3、所以判斷：暫時的感情不滿意而已，不會離婚的，過幾年就會好起來的。

【結果回饋】：

後來，果然沒有離婚，還生二胎了。生活平淡而忙碌，幾年後沒有再提想離婚的事情。

例題 23

<table>
<tr>
<td>紫七祿天副孤
微殺存官截辰
旺平廟旺廟陷
臨官
博士
亡神 2～11 癸
貫索 命宮 巳</td>
<td>擎地天龍解陰
羊劫貴池神煞
陷廟廟不廟
冠帶
官府
將星 112～121 甲
官符 父母宮 午</td>
<td>天天天月
喜刑才德
陷陷平
身宮
沐浴
伏兵
攀鞍 102～111 乙
小耗 福德宮 未</td>
<td>火天鳳天年
星馬閣虛解
陷旺不廟利
長生
大耗
歲驛 92～101 丙
歲破 田宅宮 申</td>
</tr>
<tr>
<td>天天陀地八截天
機梁羅空座空哭
利廟廟陷旺陷平
權
帝旺
力士
月煞 12～21 壬
喪門 兄弟宮 辰</td>
<td colspan="2" rowspan="2">八字五行和用神：

坤造 丙 庚 戊 己
寅 子 子 未

大運 己亥 戊戌 丁酉 丙申 乙未 甲午 癸巳
岁數 2 12 22 32 42 52 62
年份 1987 1997 2007 2017 2027 2037 2047</td>
<td>廉破天天封破大龍
貞軍鉞壽誥碎耗德
平陷廟平 平不
忌
養
病符
息神 82～91 丁
龍德 官祿宮 酉</td>
</tr>
<tr>
<td>天文天咸
相昌空池
陷利平平
科
衰
青龍
咸池 22～31 辛
晦氣 夫妻宮 卯</td>
<td>鈴三恩天天旬蜚華
星臺光傷月空廉蓋
廟旺廟平 陷 平
胎
喜神
華蓋 72～81 戊
白虎 交友宮 戌</td>
</tr>
<tr>
<td>太巨左天
陽門輔巫
旺廟廟
病
小耗
指背 32～41 庚
歲建 子女宮 寅</td>
<td>武貪紅臺寡
曲狼鸞輔宿
廟廟陷 平
死
將軍
天煞 42～51 辛
病符 財帛宮 丑</td>
<td>天太右天天天
同陰弼福使廚
旺廟廟平陷
祿
墓
奏書
災煞 52～61 庚
弔客 疾厄宮 子</td>
<td>天文天天副劫天
府曲魁姚旬煞德
得旺旺陷平 平
絕
飛廉
劫煞 62～71 己
天德 遷移宮 亥</td>
</tr>
</table>

<table>
<tr>
<td>天祿天天副孤
梁存官巫截辰
得廟旺 廟陷
長生
博士
亡神 114～123 癸
貫索 兄弟宮 巳</td>
<td>七擎三龍
殺羊臺池
旺陷旺不
沐浴
力士
將星 4～13 甲
官符 命宮 午</td>
<td>地天月
劫喜德
平陷
冠帶
青龍
攀鞍 14～23 乙
小耗 父母宮 未</td>
<td>廉天八鳳天解天年
貞馬座閣才神虛解
廟旺廟不廟不廟利
忌
臨官
小耗
歲驛 24～33 丙
歲破 福德宮 申</td>
</tr>
<tr>
<td>紫天左陀截天
微相輔羅空哭
得得廟廟陷平
養
官府
月煞 104～113 壬
喪門 夫妻宮 辰</td>
<td colspan="2" rowspan="2">八字五行和用神：

乾造 丙 庚 戊 庚
寅 寅 戌 申

大運 辛卯 壬辰 癸巳 甲午 乙未 丙申 丁酉
岁數 4 14 24 34 44 54 64
年份 1989 1999 2009 2019 2029 2039 2049</td>
<td>天火天破大龍
鉞星刑碎耗德
廟得廟平不
帝旺
將軍
息神 34～43 丁
龍德 田宅宮 酉</td>
</tr>
<tr>
<td>天巨地恩天咸
機門空光空池
旺廟平廟平平
權
胎
伏兵
咸池 94～103 辛
晦氣 子女宮 卯</td>
<td>破右封天旬蜚華
軍弼誥月空廉蓋
旺廟 陷 平
身宮
衰
奏書
華蓋 44～53 戊
白虎 官祿宮 戌</td>
</tr>
<tr>
<td>貪文臺陰
狼昌輔煞
平陷
科
絕
大耗
指背 84～93 庚
歲建 財帛宮 寅</td>
<td>太太紅天天天寡
陽陰鸞姚貴使宿
不廟陷平旺陷平
墓
病符
天煞 74～83 辛
病符 疾厄宮 丑</td>
<td>武天文天天天
曲府曲壽福廚
旺廟得平平
死
喜神
災煞 64～73 庚
弔客 遷移宮 子</td>
<td>天天鈴天副劫天
同魁星傷旬煞德
廟旺利旺平 平
祿
病
飛廉
劫煞 54～63 己
天德 交友宮 亥</td>
</tr>
</table>

【背景資料】：

求測者說，這個男人是花心大蘿蔔，2009 年確定的關係，這麼多年一直堅持下來了，估計會結婚。

【合婚分析】：

1、先看命盤圖的中間位置的八字：

A干支黏合度，天干丙更戊相同，地支申子半合，黏合度一般。

B五行用神，女命主的命運用神為火喜土，男命主的命運用神為火喜土，可見二人能互補用神，只是女方獲得的補給更多一些。

C結婚時間，女命主的結婚時間為 2013 年或者 2014 年，男命主的結婚時間為 2013 年或者 2014 年，可見二人的結婚時間是一樣的。

2、再分析紫微命盤圖的夫妻宮：

D夫妻宮資訊參考：女命主的夫妻宮，天相文昌天空咸池，說明糾紛較多，感情尚可，對方有好色傾向。男命主的夫妻宮顯示，感情不穩定，好色，重視肉慾享受。可見二人的資訊一致。

3、所以判斷：二人能結婚，有夫妻緣份。

【結果回饋】：

果然結婚了，2013 年結婚。

例題 24

<table>
<tr>
<td>天三天截破
府臺福空碎
得平旺廟陷
絕
病符
指背 12~21 癸
白虎 父母宮 巳</td>
<td>天太文天紅封天咸天
同陰昌鉞鸞誥廚池德
陷不陷 旺 陷旺
忌
胎
大耗
咸池 22~31 甲
天德 福德宮 午</td>
<td>武貪火地天寡
曲狼星空姚宿
廟廟利平旺不
養
伏兵
月煞 32~41 乙
弔客 田宅宮 未</td>
<td>太巨文陀
陽門曲羅
得廟得陷
權祿科
長生
官府
亡神 42~51 丙
病符 官祿宮 申</td>
</tr>
<tr>
<td>右副龍
弼截德
廟陷
墓
喜神
天煞 2~11 壬
龍德 命宮 辰</td>
<td colspan="2" rowspan="2">八字五行和用神：

坤造 辛 丙 己 戊
酉 申 巳 辰

大运 丁酉 戊戌 己亥 庚子 辛丑 壬寅 癸卯
岁数 8 18 28 38 48 58 68
年份 1988 1998 2008 2018 2028 2038 2048</td>
<td>天祿八天天天天
相存座壽官傷哭
陷廟廟平平平不
沐浴
博士
將星 52~61 丁
歲建 交友宮 酉</td>
</tr>
<tr>
<td>廉破地天天
貞軍劫刑虛
平陷平廟廟
死
飛廉
災煞 112~121 辛
歲破 兄弟宮 卯</td>
<td>天天左擎臺天
機梁輔羊輔空
利廟廟廟 陷
冠帶
力士
攀鞍 62~71 戊
晦氣 遷移宮 戌</td>
</tr>
<tr>
<td>天鈴天解天陰大劫月
魁星貴神巫煞耗煞德
廟平廟 陷
病
奏書
劫煞 102~111 庚
小耗 夫妻宮 寅</td>
<td>龍鳳天旬年華
池閣才空解蓋
平平平平得陷
衰
將軍
華蓋 92~101 辛
官符 子女宮 丑</td>
<td>天恩副
喜光旬
旺平陷
身宮
帝旺
小耗
息神 82~91 庚
貫索 財帛宮 子</td>
<td>紫七天天天孤蜚
微殺馬使月辰廉
旺平平旺 陷
臨官
青龍
歲驛 72~81 己
喪門 疾厄宮 亥</td>
</tr>
</table>

<table>
<tr>
<td>天天天天天截天
馬壽福使巫空虛
平平旺平 廟旺
病
將軍
歲驛 53~62 癸
歲破 疾厄宮 巳</td>
<td>天文天封天龍
機昌鉞誥廚德
廟陷
忌
身宮
衰
小耗
息神 43~52 甲
龍德 財帛宮 午</td>
<td>紫破地天華
微軍空哭蓋
廟旺平平陷
帝旺
青龍
華蓋 33~42 乙
白虎 子女宮 未</td>
<td>文陀解劫天
曲羅神煞德
得陷不 平
科
臨官
力士
劫煞 23~32 丙
天德 夫妻宮 申</td>
</tr>
<tr>
<td>太左紅副大月
陽輔鸞截耗德
旺廟廟陷平
權
死
奏書
攀鞍 63~72 壬
小耗 遷移宮 辰</td>
<td colspan="2" rowspan="2">八字五行和用神：

乾造 辛 庚 辛 壬
亥 寅 未 辰

大运 己丑 戊子 丁亥 丙戌 乙酉 甲申 癸未
岁数 4 14 24 34 44 54 64
年份 1974 1984 1994 2004 2014 2024 2034</td>
<td>天祿天天天破
府存刑才官碎
旺廟廟旺平平
冠帶
博士
災煞 13~22 丁
弔客 兄弟宮 酉</td>
</tr>
<tr>
<td>武七地八龍天旬
曲殺劫座池傷空
利旺平平廟陷平
墓
飛廉
將星 73~82 辛
官符 交友宮 卯</td>
<td>太右擎天臺天寡
陰弼羊喜輔月宿
旺廟廟陷 陷
沐浴
官府
天煞 3~12 戊
病符 命宮 戌</td>
</tr>
<tr>
<td>天天天鈴天副孤陰
同梁魁星貴旬辰煞
利廟 廟平陷平
絕
喜神
亡神 83~92 庚
貫索 官祿宮 寅</td>
<td>天火天蜚
相星姚廉
廟得平
胎
病符
月煞 93~102 辛
喪門 田宅宮 丑</td>
<td>巨恩天咸
門光空池
旺平陷陷
祿
養
大耗
咸池 103~112 庚
晦氣 福德宮 子</td>
<td>廉貪三鳳年
貞狼臺閣解
陷陷平旺得
長生
伏兵
指背 113~122 己
歲建 父母宮 亥</td>
</tr>
</table>

【背景資料】：

求測者是女命主，在電信單位做財務方面工作，對象是教師，2014 年認識，交往半年後談婚論嫁，遭到雙方父母的阻撓而分開，很痛苦。

【合婚分析】：

1、先看命盤圖的中間位置的八字：

A干支黏合度，天干中有丙辛相合，地支中有辰酉相合，黏合度一般。

B五行用神，女命主的命運用神為火喜土，男命主的命運用神為金喜土，可見女命主對男方有較多的用神補充，而男方對女命主的補給不足。

C結婚時間，女命主的結婚時間為 2015 年或者 2017 年，男命主的結婚時間為 2015 年或者 2017 年，可見二人的結婚時間是一致的。

2、再分析紫微命盤圖的夫妻宮：

D夫妻宮資訊參考：女命主的夫妻宮，天魁鈴星解神天巫陰煞劫煞，照太陽化權巨門化祿文曲化科，說明婚前感情不順、多周折或者分分合合，對方有較好的工作。男命主的夫妻宮資訊顯示，對方有固定工作、多周折、不順利。可見二人資訊一致。

3、所以判斷：二人在結婚之前不順利，會有周折，但是能修成正果。

【結果回饋】：

結果，到2015年6月復合，婚期拖了半年多，還是結婚了。

例題 25

<table>
<tr>
<td>天火天封天天破劫月
府星姚誥巫廚碎煞德
得得平　　陷
大耗
劫煞　106～115　絕
小耗　福德宮　己巳</td>
<td>天太右天天陰
同陰弼哭虛煞
陷不旺陷平
病符
災煞　96～105　墓
歲破　田宅宮　庚午</td>
<td>武貪文文天天天大龍
曲狼昌曲鉞官月耗德
廟廟利旺旺廟　平
科
喜神
天煞　86～95　死
龍德　官祿宮　辛未</td>
<td>太巨左地恩天天截蜚
陽門輔空光貴傷空廉
得廟平廟平陷平廟
忌
飛廉
指背　76～85　病
白虎　交友宮　壬申</td>
</tr>
<tr>
<td>八龍華
座池蓋
旺廟廟
伏兵
華蓋　116～125　胎
官符　父母宮　戊辰</td>
<td colspan="2" rowspan="2">八字五行和用神：

坤造　甲子　己巳　丁卯　癸卯

大运　戊辰　丁卯　丙寅　乙丑　甲子　癸亥　壬戌
岁数　10　20　30　40　50　60　70
年份　1993　2003　2013　2023　2033　2043　2053</td>
<td>天天天天臺副咸天
相喜壽福輔截池德
陷廟平廟　廟平不
身宮
奏書
咸池　66～75　衰
天德　遷移宮　癸酉</td>
</tr>
<tr>
<td>廉破擎紅天
貞軍羊鸞才
平陷陷廟旺
祿 權
官府
息神　6～15　養
貫索　命宮　丁卯</td>
<td>天天三鳳天旬寡年
機梁臺閣使空宿解
利廟旺廟陷陷陷廟
將軍
月煞　56～65　帝旺
弔客　疾厄宮　甲戌</td>
</tr>
<tr>
<td>祿地天孤
存劫馬辰
廟平旺平
博士
歲驛　16～25　長生
喪門　兄弟宮　丙寅</td>
<td>天陀鈴天天
魁羅星刑空
旺廟得陷平
力士
攀鞍　26～35　沐浴
晦氣　夫妻宮　丁丑</td>
<td>解
神
廟
青龍
將星　36～45　冠帶
歲建　子女宮　丙子</td>
<td>紫七副
微殺旬
旺平平
小耗
亡神　46～55　臨官
病符　財帛宮　乙亥</td>
</tr>
</table>

<table>
<tr>
<td>巨陀鳳封天年
門羅閣誥廚解
旺陷廟　旺
忌
力士
指背　94～103　長生
歲建　田宅宮　乙巳</td>
<td>廉天祿火恩天天咸
貞相存星光貴空池
平廟廟廟廟廟廟陷
博士
咸池　84～93　養
晦氣　官祿宮　丙午</td>
<td>天左右文文擎三八天天蜚
梁輔弼昌曲羊臺座才傷廉
旺廟廟利旺廟廟平平陷
官府
月煞　74～83　胎
喪門　交友宮　丁未</td>
<td>七地孤陰
殺空辰煞
廟廟平
身宮
伏兵
亡神　64～73　絕
貫索　遷移宮　戊申</td>
</tr>
<tr>
<td>貪天天寡
狼喜姚宿
廟陷陷陷
青龍
天煞　104～113　沐浴
病符　福德宮　甲辰</td>
<td colspan="2" rowspan="2">八字五行和用神：

乾造　丁巳　乙巳　丁亥　癸卯

大运　甲辰　癸卯　壬寅　辛丑　庚子　己亥　戊戌
岁数　9　19　29　39　49　59　69
年份　1985　1995　2005　2015　2025　2035　2045</td>
<td>天天龍天臺破
同鉞池使輔碎
平廟廟陷　平
權
大耗
將星　54～63　墓
官符　疾厄宮　己酉</td>
</tr>
<tr>
<td>太截
陰空
陷平
祿
小耗
災煞　114～123　冠帶
弔客　父母宮　癸卯</td>
<td>武紅解大月
曲鸞神耗德
廟陷廟平
病符
攀鞍　44～53　死
小耗　財帛宮　庚戌</td>
</tr>
<tr>
<td>紫天地天天副劫天
微府劫官月截煞德
旺廟平平　陷　平
將軍
劫煞　4～13　臨官
天德　命宮　壬寅</td>
<td>天鈴天旬天華
機星壽空哭蓋
陷得廟平廟陷
科
奏書
華蓋　14～23　帝旺
白虎　兄弟宮　癸丑</td>
<td>破天副龍
軍刑旬德
廟平陷
飛廉
息神　24～33　衰
龍德　夫妻宮　壬子</td>
<td>太天天天天天
陽魁馬福巫虛
陷旺平廟　平
喜神
歲驛　34～43　病
歲破　子女宮　辛亥</td>
</tr>
</table>

【背景資料】：

求測者是女命主，2014年問合婚。

【合婚分析】：

1、先看命盤圖的中間位置的八字：

A干支黏合度，天干有相同的丁、癸，地支有巳亥相沖，黏合度太低。

B五行用神，女命主的命運用神為木喜火，男命主的命運用神為水喜金，可見女命主單方面能獲得命理需求。

C結婚時間，女命主的結婚時間是2020年，男命主的結婚時間是2018年，可見兩個人的婚姻時間不同。

2、再分析紫微命盤圖的夫妻宮：

D夫妻宮資訊參考：女命主夫妻宮，天魁陀羅鈴星，照武曲化科貪狼文曲文昌星，說明婚前感情不順，晚婚，丈夫有才華、好色，能偕老。男命主的夫妻宮資訊顯示，先同居後結婚，婚姻多波折，多婚。可見二人資訊不一致。

3、所以判斷：二人沒有沒有夫妻緣份，只是對方途徑的一個驛站而不是家。

【結果回饋】：

後來，這兩個人果然沒有結婚。到 2017 年還是單身。

第四節 「合婚」文化有繼承的必要

社會的和諧離不開家庭的和諧與夫妻關係的和諧。婚姻關係的和諧是社會和諧的基本元素。人之一生約有三分之二的時間是在婚姻中度過。婚姻的美滿幸福是社會幸福指數的重要成份。婚姻家庭是社會的細胞，所以婚姻家庭的穩定和諧，可以提高國家和種族的文明素質。

合婚，是現代人傳統婚配制度的補充部份，歷史悠久、群眾基礎廣泛，是現代人婚姻家庭問題的經驗財富，有利於促進家庭的穩定與社會的和諧。

我們的家庭觀念一向崇尚白頭偕老。合婚的目的就是想要不出現離婚的結果。俗話說「千里有緣來相會」、「百年修得同船渡，千年修得共枕眠」。緣份是可以捕捉和創造的。

合婚有著悠久的歷史和廣泛的群眾基礎。還廣泛存在於日本、韓國、港、臺等東南亞地區漢文化圈裡。八字合婚文化在千百年的歲月長河中被留下來，足以說明承受了實踐的檢驗。合婚在現代人民間，可謂已久並且根深蒂固。

「男怕入錯行，女怕嫁錯郎」。婚配是生活中的一件大事。它不僅關係到自己和家人的幸福，而且關係到一個人事業的成敗。

自古命理學家從沒有停止在合婚方面的探索，留下不少的寶貴經驗。我們應該取其精華，來對大限度的規避命運中的不良資訊，減少人生的坎坷，讓生命更加有效率。

離婚率持續增高已經成為社會的熱門問題，現在男女比例失調嚴重，女人的選擇機會很多，但是面對感情的選擇是很糾結的事情，往往是難以十全十美，無法把面前的幾個備選對象的優點和優勢整合在一起，又擔心選擇錯了以後陷入痛苦之中，「我和他的婚事到底能不能成呢」、「和哪一個結婚最幸福呢」、「和哪一個結婚以後能白頭到老呢」……在這個時候，聽從命運的安排，理智的合婚比順著感覺走要好一些。

第五節 先合婚再結婚是明智選擇

凡是八字命局帶有如下資訊的，先合婚再結婚才是明智選擇。

以下的斷語，需要有特定的干支環境才可以成立，干支環境指的是日元旺衰和喜忌、各干支的多少和距離、各干支的力量大小等。不要生搬硬套。

合婚能讓我們的婚姻幸福、生活品質更高、人生更有效率和價值。

從夫妻星（十神的財官）角度看

男命財星不透不藏，必晚主婚。

男命四柱先見偏財後見正財，婚前感情豐富。

男命正財爭合日主，有偏房外室。

男命四柱正偏財多現，易有外遇、外情。

男命四柱無財，異性緣薄。
男命身旺財星弱而被制，為多婚之命。
男命身弱財星旺而無制，生離死別。
男命比劫旺相為忌，婚姻不順。
男命財衰，女命官絕，皆主婚姻不利。
男命財輕逢劫，不利婚姻。
男命財官兩弱，婚姻遲到。
男命財重劫多，當防同輩。
男命正偏財多，風流好色。
男命印比多，不利婚姻。
男命官殺為忌財來生，妻子不得力。
男命官殺多用印星，財星剋印，妻子不得力。
男命正財和偏財競透，容易有二婚。

男命身旺無財無官無祿，婚姻難成。
男命水多無財星，婚姻難成。
男命梟多無財無食，不利婚姻家庭。
男命辰戌丑未兩粒以上，不利夫妻。
男命身旺運行羊刃，破財剋妻。
男命正財星臨桃花，恐難專一。
男命正財星天透地藏，不利婚姻。
男命羊刃劫財多或者比肩成局，花燭重回。
男命身旺財輕比劫多，有妻難留。
男命官殺重又見財星，其妻可畏。
男命財多而且財星坐庫，婚姻難以完美。
男命身旺，財星弱或受剋，多婚之命。
男命財坐桃花流年來合，妻有外遇。

男女命八字財多，重肉慾。

女命身旺，官星弱或官星受制，生離死別。

女命正官被合去，丈夫有外遇。

女命官星臨桃花被合，夫有外遇。

女命身弱，官殺成局，被夫遺棄。

女命官與傷對峙且力量均衡，婚姻難成。

女命四柱合多傷官多，感情不專一。

女命傷官見官，容易離婚。

女命財多無官，多情多慾。

女命官多，不利婚姻。

女命身旺無官星，姻緣難成。

女命四柱純陰純陽皆不利婚姻。

女命比劫多官星官星輕，做偏房。

女命官星坐驛馬，難守家園。
女命傷官多而無財無印，終為孤貧。
女命官殺混雜或者身弱殺重，受夫欺凌或者剋夫再嫁。
女命四柱無夫星，干支多合、傷官旺，三婚四嫁之命。
女命正官遇合或者官殺混雜，主感情混亂。
女命無財有食傷或者印多無財，主剋夫。
女命七殺無制，貞潔難守。
女命比劫多，家庭不睦，感情糾紛等。
女命印輕食多為凶，妾或者妓。
女命傷官見官，容易婚變。
女命財多身弱，難守貞潔。
女命年月官星多而旺相，容易早婚。
女命官星多或者印星多，不利婚姻。

女命四柱無官星，不利婚姻。

女命梟食加傷官，不利婚姻家庭。

女命比劫重重，婚姻難美。

女命官殺太旺或者官殺太弱無財，丈夫碌碌無為。

女命身旺無官殺，不利婚姻。

女命無財難以助夫興家。

女命食傷多又不入從格，難言貞潔。

女命日弱食傷多，婚姻不美。

女命官星坐墓，當為妾。

女命四柱食傷多官星衰，夫妻爭吵不休。

女命七殺坐羊刃，丈夫兇惡。

女命四柱殺旺無官，難做原配。

女命身旺官殺弱或者坐死絕，丈夫多災多病。

女命傷官七殺力量大與食神正官的，勇於突破貞節圍欄。

女命身旺無制，放蕩無節。

女命四柱先見殺後見官，婚前易失貞。

女命官殺混雜，無印食制化，婚前失貞。

女命傷官重，姻緣難配。

女命以剛為凶，以濁為賤。

女命無財有傷、或者印多無財或者食多，婚姻不順。

女命傷官旺，財印無力，二婚之命。

女命四柱無官星，有傷官剋制七殺，二婚之命。

女命傷官過重，婚姻難成。

財星壞印無救助，因妻致禍或者婆媳不和。

殺重身輕，財星黨殺，因妻招禍。

妻宮喜用被合化為忌，缺乏助力。

財星為丙，坐午為刃，妻性剛烈。
財星為用，卻被合化為他物，妻有外情。
日主與比肩爭合財星，其妻有外情。
官星弱而坐死絕之地，丈夫多病。
七殺重而無制又不入從格，好色剋夫。
天干地支多會合，婚後仍有三角戀。
配偶星在墓庫中，矮小、身體不好或者無能。
夫妻星坐死絕或者墓庫，柱中比劫或者傷官多，不利婚。
命局合多而不化，再有食傷或者比劫透出，有失檢點。
財官不見或者在墓庫中，晚婚。
財官為喜用，被沖或者合，不利婚姻。
身旺無依或者身弱財旺，不利婚姻。

從夫妻宮（日柱干支）位置來看

日柱被時柱或月柱天剋地沖，婚姻難保。

妻宮無妻星，年月時的天干透出又被合住，妻會有外情。

日坐配偶星，天干多透配偶星，有外情，婚姻風波多。

日支為用神被大運沖或者日支為忌神，不利婚姻。

日支七殺為忌神，配偶性暴。

比劫入住夫妻宮，婚姻會有風波。

夫妻宮為忌神，終為不美。

配偶宮受大運沖剋，婚姻不順。

日支被刑沖或合化為他物，容易二婚。

日支逢沖，婚姻不穩定，容易離婚、分居。

日支為用，弱而被制，婚姻不順。

日坐羊刃，主妻兇悍。

日坐偏印而為，夫妻不和。

日支辰戌丑未，妻子長相一般或者醜陋。

時上見子午卯酉為桃花，主紅杏出牆。

日坐七殺為忌神，妻子性剛或者夫妻不睦。

夫妻宮三會或者三合成忌神局，不利婚姻。

日干被爭合，感情多風波。

四柱無妻星，月柱為羊刃沖剋妻宮中年離婚；若時支羊刃沖妻宮晚年生離死別。

日柱干支相同五行，不利夫妻。

日支受到沖刑，不利夫妻。

四柱無官同時日坐七殺，偏房或者續弦。

甲辰日甲戌日，男女皆不利婚姻。

女命日支為官星死墓絕地，不利婚姻。

女命日坐傷官，與夫緣薄。

女命時柱有夫子二星，先同居後結婚。
女命時柱有夫子二星，同時日時有合，奉子成婚。
女命七殺在年柱而旺，情竇早開，易有老男人誘騙。
女命夫宮辰戌丑未臨寡宿，群清燈自守。
女命日坐傷官，男命日坐比劫，都婚姻不順，為忌神者離異。
女命癸日戊來合，少女嫁老夫。
女命甲寅日或者戊申日，不利婚姻。
女命身旺同時日支傷官，不利婚姻。
男命身旺日坐羊刃，其妻兇悍而不和。
男命身弱日坐財星，妻多病或者不賢。
男命日坐病地，妻多病弱。
男女命日支坐子午卯酉者，性慾強。
男命時支藏財，金屋藏嬌。

男命日時辰戌相沖，不利婚姻家庭。
男命日時刃殺梟，不利家庭。
男命日坐驛馬，妻子不善離家。
男命身旺日坐羊刃，婚姻破碎。
男命時柱妻星，容易晚婚。
男命日坐食神逢梟印，妻子多病或者矮小。
男命年支沖祿、時辰戌亥，婚姻難成。
男命日坐財星而太弱，妻多弱病。
妻宮坐喜用而被沖，妻難偕老。
男命日坐財星而財多身弱，為妻子所累。

從神煞角度來看

四柱帶有華蓋、孤寡、孤鸞，陰陽差錯，主婚不利。

四柱中多見咸池、沐浴、紅豔煞，性慾強、貌美、容易有桃色事件。

日支臨魁罡晚婚。日時帶孤辰寡宿晚婚。日臨華蓋晚婚。

桃花星不宜出現在時柱，在年月日不宜帶合，否則偷情。

男命桃花臨劫財，女命桃花臨七殺，容易因色破財。

男命財星坐沐浴並且遇合，妻子風流。

男命劫臨桃花，女命殺臨桃花，一生中必有桃花官司。

男命身弱華蓋重重，孤獨之命。

女命傷官坐桃花或者桃花帶合，感情複雜。

女命日時魁罡，不利婚姻家庭。

女命日柱和時柱華蓋臨印，難成姻緣。

從五行粒數角度來看

男女命辰戌全，不利婚姻。

四柱純陰或純陽，主婚姻不利。
男命純陽八字主孤，女命純陰八字主寡。
女命身旺水五行多，感情複雜。
女命金冷水寒，孤獨難免。
女命火炎土燥，一婚恐難到老。
四柱中出現匯局，剋配偶。
從格或者專旺格，易有夫妻之變。
四柱地支多見相沖，心猿意馬。
男女命，四柱金水旺，都很好色。

第六章

合婚的方法

第六章 合婚的方法

第一節 大家常見但卻不完善的合婚方法

所謂合婚，就是由媒人把女方的生辰八字問清楚以後，由男方到算命師傅那裡進行合婚，看看是否相剋。如果相剋，算命師傅會給出化解辦法，若是無法化解就會給出不支持結婚的結論，一般到這個時候，男方都會停止媒人的說合，就算是雙方互相打聽之後其他都滿意也會心存芥蒂舉步不前。合婚在舊風俗中很重要。自從元明清以來，婚俗大致相同。

合八字的原則，男子注重看女命八字的夫星（正官）和子星（食傷星）。如果夫星和子星沒有傷剋就可以娶回家，能旺夫益子。如果夫星和子星受到傷害就是忌諱。

同族不婚是有道理的

傳說伏羲「正姓氏、制嫁娶」，創立了一男一女的婚姻制度，禁止亂婚和近親結婚，從此人類的健康體質和智力發展進入快車道。

時至今日，南方尚有「骨肉還鄉，家敗人亡」的俗語，結婚的庚帖上記載如籍貫、父母、祖宗三代等情況，其道理也是忌諱同宗或表親聯姻。

不完善的合婚方法

這些不完善的合婚方法往往是被大眾所接受的，流傳也很廣，原因是很簡單，不需要計算和推理就能直接知道結果。但是，這些都是不能單獨使用的。比如：納音合婚法、屬相合婚法、呂才合婚法、星座合婚法等。

1、**納音合婚方法**，其方法就是看男女雙方的出生年柱的納音，只要女方年柱納音能生或者與男方年柱納音相同就可以被稱為上等婚。這種方法之所以不完善，是因為年柱在八字之中只是其中一部份，充其量佔八字的四分之一，所以不夠完善，因為月柱、日柱、時柱都有納音，同時，年月日時的納音還存在生剋作用，怎麼能隨便的拿出年柱就能定奪婚姻吉凶呢？

納音五行：

甲子乙丑海中金，丙寅丁卯爐中火，戊辰己巳大林木，庚午辛未路旁土，壬申癸酉劍鋒金；

甲戌乙亥山頭火，丙子丁丑澗下水，戊寅己卯城頭土，庚辰辛巳白蠟金，壬午癸未楊柳木；

甲申乙酉泉中水，丙戌丁亥屋上土，戊子己丑霹靂火，庚寅辛卯松柏木，壬辰癸巳長流水；

甲午乙未沙中金，丙申丁酉山下火，戊戌己亥平地木，庚子辛丑壁上土，

壬寅癸卯金箔金；

甲辰乙巳佛燈火，丙午丁未天河水，戊申己酉大驛土，庚戌辛亥釵釧金，

壬子癸丑桑柘木；

甲寅乙卯大溪水，丙辰丁巳沙中土，戊午己未天上火，庚申辛酉石榴木，

壬戌癸亥大海水。

2、**屬相合婚方法**，就是看男女雙方的年支，只要相合或者相生或者相同就可以，但是不能相沖刑害。屬相合婚這個方法之所以不完善，道理與納音是一樣的，年支在八字之中只是一個地支，還有其他的七個干支，而同時八個干支之間還存在生剋沖合作用，有的年支是被剋沖刑傷了的，甚至被化為他物的，所以無

法只用年支判斷婚姻的好壞。其具體方法如下所述：

注：屬相以農曆年立春為下一年屬相，立春前為上一年屬相。

十二地支：

子、丑、寅、卯、辰、巳、午、未、申、酉、戌、亥。

十二地支配生肖：

子鼠、丑牛、寅虎、卯兔、辰龍、巳蛇、午馬、未羊、申猴、酉雞、戌狗、亥豬。

屬鼠的婚配表

宜配：龍、猴、牛。

忌配：馬、兔、羊。

屬牛的婚配表

宜配：鼠、蛇、雞。

忌配：馬、羊、狗。

屬虎的婚配表

宜配：馬、狗、豬。

忌配：蛇、猴。

屬兔的婚配表

宜配：羊、狗、豬。

忌配：龍、鼠、雞。

屬龍的婚配表

宜配：鼠、猴、雞。

忌配：狗、兔。

屬蛇的婚配表

宜配：猴、牛、雞。

忌配：豬、虎。

屬馬的婚配表

宜配：虎、羊、狗。

忌配：鼠、牛。

屬羊的婚配表

宜配：兔、馬、豬。

忌配：牛、狗、鼠。

屬猴的婚配表

宜配：鼠、蛇、龍。

忌配：虎、豬。

屬雞的婚配表

宜配：牛、龍、蛇。

忌配：兔、狗、雞。

屬狗的婚配表

宜配：虎、兔、馬。

忌配：羊、龍、雞、牛。

屬豬的婚配表

宜配：羊、兔、虎。

忌配：猴、蛇。

最佳屬相婚配表

鼠與牛相配。

虎與豬相配。

龍與雞相配。

蛇與猴相配。

馬與羊相配。

兔與狗相配。

3、**呂才合婚方法**，其方法植根於八宅風水術，第一步先計算出男女雙方的宅命卦，第二步理清楚宅命八方吉凶，第三步可以直接查看下表。這種合婚方法的荒謬在於把風水術直接替代命運本身，這也是很片面的，其中最重要的是「宅命」的來源，它就是玄空九星風水術（見下表）。

這個方法僅僅是年九星分佈情況，其實月日時也同構有九星分佈情況，僅僅用年九星無法準確的把握命運，所以整套的呂才合婚就不完善。

宅命計算

2000 年前出生的

男命公式：（100 — 出生年後兩位）/9 餘數

女命公式：（出生年後兩位 -4）/9 餘數

餘數即為命數。

2000 年後出生的

男命公式：（100 — 出生年後兩位）/9 餘數 -1

女命公式：（出生年後兩位 -4）/9 餘數 +1

餘數是：

1 坎卦；2 坤卦；3 震卦；4 巽卦；5 男為坤卦女為艮卦；6 乾卦；7 兌卦；8 艮卦；9 離卦。

八種命卦的八星分佈如下：

按照順時針把八星分佈到八個方向。

乾六天五禍絕延生，

坎五天生延絕禍六，

艮六絕禍生延天五，

震延生禍絕五天六，
巽天五六禍生絕延，
離六五絕延禍生天，
坤天延絕生禍五六，
兌生禍延絕六五天。

1、生氣，為貪狼星，大吉。
2、延年，為武曲星，中吉。
3、天醫，為巨門星，次吉。
4、伏位，為左輔星，小吉。
5、絕命，為破軍星，大凶。
6、五鬼，為廉貞星，次凶。
7、禍害，為祿存星，中凶。
8、六煞，為文曲星，小凶。

男女婚配表：

婚配	男	女	男	女	男	女	男	女	男	女	男	女	男	女	男	女
上等婚	一	四	四	一	二	八	八	二	三	九	九	三	六	七	七	六
	一	三	三	一	二	七	七	二	四	九	九	四	六	八	八	六
	一	九	九	一	二	六	六	二	三	四	四	三	七	八	八	七
中等婚	一	六	六	一	二	九	九	二	三	八	八	三	四	七	七	四
	一	一	二	二	三	三	四	四	五	五	六	六	七	七	八	八
	一	七	七	一	二	三	三	二	四	六	六	四	八	九	九	八
下等婚	一	二	二	一	三	七	七	三	四	八	八	四	六	九	九	六
	一	八	八	一	二	四	四	二	三	六	六	三	七	九	九	七

數字表示：一坎、二坤、三震、四巽、五居中宮、六乾、七兌、八艮、九離。

年紫白九星入中表

流年干支	甲子	乙丑	丙寅	丁卯	戊辰	己巳	庚午	辛未	壬申
	癸酉	甲戌	乙亥	丙子	丁丑	戊寅	己卯	庚辰	辛巳
	壬午	癸未	甲申	乙酉	丙戌	丁亥	戊子	己丑	庚寅
	辛卯	壬辰	癸巳	甲午	乙未	丙申	丁酉	戊戌	己亥
	庚子	辛丑	壬寅	癸卯	甲辰	乙巳	丙午	丁未	戊申
	己酉	庚戌	辛亥	壬子	癸丑	甲寅	乙卯	丙辰	丁巳
	戊午	己未	庚申	辛酉	壬戌	癸亥	.	.	.
上元	1	9	8	7	6	5	4	3	2
中元	4	3	2	1	9	8	7	6	5
下元	7	6	5	4	3	2	1	9	8

上元：1864至1883年（一運），1884至1903年（二運），1904至1923年（三運）；

中元：1924至1943年（四運），1944至1963年（五運），1964至1983年（六運）；

下元：1984至2003年（七運），2004至2023年（八運），2024至2043年（九運）。

4、**星座合婚法**：其方法，首先根據陽曆生日查出自己的星座，請大家注意是用「陽曆的生日」，然後可以根據下表直接查出來與其他星座的速配結果（見下表）。這種速配的結果起源於哪裡呢？起源於星座性格（見下表）。性格是人的一部份內容但不是全部，還有健康、家庭、財富、地位、運勢等很多內容，這種用部份代替全部的合婚方法是不完善的，也就沒有很高的實用價值。

星座的確定法：

星座是按陽曆（西曆）日期劃分的，先查看一下雙方的所屬星座。

水瓶座：1月20日—2月18日

雙魚座：2月19日—3月20日

牡羊座：3月21日—4月19日
金牛座：4月20日—5月20日
雙子座：5月21日—6月21日
巨蟹座：6月22日—7月22日
獅子座：7月23日—8月22日
處女座：8月23日—9月22日
天秤座：9月23日—10月23日
天蠍座：10月24日—11月22日
射手座：11月23日—12月21日
魔羯座：12月22日—1月19日

十二星座速配表：

水瓶座

宜配：雙子座、天秤座、水瓶座。
忌配：金牛座、獅子座、天蠍座。

雙魚座

宜配：天蠍座、巨蟹座、雙魚座。
忌配：雙子座、射手座、獅子座。

牡羊座

宜配：獅子座、射手座、牡羊座。
忌配：巨蟹座、天秤座、魔羯座。

金牛座

宜配：魔羯座、處女座、金牛座。
忌配：獅子座、天蠍座、水瓶座。

雙子座

宜配：水瓶座、天秤座、雙子座。
忌配：牡羊座、巨蟹座、雙魚座。

巨蟹座

宜配：雙魚座、天蠍座、巨蟹座。
忌配：天秤座、魔羯座、牡羊座。

獅子座

宜配：牡羊座、射手座、獅子座。
忌配：天蠍座、水瓶座、金牛座。

處女座

宜配：射手座、金牛座、雙子座。
忌配：水瓶座、天秤座、牡羊座。

天秤座

宜配：水瓶座、雙子座、天秤座。
忌配：魔羯座、牡羊座、巨蟹座。

天蠍座

宜配：雙魚座、巨蟹座、天蠍座。
忌配：水瓶座、金牛座、獅子座。

射手座

宜配：射手座、牡羊座、處女座。
忌配：巨蟹座、魔羯座、雙魚座。

魔羯座

宜配：處女座、金牛座、魔羯座。
忌配：牡羊座、巨蟹座、天秤座。

判斷的依據

水瓶座的性格

優點：善良、慈善、樂於助人、寬容、友愛、富有創意、個性強、獨立、有智慧、獨闢蹊徑、先見之明。

缺點：不活躍、自大、無恆心、古板、殘忍、不服管、無遠慮、縱慾。

雙魚座的性格

優點：善解人意、仁慈、具奉獻精神、富有想像力、直覺力強、包容、自覺、理解力強、唯美主義、愛幻想、崇尚真愛。

缺點：幻想太多、情緒化、多愁善感、意志不堅、畏首畏尾、逃避、傷感、心機重、猶豫不決、意志不強。

牡羊座的性格

優點：精力旺盛、富於活力、爆發力強、有決斷力、有熱情、有自信、喜歡冒險、樂觀進取、勇於接受新觀念、勇於接受挑戰、充滿希望、行動力強、真誠、勇敢。

缺點：固執、自私、性急、好戰、無耐性、易衝動、粗心、魯莽、虛榮心強。

金牛座的性格

優點：很有耐性、重感情、腳踏實地、凡事有規劃、能忍耐、有毅力、固執、崇尚安穩的生活、值得信賴。有決斷力、邏輯性強、勤奮、溫和、熱心、

缺點：妒忌心重、佔有慾強、頑固派、不知變通、錯失良機、貪婪、偏執、依賴心、自我滿足、剛愎自用、好吃。

雙子座的性格

優點：多才藝、開朗、善溝通、適應力強、隨機應變、充滿活力、機靈活潑、幽默風趣、洞察力強、機智、善表演。

缺點：善變、淺薄、原則性差、淺嘗輒止、油滑、意志不堅、神經質、優柔寡斷、雙重性格、光說不練。

巨蟹座的性格

優點：真誠、重感情、執著、富於想像力、富同情心、善解人意、能包容、敏銳、第六感強、主觀、處事審慎。

缺點：憑感覺、優柔寡斷、多愁善感、缺乏理性、不抗打擊、故步自封、不敢直面現實、貪婪、佔有慾強、敏感、膽小怕事。

獅子座的性格

優點：自尊心強、慈善、慷慨大方、寬宏大量、熱情熱心、誠懇正直、開朗樂觀、忠誠、權力慾望強、具有領導才幹、善於鼓動別人、善於保護他人。

缺點：傲慢、任性、放縱、虛榮心強、死愛面子、無耐心、獨斷、喜歡優越感、華而不實、指手畫腳、缺乏包容、孤芳自賞。

處女座的性格

優點：謙遜、踏實、謹小慎微、勤奮、有耐力、守本份、具觀察力、具鑑賞力、追求完美、冷靜、務實。

缺點：杞人憂天、吹毛求疵、挑剔、嘮叨、保守、世俗、小心眼、好管閒事、拘泥呆板。

天秤座的性格

優點：有交際能力、理想主義、高雅、優雅、浪漫、魅力、風騷、隨遇而安、具有審美和鑑賞能力。

缺點：臨事不決、多疑、立場不堅、易受蠱惑、輕佻、浮躁、多嘴多舌、敷衍、胸無大志、隨心所欲。

天蠍座的性格

優點：執行力強、健談、敏銳、毅力強、有激情、有人緣、獨立、遵守規律、溫柔、善解人意、觀察力強。

缺點：愛吃醋、頑固、倔強、狠毒、好勝、佔有慾強、疑心重、報復心強、複雜、隨便。

射手座的性格

優點：樂觀、喜歡自由自在、有理想、幽默、正直、坦誠、友善、聰明、有原則有底線、理性、細心、活躍、熱心。

缺點：盲從、粗心、無責任心、無耐力、衝動、喜怒於色、有勇無謀、無遠慮、愛炫耀。

摩羯座的性格

優點：現實、踏實、有抱負、有野心、謹慎、毅力強、謙遜、幽默、聰明、不易屈服。

缺點：悲觀、貪婪、自私、孤獨、自卑、糾結、重享受、糾結、固執、多疑。

5、神煞合婚法，不能單獨使用。

四柱中「桃花」過多；陰陽差錯日生；女性「紅豔」、「流霞」等，對婚姻不利。

當男方合婚遇到的女方八字帶有如上這些神煞的時候，經過大師的渲染性質的講述，都會嚇出一身冷汗而不敢訂婚。其實，神煞在八字體系中是不能單獨使用的，八字體系運用的是干支生剋制化的正五行方式運算的，神煞在預測中確實有應驗但是不能脫離正五行單獨去應對事實。比如帶有華蓋的人，會比較孤僻，但絕對不能說一定會出家為僧尼，很多傑出的人士都帶有華蓋，那是因為他們思想超前才做出了成就。再比如帶有天醫的人未必是醫療工作者，見過很多帶有天醫的人士體弱多病而需要經常看醫生的命例，所以，神煞在八字體系中不能單獨來使用，必須配合正五行來應驗事情。用神煞方法來合婚也是不夠嚴謹和慎重的。

6、用日柱干支生剋來合婚，是不完善的。

這個方法忽視了一個重要因素，那就是命局用神。生，有宜生和不宜生；剋，有宜剋和不宜剋。不進行區分就直觀生剋實施判斷是錯誤的，也是不完善的合婚方法之一。

其方法如下：

日柱干支相生。如戊申、戊午。這表示夫妻之間情感大都比較專一，恩愛有加。

日柱干支相合。如戊子、如辛巳。這表示配偶能給命主帶來吉祥好運。感情專一，不易變化。

日柱干支相剋。如甲申、辛卯。這表示夫妻不和睦，容易出現矛盾和分歧等。

或者婚後被配偶拖累，影響自己的事業和健康等。

7、兩人的資訊完全同步才是夫妻，這個觀點是錯誤的，用來合婚也不正確

某些人認為：男女二人，好的年份是一樣，凶的年份也一樣，兩人才有夫妻之緣，如果資訊不一致，那就無夫妻緣。

其實夫妻兩個人的命運資訊不一定完全同步，尤其是那些特殊格局的八字，比如丈夫的八字是特殊格局而妻子的八字是普通格局，這樣的情況在預測實踐中見過很多，他們的資訊不一定全部同步，甚至在某些內容上是相反的。在現實中的表現是：丈夫在2020年升遷了，地位變化了，但是這一年妻子的事業運氣很低落，被領導懲罰等。這個情況大家可以留心在實踐中總結。

所以，用這個方法進行合婚也就不靠譜了。

8、同姓不婚，已被廢止。

從有關資料來看，「同姓不婚」最初出現於周朝，並得到較嚴格的貫徹。同姓不婚的初衷是著眼於優生優育，一直到漢朝，法律都有禁止同姓結婚的明文規定。實際上，現代人姓氏的來源複雜，歷史上很多次大的人口遷徙，所以姓氏未必與血緣有關係。不過，到清末，已經廢除同姓不婚，改為禁止近親五代內的通婚。

9、看外應決定合婚結果，是不科學的

這是一種簡單的方式，一般是男方進行的：將男女方的生辰八字寫好，標上名字，然後在家中廚灶旁放置三日或者七日，期間家中鍋碗瓢盆沒有打破的現象，家宅也沒有口舌和爭吵現象，那麼，女方可以娶進門，能旺宅。如果這幾日內家中人宅不安，打破了瓶瓶罐罐，或者有口舌爭吵，則表示此女子不能娶進門。這都是很荒唐的做法，隨著科學文化的普及，現代人已經拋棄了這個方法。

第二節　紫微斗數夫妻宮資訊，對合婚有重要價值

紫微斗數夫妻宮資訊的互相對應，可以用來合婚

主要看夫妻宮，來推斷配偶的相貌、性格、年齡大小、距離遠近等等，再反觀現實，如果心儀的人與之相似，那麼，此人多半是有緣人。

具體看下面內容

夫妻宮，能看出一個人所喜愛的對象的類型、與配偶的相互對待關係，及夫妻間的生活事項等。看婚姻的好壞，要根據命盤的夫妻宮及其三方四正的星情吉凶。

下面列出各星在夫妻宮的判斷，供參考：

紫微：男得賢妻、女嫁貴夫，美滿幸福。宜晚婚。

紫相：宜老少配。

紫府：傳統規矩，但是會指揮人。

紫殺：吵吵鬧鬧或生死離別。

紫破：婚姻不睦，年齡差距大一些稍好。

紫貪：易有感情困擾。再加會祿存得妻財。若加會昌曲魁鉞弼六吉者，得配偶幫助和鼓勵。若加會羊陀火鈴空劫六凶，配偶成為負擔。

天機：男娶年輕、任性之妻，女嫁年齡差距較大之夫。較適宜少妻老夫配。

機梁：配偶為理想型，生活和諧，雙方年齡差距大。

機月：配偶俊秀柔美。

機巨：配偶體格健美，能和諧但是多嘮叨。再會祿存，夫賢明、妻賢淑。若會昌曲魁鉞弼六吉者，配偶聰明、有才能。若會羊陀火鈴空劫六凶，婚姻易有隔閡、同床異夢，早婚則離。

太陽：配偶開朗大方，男因妻得貴，早婚不宜，晚婚有助益。

日月：融洽恩愛，同甘共苦類型。

日巨：夫妻和諧平凡，配偶愛嘮叨。

日梁：傳統夫妻，幸福美滿。

再加會六吉者，受配偶之助益，若加會六凶，宜晚婚。

武曲：婚姻易生離死別，唯晚婚能和諧。

武貪：配偶現實功利，早婚或經濟不足者難免吵鬧爭執，甚至破裂。

武相：感情不好，易吵架。

武殺：難婚配易孤寡，或者婚後破產。

再加會六吉或者祿存、天府，得配偶財產。

若加會六凶，難免吵鬧爭執，甚至生離死別。

天同：配偶體貼，感情融洽，男得惠美之妻，女嫁溫和之夫。

同月：恩愛夫妻，宜晚婚，適宜老少配。

同巨：配偶體貼纏綿，不睦則可偕老，親密則壽數不永。

同梁：夫妻親密融洽。

再加會六吉者，感情好。若會六凶，感情差甚至離婚。

廉貞：婚姻複雜，一言難盡或者不幸。受虐待或生離死別。

再加會貪狼天姚魁鉞者，多婚或外遇。

若加會天府、天相，雖爭吵但能偕老。

若加會殺破狼，婚姻不幸、生離死別，或外遇困擾、離婚再婚。

廉貞化祿或遇祿存者，感情較為專一。

天府：配偶聰明內斂，感情和睦，家境殷實。

再加會六吉者，家庭生活圓滿。

若加會六凶，夫妻不睦或貌合神離。

太陰：配偶高雅優美，廟旺者美滿幸福，陷地受虐待。
再加會六吉者，感情融洽和諧。
若加會六凶，不睦甚至生離。
若逢化忌，愛打扮、虛榮。

貪狼：晚婚者夫妻偕老。
再加會火鈴者，容易有色情、多婚和外遇。
若逢昌曲，多情或者虛情假意。
逢太陰，多情善感。

巨門：配偶能說會道，愛嘮叨。夫妻感情如膠似漆。
加會太陽、天機、天同，能偕老。
加會六吉者，貌合神離。
加會六凶，爭執吵鬧、破裂生離。

天相：配偶為熟識之人，男方年齡較大，一般皆幸福偕老。
加會祿存，生活富裕。夫妻有助益。
加會六吉，融洽幸福。
加會六凶，雖不睦，能偕老。
加會昌曲，易被誘惑迷亂。
天梁：夫妻相敬如賓。女方年齡大。感情和睦。
加會祿存，感情深厚，互敬互愛。
加會六吉，感情好，情誼相投。
加會六凶，時常小吵小鬧或者偶有冷戰，能偕老。
七殺：夫妻相剋，互相傷害。早婚較嚴重，晚婚稍好。
加會吉星，也難和睦。
若會六凶，必主外遇或幾次結婚。

破軍：夫妻相剋，夫妻難和，或者生離死別。晚婚稍好。
加會紫微者，妻子年長為宜。
若會吉星，中晚年夫妻隔閡分離。
加會六凶，浪漫隨便，離異或者嫁娶二婚之人。
文昌：配偶聰明，夫妻和睦，當防婚外情。
加會六凶者，周旋於兩位異性之間。
加會破軍，臨水生災。
加會貪狼，愛交際應酬、貪玩。
加會七殺、廉貞、刑忌，多情或者虛情假意。
文曲：夫妻恩愛和諧，但恐有外遇困擾。
加會六凶者，有名無實的婚姻狀態，有婚外情。
文曲陷落與巨門同守，再會六凶者，主生離死別。

魁鉞：夫妻和睦融洽。加會惡曜，難免隱情。

輔弼：能偕老，當防婚外情。

與貪廉同宮，妻子年長為宜。

加會羊陀，主二婚。

遇祿存、化祿者，配偶會有外遇。

祿存：夫妻有情趣，互相讚美。年齡差距大一些為宜。

加火鈴空劫者，同床異夢或者聚少離多等。

火鈴：夫妻冷熱兩重天。

加會吉星者，夫妻有情。

加會凶星，有刑剋，難以偕老。

擎羊：配偶暴躁，夫妻相剋，或者難以婚配，大多晚婚。

陀羅：婚姻延期，但是婚姻家庭的觀念很強。會對配偶強加管理和限制，夫妻生活不睦。

加吉星，夫妻亦難免刑剋。

天馬：甘願奉獻類型的婚姻，不辭勞苦。

天空：配偶愛幻想，注重生活情趣。

加會凶星，配偶健康有損，夫妻感情淡漠。

地劫：配偶愛錢如命、心胸狹隘。缺乏夫妻生活情趣，容易感情破裂。

天姚：配偶柔情萬種、注重夫妻生活情趣。熱衷交際應酬、好酒色或者其他不良嗜好。

孤辰：配偶生性孤僻、主觀意識強，晚婚或者分居。

寡宿：婚姻很勉強，與配偶難相處，晚婚或者分居。

台輔：配偶有貴氣或者有工作。

加會吉星，配偶有成就或榮譽。

封誥：配偶易有榮譽、名譽等。加會吉星，有科名。

天刑：配偶性格倔強古板。加會巨門、太陽，配偶容易有司法界職業。

若加會擎羊，夫妻感情差，劍拔弩張、動手打人等。

解神：容易有離婚想法。

加會凶星，主離異。

天巫：配偶有宗教愛好，或在職業上容易受到賞識和提拔等

天月：配偶體弱多病。

加會凶星尤甚。

陰煞：夫妻關係不好，或者夫妻容易受到小人挑唆而不和睦。

三台八座：配偶容易有學歷和工作，但是宜防有婚外情。

在研究夫妻宮時，除了本宮的星曜吉凶，還要參考其三方四正的星曜性質，即命盤的福德宮、事業宮及遷移宮。還要參考命宮的星曜性質。宮位的主次順序為：本宮的星力最強，對宮的為次強，三合宮的星曜為弱項，這樣才能主次分明，抓住重點。

紫微斗數判斷婚姻，是根據星曜的屬性結合宮位轉換而進行的，能判斷配偶外貌、性格、職業、人品、事業、財富等。

判斷婚姻時，要配合雙方的命盤，要同時參酌男女的「命宮」及「夫妻宮」的星曜。夫妻宮好的人，應選夫妻宮的星情所主的異性當配偶。夫妻宮不好的人，應當避免夫妻宮的星情所主的異性當配偶，而選擇命宮的星情所主的異性當配偶。所以「夫妻宮」有煞星的朋友，不要認死自己的婚姻路途坎坷，可以用命宮星曜來補救。

第三節　八字加紫微斗數，才是完善的合婚方法

具體說是八字五行用神與結婚時間點，加上紫微斗數的夫妻宮的資訊。

什麼是八字合婚？

何謂合婚？合婚又叫「合八字」、「八字合婚」等。就是由媒人把女方的生辰八字問清楚以後，由男方到算命師傅那裡進行合婚，看看是否相剋。如果相剋，算命師傅會給出化解辦法，若是無法化解就會給出不支援結婚的結論，一般到這個時候，男方都會停止媒人的說合，就算是雙方互相打聽之後其他都滿意也會心存芥蒂舉步不前。合婚在舊風俗中很重要。自從元明清以來，婚俗大致相同。

合婚的目的是什麼？

合婚就是捕捉緣份的方法。合婚是為了看兩個人是否有夫妻緣份，婚姻品質怎麼樣等。合婚的目的和作用就是改良婚姻運勢，它可以提高婚後生活品質。

合婚不能過關時該怎麼辦？

八字合婚能過關的，通常夫妻關係都比較好，感情也比較深。而不能過關的，往往都存在有緣無份、感情不穩定、相處矛盾重重，夫妻不和諧等的問題，出現這樣的情況最好是建議不要對這段關係太執著，最好另覓他人。

找什麼樣的人來進行合婚操作？

八字合婚是一種很理智、很哲學的做法。由於八字命理體系非常艱澀複雜，真正精通八字命理的人並不是太多，沒有高深的命理功底是不能正確完成的。

八字合婚，既需要預測師具有高深的八字實戰水準，也需要預測師具有一絲不苟的大工匠精神，對男女兩人的八字進行客觀、理性、審慎的分析和推理，才能給出具有參考價值的結論。

合婚的科學原理是什麼？

從寒暖燥濕角度講，有的人先天八字濕寒、有的燥熱，若是命局濕寒的人碰到一個命局燥熱的人，生活中的外在表現就是產生「親和力」，願意和他交往。

從五行份量的角度講，有的人先天八字喜歡火生、有的喜歡火剋，有的喜歡水生、有的喜歡水剋。若是命局喜歡水的人碰到一個命局水五行多的人，在生活中的表現就是產生「親和力」，願意和他談話和接觸。

這種「親和力」就是人與人之間產生好感的命理根源。而這種親和力是愛情和婚姻的開端。

這種「親和力」就是場，人體是一個磁場，地球也是一個磁場，人與地球的場和力之間存在著關聯，地球的場的變化對於人的健康和思想都有著干擾和影響。

任何一個實物都有場，各個場相互接觸作用，並相互之間發生場的交換，其中，資訊交換傳遞是主要的，場與實物可以進行相互轉化。人體首先是一個有形的肉體，所以也必然帶有「場」，這裡的「場」，除了磁場、生物電場等，還有五行之氣的場，五行之氣看不見、摸不著，怎樣才能觀察和審視呢？從雙方的命局入手進行分析，命局就是五行場的「結構圖」，看清楚了這張圖紙就知道這個場的漏洞在哪裡，需要什麼補救，需要什麼樣的人來做配偶陪伴一生等。

婚姻的實質是男女人體五行氣場的親密組合，要使婚姻產生良好的命理效應，就必須從雙方的命運全域入手進行分析。

專業的合婚分析應該考慮哪些具體因素？

人們經常聽說「身外之物」這個詞，大概的意思是說物質、財富、名譽等都是過眼雲煙等等。那麼，問題來了，什麼是「身內之物」呢？其實，答案就是「靈與肉」，就是靈魂思想和肉體身體。身內之物是最重要的，是最終的，所以我們合婚的時候也必須按照這個思路來進行，先考慮「身內之物」，說得通俗一點就是思想性格和身體健康。這是我們合婚必須先考慮的。那麼八字中是如何體現思想和身體的呢？五行和用神就是用來考量身體和肉體的，而十神心性就是用來考量思想和性格的。這兩者之中最重要的是五行和用神。所以，我們的合婚都先從這裡開始，當然，其他的因素也有用，比如在當今社會，婚戀的考慮更多的是：基本感情、年齡、社會地位、物質條件、學歷和家庭背景、個人能力等這幾個方面，但是這些因素在這裡不展開論述。

五行用神和結婚時間點，這是合婚的兩個車輪

每個家庭就好比一輛汽車，夫妻是組成一輛汽車的左、右輪，擔當共同的義務和責任，必須步調一致，加速的時候一起加速，刹車的時候一起刹車。如果時速不同，輪子沒有調好，車子跑起來不僅速度慢還要打擺子、不穩定。如果一個要刹車而一個

繼續前行，婚姻就到了分道揚鑣的時候了。

而合婚呢？如果把合婚比喻成為一個汽車，那麼，五行用神和結婚時間點這兩者就是汽車的兩個輪子。如果僅僅有五行和用神的補充那也可以是朋友、親人等關係，當然也可能是夫妻關係，但是不能侷限於夫妻關係，因為具有這種特點的兩個人可以是朋友、親人、夫妻等多種可能性。如果加上相同的結婚時間點這個因素，那麼，就再次縮小範圍圈，只可能是夫妻關係了。當然，前提是兩個人是異性。也就是說，一對男女，他們兩個的八字五行用神具有互補和互根特點，同時，他們的結婚時間點是一樣的，那麼這兩個人就具有夫妻緣份。那麼，問題來了，有人問：如果這兩個人天南海北、互相不認識呢？這就好比是鮮花和蜜蜂，把女人比喻成鮮花，那男人就是蜜蜂，一般情況下，蜜蜂是尋找鮮花的，但是這個尋找是具有一定的距離限制的，因為蜜蜂的能力是有限的，不可能跨越很大的距離。兩個人也是一樣，在一起是冥冥之中的引力，但是必須是在朝著對方的方向在前進，然後擦肩而過的時候發現對方並抓住機會。

人為什麼會離婚呢？

古語云「月有陰晴圓缺，人有悲歡離合，此事古難全」。談起離婚，這是個令人傷感的話題。大千世界，茫茫人海，一對男女能在一起實屬不易，正所謂十年修得同船渡，百年修得共枕眠，這個緣份應該珍惜。怎麼說離就離了？其實清官難斷家務事，兩口子離婚總有他們的道理。如果是感情不和、家庭破裂而仍然維持這種不正常的婚姻關係，只能使雙方生活在一個心情壓抑的家庭環境中，那是對雙方的感情摧殘。

離婚的現實原因可能是各式各樣的，但是，說一千道一萬，歸根結底一句話，其實是因為八字五行不能互相補充了，就只有另外尋找能補充自己五行的其他人。

合婚中其他的重要因素

1、性格和興趣

無論你富貴貧賤，無論你成功了還是失敗了，其實，都有一個最初的原因在起作用，西方人喜歡說「性格決定命運」，這麼說其實也不算過份，有其道理所在。性格，是你面對客體環境所進行的對話和態度，有什麼樣的性格就有什麼樣的行事做派，也就出現什麼樣的結果。夫妻之間的交往和溝通，這個過程長達幾十年，性格在其中扮演了很重要的角色，性格會使得你的夫妻感情很融洽，也會使得你的夫妻感情逐漸分崩離析。

八字中，凶神為傷官、七殺、劫財、梟神也，吉神為食神、正官、正印、正財也，其餘的為中神，凶神多的人具有：小人心性、暴力傾向、壞脾氣、小雞肚腸等，而吉神多的人善良、溫和、寬容等。凶神多的人具有適應力強、敏銳快速、競爭力強等的優勢，吉神多的人適應力差、不容易把握機遇、難以突破、競爭力差。

一般認為：志同道合的夫妻才能相守相伴、走過一生。由於擁有共同的理想和追求，兩個人能夠互相理解、欣賞和幫助對方，他們的婚姻生活必定是幸福美滿的。

然而，我們經常會看到，有些人被與其性格相反的異性吸引，比如文靜內向的女生鍾情於不羈叛逆的男生。所以性格不是合婚的必須條件，而是備選條件。

2、八字黏合度

把男女雙方的八字排列在一起，年柱對年柱，月柱對月柱，日柱對日柱，時柱對時柱；或者天干對天干，地支對地支。若是相合的情況多，則會婚姻吉利，但若相沖的多則結婚不利。這種方法在實踐中是可行的，但是它不是必備因素，因為婚外情人的八字也同樣就有這樣的特點，但是婚外情不是婚姻。

八字合婚需要注意的另外一些情況

兩個八字排放在一起，注意：

第一、不能想像男女兩者的八字像化學溶液一樣能倒入同一個容器中，然後看看化學反應的結果，年月日時是一個完全封閉的系統，你不能拿出其中的一部份進行對比和生剋，只能拿每個四柱的運算結果進行對比。

第二、只看八字本身，不需要看流年，必要的時候可以看大運但是不一定每次都看大運。八字就是命運本身，大運流年只不過是引發的一個外部因素，所有的資訊都來自於八字自身，八字自身不存在的資訊大運流年也不會從天而降。

第七章

合婚實操案例

第七章 合婚實操案例

合婚案例1

<table>
<tr>
<td>天天紅大龍
機鉞鸞耗德
平旺旺陷
飛廉　絕
亡神　112～121　乙
龍德　兄弟宮　巳</td>
<td>紫地天天解
微劫壽福神
廟廟平平廟
權
喜神　胎
將星　2～11　丙
白虎　命宮　午</td>
<td>天寡天
貴宿德
旺不廟
病符　養
攀鞍　12～21　丁
天德　父母宮　未</td>
<td>破火天天天
軍星馬刑哭
得陷旺陷廟
身宮
大耗　長生
歲驛　22～31　戊
弔客　福德宮　申</td>
</tr>
<tr>
<td>七地天天陰
殺空才虛煞
廟陷陷陷
奏書　墓
月煞　102～111　甲
歲破　夫妻宮　辰</td>
<td colspan="2" rowspan="2">八字五行和用神：

乾造　壬　癸　辛　乙
　　　戌　丑　亥　未

大运　甲寅　乙卯　丙辰　丁巳　戊午　己未　庚申
岁数　5　15　25　35　45　55　65
年份　1987　1997　2007　2017　2027　2037　2047</td>
<td>封天
誥廚
伏兵　沐浴
息神　32～41　己
病符　田宅宮　酉</td>
</tr>
<tr>
<td>太天左文天副咸月
陰梁輔昌魁截池德
廟廟陷利廟平平
祿科
將軍　死
咸池　92～101　癸
小耗　子女宮　卯</td>
<td>廉天陀鈴天華
貞府羅星官蓋
利廟廟廟平平
官府　冠帶
華蓋　42～51　庚
歲建　官祿宮　戌</td>
</tr>
<tr>
<td>武天八龍天截
曲相座池月空
得廟廟平　陷
忌
小耗　病
指背　82～91　壬
官符　財帛宮　寅</td>
<td>天巨天臺副破
同門使輔旬碎
不不陷　平陷
青龍　衰
天煞　72～81　癸
貫索　疾厄宮　丑</td>
<td>貪擎天三鳳旬蜚年
狼羊姚臺閣空廉解
旺陷陷平廟陷　廟
力士　帝旺
災煞　62～71　壬
喪門　遷移宮　子</td>
<td>太右文祿天恩天天天孤劫
陰弼曲存喜光傷巫空辰煞
廟平旺廟旺不旺　平陷
博士　臨官
劫煞　52～61　辛
晦氣　交友宮　亥</td>
</tr>
</table>

<table>
<tr>
<td>太陀天天天天孤蜚破
陽羅馬使巫廚辰廉碎
旺陷平平　　陷　陷
官府　長生
歲驛　74～83　乙
喪門　疾厄宮　巳</td>
<td>破文祿天封
軍昌存喜誥
廟陷廟廟
身宮
博士　沐浴
息神　84～93　丙
貫索　財帛宮　午</td>
<td>天擎地三八龍鳳年華
機羊空臺座池閣解蓋
陷廟平廟平廟陷得陷
科
力士　冠帶
華蓋　94～103　丁
官符　子女宮　未</td>
<td>紫天文恩解大劫月
微府曲光神耗煞德
旺得得平不陷
青龍　臨官
劫煞　104～113　戊
小耗　夫妻宮　申</td>
</tr>
<tr>
<td>武左天
曲輔空
廟廟廟
伏兵　養
攀鞍　64～73　甲
晦氣　遷移宮　辰</td>
<td colspan="2" rowspan="2">八字五行和用神：

坤造　丁　壬　乙　庚
　　　卯　寅　巳　辰

大运　癸卯　甲辰　乙巳　丙午　丁未　戊申　己酉
岁数　4　14　24　34　44　54　64
年份　1990　2000　2010　2020　2030　2040　2050</td>
<td>太天天天天
陰鉞刑壽虛
旺廟廟平旺
祿
小耗　帝旺
災煞　114～123　己
歲破　兄弟宮　酉</td>
</tr>
<tr>
<td>天地天截天
同劫傷空哭
平平陷平廟
權
大耗　胎
將星　54～63　癸
歲建　交友宮　卯</td>
<td>貪右天臺天副龍
狼弼貴輔月旬德
廟廟旺　　陷
將軍　衰
天煞　4～13　庚
龍德　命宮　戌</td>
</tr>
<tr>
<td>七鈴天副陰
殺星官截煞
廟廟平陷
病符　絕
亡神　44～53　壬
病符　官祿宮　寅</td>
<td>天火天天寡
梁星姚才宿
旺得平平平
喜神　墓
月煞　34～43　癸
弔客　田宅宮　丑</td>
<td>廉天紅咸天
貞相鸞池德
平廟廟陷廟
飛廉　死
咸池　24～33　壬
天德　福德宮　子</td>
<td>巨天天旬
門魁福空
旺旺廟平
忌
奏書　病
指背　14～23　辛
白虎　父母宮　亥</td>
</tr>
</table>

按照合婚的規則，下面逐一敘述，只要符合規則，一般情況下是可以在一起並白頭偕老的，就算是經歷很多挫折也會有始有終。相反，如果大部份不符合，就算是感情很好也不會在一起，或者難以結婚白頭。感情是柔弱的，但是命理是殘酷的。

人們經常說：異性相吸，但是不是所有的異性都會相吸，只有八字和命盤具有下面這些特點才會相吸。

嚴密合婚規則：

1、用神互補

先看男命的命局組合情況：

乾造　　壬戌　　癸丑　　辛亥　　乙未

全盤之中土五行力量佔主導，其次是水，辛金日主因為能接受月令之氣同時有雜氣根鬚支撐所以在沒有受到嚴重的剋耗洩的情況下是較旺的。喜用神為水和木五行。需要五行水多或者木多的女子結婚一起生活。

再看女命的命局組合情況：

坤造　丁卯　壬寅　乙巳　庚辰

丁壬相合化木，木五行當令很旺，是全域最旺的五行了。日元有庚金剋合，但是庚金力量不足，需要金多土多的男子結婚一起生活。

可見，兩個人正好互補：男子土多需木；女子木多需要土。

2、十神相應

先看男命的命局組合情況：

乾造　壬戌　癸丑　辛亥　乙未

日元周圍是食傷和偏財，必會具有這些性格特點：外向、靈活、感情豐富、好交往、有交際的技巧、喜歡浪漫的感情和氛圍等，這是主要特點，當然印星很旺也會善良和正直。

再看女命的命局組合情況：

坤造　丁卯　壬寅　乙巳　庚辰

命局比劫多而強，做事按部就班，比較直爽、不太會阿諛逢迎的那一套，正直坦蕩。這是主要的，但是也會有文娛愛好和生活追求。

可見二人在性格上具有共融、互補的特點：一、男命的壬癸水食傷和女命的巳火傷官對應，這是性格的共同點、共融點。二、男命的丑土和戌土印星和女命的庚金官星對象，這也是性格的共同點、共融點。三、男命的食傷較旺為用，在食傷的特性上顯示得比較明顯。女命的比劫力量大，在比劫的特性上顯示得比較大。這是兩者的不同點，也是互補的地方。

相同是觀念一致，互補是互相包容和幫助，符合夫妻之道。

3、屬相和年命納音不宜相剋

男命屬相為狗，女命屬相為兔，不相剋，屬相相合。

男命納音年命是大海水、女命納音年命是爐中火，男剋女，屬於可以使用的範圍，雖不是最佳，但是可以使用。

4、干支黏合度要大

並列二人的命局：

乾造　壬戌　癸丑　辛亥　乙未

坤造　丁卯　壬寅　乙巳　庚辰

天干：年柱丁壬相合；時柱乙庚相合。地支：日柱巳亥相沖，有女命的寅木可以和解。可見兩個人的黏合度較大。

5、紫微命盤的夫妻宮資訊要與對方接近

這是從他的命盤直接翻譯的，不等於他自己的主觀意願，但是命理的趨勢最後會戰勝他的主觀意願，不是你想怎樣就能怎樣的。

先看男命對於妻子的命理要求，從他的命盤夫妻宮來看，他的妻子是這樣的一個人：

夫妻宮：七殺星，照天府陀羅鈴星。

說明妻子是遠方女子，異國或者不同省份；年齡差距大；結婚時間為 2017 年，相識時間不久就談婚論嫁了。兩人感情比較平淡。

再看女命對於丈夫的命理要求，從她的命盤夫妻宮來看，他的丈夫是這樣的一個人：

夫妻宮：紫微天府文曲星，加會天相紅鸞星。

說明丈夫年齡大六歲或以上；距離遠；結婚時間為 2014 年或者 2017 年；二人感情比較傳統。

從上以上可以看出，兩個人有相同的夫妻宮資訊。

總結來看，上面的五條已經通過了，那就可以放心結合了，並且以後會和美，不容易遇到災難。婚姻中難免口角但是不會二婚。總之緣份深厚，建議珍惜。不要因為一時一事妄自傷害對方。每個人都在成長，每一次矛盾都會教你一些生活經驗，不要介意矛盾的出現，吵架也是一種交流方式，只不過形式有點激烈。同時，婚姻也不是要把對方綁在自己褲腰帶上，每個人都有自我的空間，不要特別敏感男方對其他人的熱情和交往。這也是他的優點。另外，女方也要把自己的想法恰當地表達給男方，不要自己憋在心理讓別人猜，那樣會有隔閡。總之，願有緣人終成眷屬。

【結果回饋】兩個人在 2017 年登記並舉辦婚禮。婚後生活平靜。

合婚案例2

天鈴天天劫天 機星刑巫煞德 平得陷　　旺 身宮 大耗 劫煞 天德 25~34 福德宮 絕 辛巳	紫地恩天截 微劫光福空 廟廟廟平廟 伏兵 災煞 弔客 35~44 田宅宮 胎 壬午	天陀紅副寡 鉞羅鸞截宿 旺廟陷廟不 官府 天煞 病符 45~54 官祿宮 養 癸未	破祿天 軍存傷 得廟平 博士 指背 歲建 55~64 交友宮 長生 甲申
七地三解蜚華 殺空臺神廉蓋 廟陷廟廟　廟 病符 華蓋 白虎 15~24 父母宮 墓 庚辰			擎火天封天咸破 羊星姚誥空池碎 陷得廟　旺平平 力士 咸池 晦氣 65~74 遷移宮 沐浴 乙酉
太天文大龍 陽梁昌耗德 廟廟利不 祿 喜神 息神 龍德 5~14 命宮 死 己卯			廉天八天天陰 貞府座使哭煞 利廟平陷平 青龍 月煞 喪門 75~84 疾厄宮 冠帶 丙戌
武天右天天鳳天天天年 曲相弼馬貴閣廚月虛解 得廟旺旺平廟　　旺廟 權 飛廉 歲驛 歲破 115~124 兄弟宮 病 戊寅	天巨天天天臺副月 同門魁喜壽輔旬德 不不旺陷廟　平 忌 奏書 攀鞍 小耗 105~114 夫妻宮 衰 己丑	貪左龍旬 狼輔池空 旺旺旺陷 將軍 將星 官符 95~104 子女宮 帝旺 戊子	太文天天孤 陰曲才官辰 廟旺廟旺陷 科 小耗 亡神 貫索 85~94 財帛宮 臨官 丁亥

八字五行和用神：

乾造	庚		丙		癸		己
	申		戌		未		未
大运	丁亥	戊子	己丑	庚寅	辛卯	壬辰	癸巳
岁数	2	12	22	32	42	52	62
年份	1981	1991	2001	2011	2021	2031	2041

紫七左陀天天封天天孤蜚破 微殺輔羅馬傷誥廚月辰廉碎 旺平平陷平平　　陷　陷 官府 歲驛 喪門 53~62 交友宮 病 乙巳	祿天三 存喜臺 廟廟旺 身宮 博士 息神 貫索 63~72 遷移宮 死 丙午	文文擎恩天龍鳳天年華 昌曲羊光貴池閣使解蓋 利旺廟旺旺廟陷平得陷 力士 華蓋 官符 73~82 疾厄宮 墓 丁未	地八解天大劫月 空座神巫耗煞德 廟廟不　陷 青龍 劫煞 小耗 83~92 財帛宮 絕 戊申
天天天 機梁空 利廟廟 科 伏兵 攀鞍 晦氣 43~52 官祿宮 衰 甲辰			廉破右天天臺天 貞軍弼鉞壽輔虛 平陷陷廟平　旺 小耗 災煞 歲破 93~102 子女宮 胎 己酉
天天截天 相才空哭 陷旺平廟 大耗 將星 歲建 33~42 田宅宮 帝旺 癸卯			天副龍 刑旬德 廟陷 將軍 天煞 龍德 103~112 夫妻宮 養 庚戌
太巨地天天副 陽門劫姚官截 旺廟平旺平陷 忌 病符 亡神 病符 23~32 福德宮 臨官 壬寅	武貪鈴寡 曲狼星宿 廟廟得平 喜神 月煞 弔客 13~22 父母宮 冠帶 癸丑	天太火紅咸陰天 同陰星鸞池煞德 旺廟陷廟陷　廟 權 祿 飛廉 咸池 天德 3~12 命宮 沐浴 壬子	天天天旬 府魁福空 得旺廟平 奏書 指背 白虎 113~122 兄弟宮 長生 辛亥

八字五行和用神：

坤造	丁		癸		辛		辛
	卯		卯		酉		卯
大运	甲辰	乙巳	丙午	丁未	戊申	己酉	庚戌
岁数	9	19	29	39	49	59	69
年份	1995	2005	2015	2025	2035	2045	2055

嚴密合婚規則：

1、用神互補

先看男命的命局組合情況：

乾造　庚申　丙戌　癸未　己未

丙火在月令中有餘氣根，剋金庚金，日元屬於太弱假從，用神為土喜神為火，忌神為金。全域土多、金也較多。需要找能補充丙火力量的女命來結婚和生活。

再看女命的命局組合情況：

坤造　丁卯　癸卯　辛酉　辛卯

酉金一個沖剋三個卯木，八字日元太弱難從，用神為金喜神為土，忌神為火，全域木多、火重，需要找命局土多金多的男命來結婚和生活。

可見二人的命局是能互相補充的。女命的卯木生男命丙火，男命的申金和戌土生助女命的辛金。

2、十神相應

先看男命的命局組合情況：

乾造　庚申　丙戌　癸未　己未

男命官殺當令多而旺，機靈、敏銳、事業心強、好勝。事業勝過一切的強人性格。

再看女命的命局組合情況：

坤造　丁卯　癸卯　辛酉　辛卯

女命的八字組合中是比肩多、財多官殺多，是很踏實、傳統、愛面子、自尊心強、現實、感情豐富、事業心重。

可見二人性格中既有相同部份也有互補成份。

3、屬相和年命納音不宜相剋。

男命屬相為猴，女命屬相為兔，不沖剋，屬於一般的生剋關係，並且是男命申剋女命卯，無妨礙。

男命年納音五行為石榴木，女命年納音五行為爐中火，相生關係。

4、干支黏合度要大

並列二人的命局：

乾造　庚申　丙戌　癸未　己未

坤造　丁卯　癸卯　辛酉　辛卯

天干：丙辛相合，癸丁相沖；地支：卯戌相合、卯未半合，男月柱和女時柱有天地相合關聯。可見二人的黏合度一般。

5、紫微命盤的夫妻宮資訊要與對方接近

先看男命對於妻子的命理要求，從他的命盤夫妻宮來看，他的妻子是這樣的一個人：

夫妻宮：天同化忌巨門天魁天喜天壽月德星。

說明妻子是同省不同市；年齡差距較大；對方形象好；結婚時間為 2017 年；二人感情一般或者勉強結婚，婚後較好。

再看女命對於丈夫的命理要求，從她的命盤夫妻宮來看，他的丈夫是這樣的一個人：

夫妻宮：天刑龍德星，照天梁天空星。

說明丈夫年齡大三歲以上；距離上較遠；結婚時間為 2017 年；二人感情婚前多周折，丈夫倔強穩重。

可見兩個人的夫妻宮資訊比較接近，女命本身漂亮這也吻合男命主的命局。

綜上所述：站在預測師的角度建議你們能喜結良緣，夫妻一生這是一種很深刻的緣份。希望透過以上的分析能讓你們對婚姻有一個清醒的、理性的認識。

另外提醒你，婚後懷孕了就趕緊保胎、生育，切勿做流產，否則以後生育會遇到困難。

【結果回饋】

兩個人在 2017 年登記並舉辦婚禮。婚後移民國外生活和工作，2018 年生女兒。

合婚案例3

太陀地地天天天孤蜚破 陽羅劫空馬巫廚辰廉碎 旺陷不廟平 陷 陷 臨官 力士 歲驛 35~44 乙 喪門 子女宮 巳	破祿天 軍存喜 廟廟廟 冠帶 博士 息神 25~34 丙 貫索 夫妻宮 午	天擎天龍鳳年華 機羊貴池閣解蓋 陷廟旺廟陷得陷 科 沐浴 官府 華蓋 15~24 丁 官符 兄弟宮 未	紫天封解大劫月 微府誥神耗煞德 旺得 不陷 身宮 長生 伏兵 劫煞 5~14 戊 小耗 命宮 申
武左文鈴天 曲輔昌星空 廟廟得陷廟 帝旺 青龍 攀鞍 45~54 甲 晦氣 財帛宮 辰	八字五行和用神： 乾造 丁 壬 戊 戊 卯 寅 子 午 大运 辛丑 庚子 己亥 戊戌 丁酉 丙申 乙未 虚岁 2 12 22 32 42 52 62 始于 1988 1998 2008 2018 2028 2038 2048		太天天天 陰鉞刑虛 旺廟廟旺 祿 衰 大耗 災煞 115~124 己 歲破 父母宮 酉
天火天截天 同星使空哭 平利平平廟 權 衰 小耗 將星 55~64 癸 歲建 疾厄宮 卯			貪右文天副龍 狼弼曲月旬德 廟廟陷 陷 胎 病符 天煞 105~114 庚 龍德 福德宮 戌
七三天副陰 殺臺官截煞 廟平平陷 病 將軍 亡神 65~74 壬 病符 遷移宮 寅	天天恩天寡 梁姚光傷宿 旺平廟平平 死 奏書 月煞 75~84 癸 弔客 交友宮 丑	廉天紅八臺咸天 貞相鸞座輔池德 平廟廟陷 陷廟 墓 飛廉 咸池 85~94 壬 天德 官祿宮 子	巨天天天天旬 門魁才壽福空 旺旺廟旺廟平 忌 絕 喜神 指背 95~104 辛 白虎 田宅宮 亥

紫七天天天天 微殺鉞馬福虛 旺平旺平旺旺 絕 奏書 歲驛 32~41 丁 歲破 田宅宮 巳	火天八天天龍 星刑座官月德 廟平旺廟 胎 飛廉 息神 42~51 戊 龍德 官祿宮 午	鈴恩天天天天華 星光貴壽傷哭蓋 利旺旺旺陷平陷 養 喜神 華蓋 52~61 己 白虎 交友宮 未	地三天陰劫天 劫臺巫煞煞德 廟旺 平 身宮 長生 病符 劫煞 62~71 庚 天德 遷移宮 申
天天紅解大月 機梁鸞神耗德 利廟廟廟平 墓 將軍 攀鞍 22~31 丙 小耗 福德宮 辰	八字五行和用神： 坤造 癸 癸 甲 癸 亥 亥 辰 酉 大运 甲子 乙丑 丙寅 丁卯 戊辰 己巳 庚午 虚岁 10 20 30 40 50 60 70 始于 1992 2002 2012 2022 2032 2042 2052		廉破天破 貞軍使碎 平陷陷平 祿 沐浴 大耗 災煞 72~81 辛 弔客 疾厄宮 酉
天天龍臺 相魁池輔 陷廟廟 死 小耗 將星 12~21 乙 官符 父母宮 卯			天天寡 喜姚宿 陷廟陷 冠帶 伏兵 天煞 82~91 壬 病符 財帛宮 戌
太巨地孤 陽門空辰 旺廟陷平 權 病 青龍 亡神 2~11 甲 貫索 命宮 寅	武貪左右文文擎天截旬蜚 曲狼輔弼昌曲羊才空空廉 廟廟廟廟廟廟廟平不平 忌 衰 力士 月煞 112~121 乙 喪門 兄弟宮 丑	天太祿副副天咸 同陰存截旬空池 旺廟廟陷陷陷陷 科 帝旺 博士 咸池 102~111 甲 晦氣 夫妻宮 子	天陀鳳封天年 府羅閣誥廚解 得陷旺 得 臨官 官府 指背 92~101 癸 歲建 子女宮 亥

嚴密合婚規則：

1、用神互補

先看男命的命局組合情況：

乾造　丁卯　壬寅　戊子　戊午

丁壬相合化木成功，子午沖拔掉時柱的戊的根。八字日元太弱，用神為木、喜神為水、忌神為火。全域木五行多。需要找命局水木五行多的女子結婚和生活。

再看女命的命局組合情況：

坤造　癸亥　癸亥　甲辰　癸酉

辰酉相合不化而酉金受生，辰土中的餘氣根受傷，用神為木、喜神為土、忌神為水，全域水多。需要找命局木土多的男子結婚和生活。

可見二人能互補用神和喜神，女命主可以向男命疏洩水的旺氣。二人很合適。

2、十神相應

先看男命的命局組合情況：

乾造　丁卯　壬寅　戊子　戊午

命局有比肩，熱忱、仗義；還有官殺星旺，重視名譽、傳統正派、事業心強、好勝、名利心重。

再看女命的命局組合情況：

坤造　癸亥　癸亥　甲辰　癸酉

女命的八字中是印星多而旺，很傳統正派、忠厚誠實。水多愛好自由。偏財在座下遇合官星，比較多情，感情豐富。

可見性格中相同點多，也有互補性質。適合做夫妻。

3、屬相和年命納音不宜相剋

男命屬相為兔，女命屬相為豬，相生關係。

男命年納音五行為爐中火，女命年納音五行為大海水，女剋男，較差。但是年支相生不至於最壞，能用的範圍內。

4、干支黏合度要大

並列二人的命局：

乾造　丁卯　壬寅　戊子　戊午

坤造　癸亥　癸亥　甲辰　癸酉

天干：兩組戊癸相合，地支：寅亥相合、亥卯半合、辰子半合。可見二人合多，黏合度很大，吸引力大，容易談得來，會有共同語言。很合適。

5、紫微命盤的夫妻宮資訊要與對方接近

先看男命對於妻子的命理要求，從他的命盤夫妻宮來看，他的妻子是這樣的一個人：

夫妻宮：破軍祿存天喜星，加會七殺、貪狼右弼，照天相紅鸞星。

說明妻子年齡較大；溫存多情；結婚時間為 2017 年；二人感情較好，先同居後結婚。

再看女命對於丈夫的命理要求，從她的命盤夫妻宮來看，他的丈夫是這樣的一個人：

夫妻宮：天同太陰化科祿存咸池天空星，說明夫婦年齡差距較大；丈夫長相帥氣；結婚時間為 2017 年；二人先同居後結婚，丈夫溫和體貼、有才華。

可見兩個人的夫妻宮資訊比較接近。

綜上所述：得出如下結論，你們的婚姻適合，可以結為夫妻：

(1) 根據以上的各個規則都很匹配。

(2) 另外，女命八字雖然有太多的印星，但是丙丁火在大運中，後面還有戊土等大運，丙丁火可以流通木五行之氣，身旺有洩，不會對後代不利。同時，座下夫妻宮的官星無傷害，夫妻和睦。

(3) 此女命感情豐富，和你的交往中多製造點浪漫會讓她喜歡，搞點氣氛會讓她喜歡。不要拖拉太長時間，早點確定關係。

【結果回饋】

兩個人在 2017 年登記並舉辦婚禮。婚後幸福，2018 年生「龍鳳胎」。

合婚案例 4

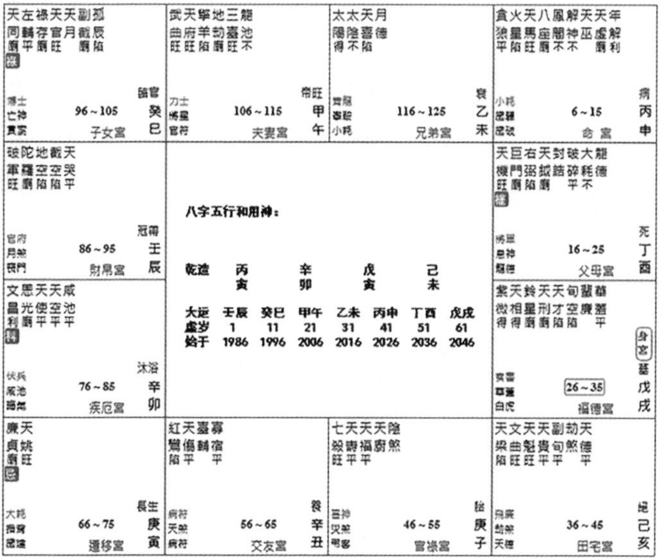

命盤一

子女宮（臨官　癸巳）
天同 左輔 祿存 天官 天月 副截 孤辰
廟　 廟　 廟　 旺　 旺　 廟　 陷
祿
博士　亡神　貫索　96~105

夫妻宮（帝旺　甲午）
武曲 天府 擎羊 地劫 三臺 龍池
旺　 旺　 廟　 廟　 廟　 不
力士　將星　官符　106~115

兄弟宮（衰　乙未）
太陰 太陽 天嘉 月德
得　 不　 陷
青龍　奏書　小耗　116~125

命宮（病　丙申）
食狼 火星 天馬 八座 鳳神 解神 天巫 天虛 年解
平　 旺　 旺　 旺　 廟　 不　 不　 　 廟 利
小耗　飛廉　喪門　6~15

財帛宮（冠帶　壬辰）
破軍 陀羅 地空 天哭
旺　 廟　 陷　 陷　平
官府　月煞　喪門　86~95

八字五行和用神：

乾造	丙	辛	戊	己
	寅	卯	寅	未

大運	壬辰	癸巳	甲午	乙未	丙申	丁酉	戊戌
虛歲	1	11	21	31	41	51	61
始于	1986	1996	2006	2016	2026	2036	2046

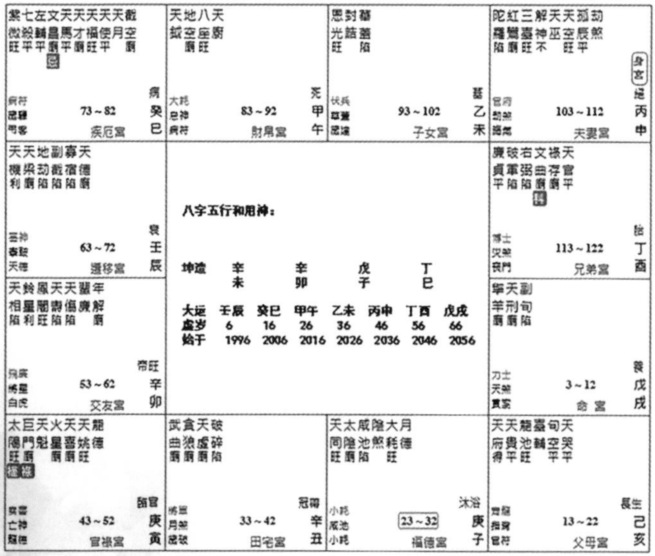

父母宮（死　丁酉）
天機 巨門 右弼 天鉞 對詁 破碎 大耗 龍德
旺　 廟　 陷　 廟　 　　 陷　 陷　 不
伏兵　息神　貫索　16~25

疾厄宮（沐浴　辛卯）
文昌 恩光 天使 天空 咸池
利　 平　 平　 平　 平
科
伏兵　咸池　晦氣　76~85

福德宮（身宮）（戊戌）
紫微 天相 鈴星 天刑 天才 旬空 蜚廉 華蓋
得　 得　 廟　 陷　 陷　 平　 陷　 平
奏書　華蓋　白虎　26~35

遷移宮（長生　庚寅）
廉貞 天姚
廟　 旺
大耗　指背　歲建　66~75

交友宮（養　辛丑）
紅鸞 天傷 臺輔 寡宿
陷　 平　 　　 平
病符　天煞　病符　56~65

官祿宮（胎　庚子）
七殺 天壽 天福 天廚 陰煞
旺　 平　 平　 　　 平
喜神　災煞　弔客　46~55

田宅宮（絕　己亥）
天梁 天曲 天魁 天貴 副旬 劫煞 煞德
陷　 旺　 旺　 平　 平　 　　 平
飛廉　劫煞　天德　36~45

命盤二

疾厄宮（病　癸巳）
紫微 七殺 左輔 文昌 天才 天傷 天使 天月 截空
旺　 平　 廟　 利　 廟　 陷　 旺　 平　 廟
權
病符　息神　弔客　73~82

財帛宮（死　甲午）
天鉞 地空 八座 天廚
廟　 陷　 　　 旺
大耗　華蓋　病符　83~92

子女宮（墓　乙未）
恩光 對詁 華蓋
旺　 　　 陷
伏兵　劫煞　歲建　93~102

夫妻宮（身宮）（絕　丙申）
陀羅 紅鸞 三臺 解神 天巫 天空 孤辰 劫煞
陷　 廟　 旺　 不　 　　 旺　 平
官府　將星　晦氣　103~112

遷移宮（衰　壬辰）
天機 天梁 地劫 副截 寡宿 天德
利　 廟　 陷　 陷　 陷　 廟
喜神　歲驛　天德　63~72

八字五行和用神：

坤造	辛	辛	戊	丁
	未	卯	子	巳

大運	壬辰	癸巳	甲午	乙未	丙申	丁酉	戊戌
虛歲	6	16	26	36	46	56	66
始于	1996	2006	2016	2026	2036	2046	2056

兄弟宮（胎　丁酉）
廉貞 破軍 右弼 文曲 祿存 官官
平　 陷　 陷　 陷　 廟　 平
祿
博士　災煞　喪門　113~122

交友宮（帝旺　辛卯）
天相 鈴星 鳳閣 天壽 天福 年解
陷　 利　 陷　 陷　 旺　 廟
飛廉　將星　白虎　53~62

命宮（養　戊戌）
擎羊 天刑 副旬
廟　 陷　 陷
力士　天煞　貫索　3~12

官祿宮（臨官　庚寅）
太陽 巨門 天魁 火星 天姚 龍德
陷　 廟　 旺　 廟　 廟　 旺
權祿
奏書　亡神　龍德　43~52

田宅宮（冠帶　辛丑）
武曲 食狼 天盧 破碎
廟　 廟　 廟　 陷
將軍　月煞　官符　33~42

福德宮（沐浴　庚子）
天同 太陰 咸池 隆煞 大耗 月德
旺　 廟　 陷　 陷　 陷　 旺
小耗　咸池　小耗　23~32

父母宮（長生　己亥）
天府 天貴 龍池 旬空 天哭
得　 平　 旺　 平　 平
青龍　指背　貫索　13~22

嚴密合婚規則：

1、用神互補

先看男命的命局組合情況：

乾造　丙寅　辛卯　戊寅　己未

丙火坐下有長生，在月令受生，丙辛相合不化論剋，八字日元偏弱，用神為火喜土。全域木多火多。需要找火土五行多的女命來結婚和生活。

再看女命的命局組合情況：

坤造　辛未　辛卯　戊子　丁巳

卯和未半合不化，日元戊土偏弱用神為火喜土，全域火旺木旺。需要找火旺土多的男命來結婚和生活。

可見兩個人的八字喜用都是火，而火在兩個人的命局都是較旺的五行，所以兩個人互補用神，很有夫妻緣份。

2、十神相應

先看男命的命局組合情況：

乾造　丙寅　辛卯　戊寅　己未

男命劫財多見，熱忱、仗義；還有偏印旺，善良、富有同情心、重視名譽、善於思考、周到細緻。

再看女命的命局組合情況：

坤造　辛未　辛卯　戊子　丁巳

女命的八字中同樣是印星多旺，也是很傳統正派、忠厚誠實、任勞任怨的人。

雖然傷官在天干但是力量不大，會有一些小脾氣不足為懼。有點衝動不算很嚴重。

可見性格中相同點多，適合做夫妻。

3、屬相和年命納音不宜相剋

男命屬相為虎，女命屬相為羊，寅和未屬於普通的生剋關係，男剋女，無妨礙。

男命年納音五行為爐中火，女命年納音五行為路旁土，相生關係，很適合。

4、干支黏合度要大

並列二人的命局：

乾造	丙寅	辛卯	戊寅	己未
坤造	辛未	辛卯	戊子	丁巳

天干：年干丙辛相合，其他的天干是相同的；地支：有卯未半合。可見二人黏合度較好，有吸引力，能談得來。很合適。

5、紫微命盤的夫妻宮資訊要與對方接近

先看男命對於妻子的命理要求，從他的命盤夫妻宮來看，他的妻子是這樣的一個人：

夫妻宮：武曲天府地劫龍池三台星，加會廉貞化忌，照七殺星。

說明妻子事業心重，努力攢錢，脾氣急，不太善於理財；結婚時間為 2017 年；二人感情平淡有糾紛，先同居後結婚。

再看女命對於丈夫的命理要求，從她的命盤夫妻宮來看，他的丈夫是這樣的一個人：

夫妻宮：紅鸞三台天巫孤辰天空劫煞星，照太陽化權巨門化祿。

說明丈夫年齡較大；丈夫在事業單位；距離較遠或者分居兩地；結婚時間為 2017 年；二人雖然有些口舌但是恩愛，能敞開溝通。

可見兩個人的夫妻宮資訊比較接近。

綜上所述：得出如下結論，你們可以結為夫妻：

（1）以上的各項規則指標都很匹配。

（2）另外，女命八字雖然有傷官，但是本身辛金傷官不旺，而且還有丁巳強旺的印星貼身化解，所以不會出現剋夫的情況。不用介意。反而更有吸引力。

支持你們深入交往並結婚的。先相處增進瞭解，可以在 2017 年結婚。

【結果回饋】

兩個人在 2017 年登記，在 2018 年舉辦婚禮。婚後分居兩地但是很相愛，2018 年生兒子。

合婚案例5

<table>
<tr>
<td>天陀天封天孤蜚破
梁羅馬誥廚辰廉碎
得陷平　陷　陷
力士
歲驛　6~15　絕
喪門　命宮　乙巳</td>
<td>七祿天八
殺存喜座
旺廟廟旺
博士
息神　116~125　墓
貫索　父母宮　丙午</td>
<td>文文擎天龍鳳年華
昌曲羊姚池閣解蓋
利旺廟旺廟陷得陷
官府
華蓋　106~115　死
官符　福德宮　丁未</td>
<td>廉地三天大劫月
貞空臺才耗煞德
廟廟旺廟陷
伏兵
劫煞　96~105　病
小耗　田宅宮　戊申</td>
</tr>
<tr>
<td>紫天右恩天天
微相弼光貴空
得得廟廟旺廟
青龍
攀鞍　16~25　胎
晦氣　兄弟宮　甲辰</td>
<td colspan="2" rowspan="2">八字五行和用神：

乾造　丁　戊　戊　乙
　　　卯　申　戌　卯

大运　丁未　丙午　乙巳　甲辰　癸卯　壬寅　辛丑
岁数　4　14　24　34　44　54　64
年份　1990　2000　2010　2020　2030　2040　2050</td>
<td>天臺天
鉞輔虛
廟　旺
大耗
災煞　86~95　衰
歲破　官祿宮　己酉</td>
</tr>
<tr>
<td>天巨天截天
機門刑空哭
旺廟廟平廟
科忌
小耗
將星　26~35　養
歲建　夫妻宮　癸卯</td>
<td>破左天副龍
軍輔傷旬德
旺廟平陷
病符
天煞　76~85　帝旺
龍德　交友宮　庚戌</td>
</tr>
<tr>
<td>貪地天天解天副陰
狼劫壽官神巫截煞
平平旺平廟　陷
將軍
亡神　36~45　長生
病符　子女宮　壬寅</td>
<td>太太鈴寡
陽陰星宿
不廟得平
祿
奏書
月煞　46~55　沐浴
弔客　財帛宮　癸丑</td>
<td>武天火紅天咸天
曲府星鸞使池德
旺廟陷廟陷陷廟
飛廉
咸池　56~65　冠帶
天德　疾厄宮　壬子</td>
<td>天天天天旬
同魁福月空
廟旺廟　平
權
身宮
喜神
指背　66~75　臨官
白虎　遷移宮　辛亥</td>
</tr>
</table>

<table>
<tr>
<td>太右天破劫月
陽弼廚碎煞德
旺平　陷
忌
大耗
劫煞　66~75　絕
小耗　遷移宮　己巳</td>
<td>破鈴天天天天
軍星姚使哭虛
廟廟平平陷平
權
病符
災煞　56~65　墓
歲破　疾厄宮　庚午</td>
<td>天天地天大龍
機鉞劫官耗德
陷旺平廟平
喜神
天煞　46~55　死
龍德　財帛宮　辛未</td>
<td>紫天天截蜚
微府巫空廉
旺得　廟
飛廉
指背　36~45　病
白虎　子女宮　壬申</td>
</tr>
<tr>
<td>武恩龍天陰華
曲光池傷煞蓋
廟廟廟平　廟
科
伏兵
華蓋　76~85　胎
官符　交友宮　戊辰</td>
<td colspan="2" rowspan="2">八字五行和用神：

坤造　甲　辛　辛　丙
　　　子　未　酉　申

大运　庚午　己巳　戊辰　丁卯　丙寅　乙丑　甲子
岁数　8　18　28　38　48　58　68
年份　1991　2001　2011　2021　2031　2041　2051</td>
<td>太左天天副咸天
陰輔喜福截池德
旺陷廟廟廟平不
奏書
咸池　26~35　衰
天德　夫妻宮　癸酉</td>
</tr>
<tr>
<td>天擎地紅天天
同羊空鸞壽月
平陷平廟陷
身宮
官府
息神　86~95　養
貫索　官祿宮　丁卯</td>
<td>貪火鳳封旬寡年
狼星閣誥空宿解
廟廟廟　陷陷廟
將軍
月煞　16~25　帝旺
弔客　兄弟宮　甲戌</td>
</tr>
<tr>
<td>七文祿天天八天臺孤
殺昌存馬刑座貴輔辰
廟陷廟旺廟廟平　平
博士
歲驛　96~105　長生
喪門　田宅宮　丙寅</td>
<td>天天陀天
梁魁羅空
旺旺廟平
力士
攀鞍　106~115　沐浴
晦氣　福德宮　丁丑</td>
<td>廉天文三解
貞相曲臺神
平廟得平廟
祿
青龍
將星　116~125　冠帶
歲建　父母宮　丙子</td>
<td>巨天副
門才旬
旺廟平
小耗
亡神　6~15　臨官
病符　命宮　乙亥</td>
</tr>
</table>

嚴密合婚規則：

1、用神互補

先看男命的命局組合情況：

乾造　丁卯　戊申　戊戌　乙卯

天干直剋的乙木是不得令的，卯戌相合不化等於受到戌的幫助，八字日元較弱，用神為火、喜神為土。全域木土五行數量較多。需要找命局土五行多或者土重的女子結婚和生活。

再看女命的命局組合情況：

坤造　甲子　辛未　辛酉　丙申

未土當令但是數量不多，丙辛相合但是丙火力量不足，日元較弱，用神為木、喜神為火。全域金五行數量多但是土五行較重。需要找命局木火五行多的男子結婚和生活。

可見二人能互補用神和喜神。二人很合適。

2、十神相應

先看男命的命局組合情況：

乾造　丁卯　戊申　戊戌　乙卯

命局有比肩，穩重、踏實；還有官星旺，遵守秩序和規矩、按部就班、事業心重等。

再看女命的命局組合情況：

坤造　甲子　辛未　辛酉　丙申

女命的八字中比肩多而旺，倔強、頑固、不服輸；辛金剋甲木，不善理財；丙火剋辛金，有上進心。

可見性格中相同點多，也有互補性質。適合做夫妻。

3、屬相和年命納音不宜相剋

男命屬相為兔，女命屬相為鼠，相生關係。

男命年納音五行為爐中火，女命年納音五行為海中金，男剋女，不礙事。但是年支相生而在能用的範圍內。

4、干支黏合度要大

並列二人的命局：

乾造　丁卯　戊申　戊戌　乙卯

坤造　甲子　辛未　辛酉　丙申

天干：月柱和日柱的天干分別相生，地支：申子半合、卯未半合。可見二人黏合度一般，會有共同語言。

5、紫微命盤的夫妻宮資訊要與對方接近

先看男命對於妻子的命理要求，從他的命盤夫妻宮來看，他的妻子是這樣的一個人：

夫妻宮：天機化科巨門化忌天刑天哭，加會天同天福天魁星。

說明妻子性急能幹；兩家距離遠或者常出門；結婚時間為2016年；二人多口舌，妻子聰明學有專長。

再看女命對於丈夫的命理要求，從她的命盤夫妻宮來看，他的丈夫是這樣的一個人：

夫妻宮：太陰天喜天福星，加會太陽化忌、天梁星。

說明兩家距離遠；丈夫長相帥氣；結婚時間為 2016 年；二人感情較好，丈夫分居兩地或者口舌較多、有才華。

可見兩個人的夫妻宮資訊比較接近。

總之，鑑於上述：支持你們結為夫妻。另外，在生活中女命主要學會理財。

【結果回饋】

兩個人在 2016 年登記並舉辦婚禮。婚後生活平靜。

合婚案例 6

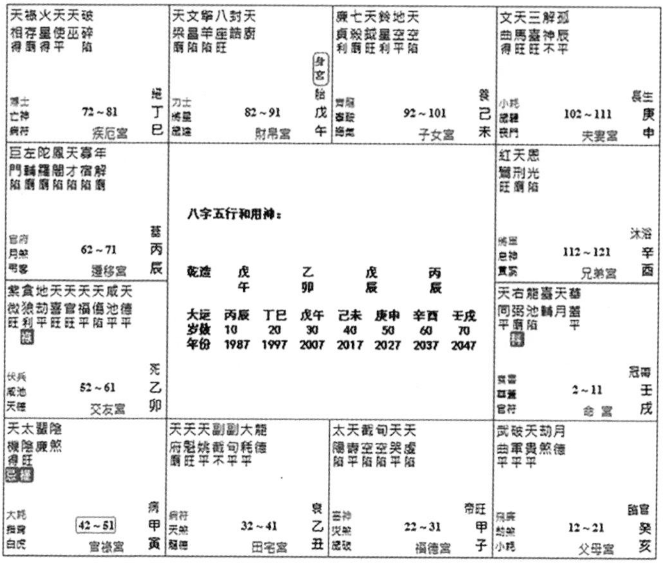

命盤一

巳位（丁巳）
天祿火天天破　相存星使巫碎　得廟得平陷
博士　亡神　病符　72~81　絕　丁巳　疾厄宮

午位（戊午）
天文擎八封天　梁昌羊座誥廚　廟陷陷旺
身宮　胎　戊午
刀士　將星　息神　82~91　財帛宮

未位（己未）
廉七天鈴地天　貞殺星星空空　利廟旺利陷陷
青龍　奏書　92~101　子女宮

申位（庚申）
文天三解孤　曲馬喜神辰　得旺旺木平
小耗　飛廉　102~111　長生　庚申　夫妻宮

辰位（丙辰）
巨左陀鳳天寡　門輔羅閣才宿解　陷廟陷陷陷廟
官府　月煞　哥客　62~71　墓　丙辰　遷移宮

酉位（辛酉）
紅天恩　鸞刑光　旺廟陷
飛廉　息神　112~121　沐浴　辛酉　兄弟宮

卯位（乙卯）
紫食地天天天咸天　微狼劫喜傷福池德　旺利平旺旺平平平
伏兵　咸池　天德　52~61　死　乙卯　交友宮

戌位（壬戌）
天右龍喜天蜚　同弼池輔月廉　平廟陷　平
貫索　華蓋　2~11　冠帶　壬戌　命宮

寅位（甲寅）
天太擎陰　機陰廉煞　得旺　總權
大耗　指背　白虎　42~51　病　甲寅　官祿宮

丑位（乙丑）
天天天副副大龍　府魁姚載句耗德　廟旺平不平平
病符　天煞　龍德　32~41　衰　乙丑　田宅宮

子位（甲子）
太天截旬天天　陽壽空空哭虛　陷旺陷平平平
喜神　災煞　吊客　22~31　帝旺　甲子　福德宮

亥位（癸亥）
武破天劫月　曲軍貴煞德　平平平
飛廉　劫煞　小耗　12~21　臨官　癸亥　父母宮

八字五行和用神：

乾造	戊	乙	戊	丙
	午	卯	辰	辰

大運	丙辰	丁巳	戊午	己未	庚申	辛酉	壬戌
歲數	10	20	30	40	50	60	70
年份	1987	1997	2007	2017	2027	2037	2047

命盤二

巳位（癸巳）
文天天截破　昌才福空碎　廟陷旺廟陷
病符　指背　96~105　臨官　癸巳　子女宮

午位（甲午）
天天地紅天咸天　機鉞空鸞神廚德　廟　廟旺旺　陷旺
身宮　帝旺　甲午
大耗　咸池　天德　106~115　夫妻宮

未位（乙未）
紫破封寡　微軍誥宿　廟旺　不
伏兵　月煞　哥客　116~125　兄弟宮

申位（丙申）
陀火天　羅星刑　陷陷陷
官府　亡神　6~15　病　丙申　命宮

辰位（壬辰）
太地八副龍龍　陽劫座載德　旺旺廟　總權
喜神　天煞　龍德　86~95　冠帶　壬辰　財帛宮

酉位（丁酉）
天文祿天天　府曲存官癸　旺廟廟不　總
博士　將星　16~25　死　丁酉　父母宮

卯位（辛卯）
武七天鈴天天天　曲殺鉞星貴壽傷　利旺陷利旺平廟
飛廉　災煞　歲破　76~85　沐浴　辛卯　疾厄宮

戌位（戊戌）
太擎三天　陰羊臺空　旺廟旺陷
刀士　攀鞍　26~35　墓　戊戌　福德宮

寅位（庚寅）
天天天天大劫月　同梁魁月耗煞德　利廟　陷
貫索　劫煞　小耗　66~75　長生　庚寅　遷移宮

丑位（乙丑）
天龍鳳天旬年蜚　相池閣傷空解蓋　廟平平平　得平
病符　息神　官符　56~65　養　乙丑　交友宮

子位（庚子）
巨天天副　門喜姚句　旺陷平陷
小耗　華蓋　貫索　46~55　胎　庚子　官祿宮

亥位（己亥）
廉食右天恩嘉天孤　貞狼弼馬光神巫辰　陷陷旺平平不　陷
青龍　歲驛　喪門　36~45　絕　己亥　田宅宮

八字五行和用神：

坤造	辛	庚	乙	辛
	酉	子	酉	巳

大運	辛丑	壬寅	癸卯	甲辰	乙巳	丙午	丁未
歲數	2	12	22	32	42	52	62
年份	1983	1993	2003	2013	2023	2033	2043

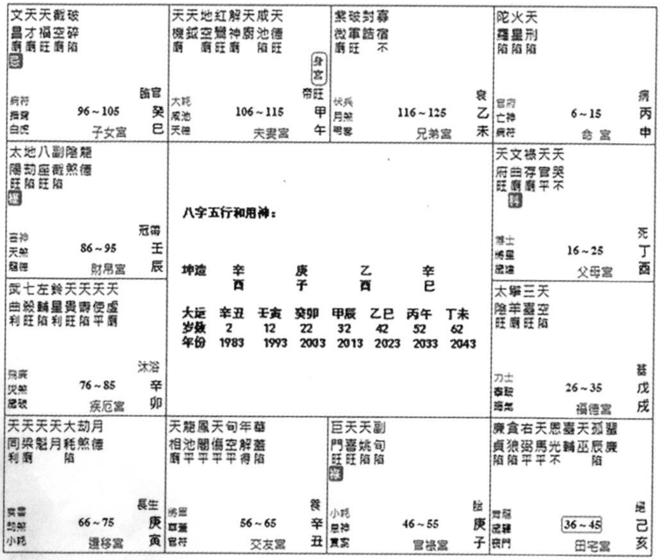

嚴密合婚規則：

1、用神互補

先看男命的命局組合情況：

乾造　戊午　乙卯　戊辰　丙辰

丙火在月令受生，在年支上有強根，日元有比肩、坐下有根，八字日元較弱，用神為火、喜神為土。全域木旺土多。命局自帶用神丙火，只是全域缺乏金五行，需要找命局金五行多的女子結婚和生活。

再看女命的命局組合情況：

坤造　辛酉　庚子　乙酉　辛巳

日元乙木雖然能受到月令之生但是沒有強旺的根鬚，日元較弱，用神為木、喜神為水。全域金五行數量多。需要找命局木或水五行多的男子結婚和生活。

可見二人能互補用神和喜神，並且達到五行齊全。二人很合適。

2、十神相應

先看男命的命局組合情況：

乾造　戊午　乙卯　戊辰　丙辰

命局有比肩，穩健、勤奮、堅定、按部就班；還有官星旺，保守內向、墨守成規；梟印旺，精明機敏、多才多藝等。

再看女命的命局組合情況：

坤造　辛酉　庚子　乙酉　辛巳

女命的八字中官殺多，名利心重、猜疑心重、任勞任怨、比較壓抑膽小、自立自強、機靈果敢等。

可見性格互補性很強。適合做夫妻。

3、屬相和年命納音不宜相剋。

男命屬相為馬，女命屬相為雞，普通的相剋關係，男剋女，不礙事。

男命年納音五行為天上火，女命年納音五行為石榴木，納音五行是相生關係。

可見二人很適合。

4、干支黏合度要大

並列二人的命局：

乾造　戊午　乙卯　戊辰　丙辰

坤造　辛酉　庚子　乙酉　辛巳

天干：月柱和時柱的天干分別相合，乙庚相合、丙辛相合，地支：辰酉相合、子午相沖、卯酉相沖。可見二人黏合度一般，但是會有共同的追求。

5、紫微命盤的夫妻宮資訊要與對方接近

先看男命對於妻子的命理要求，從他的命盤夫妻宮來看，他的妻子是這樣的一個人：

夫妻宮：文曲天馬三台孤辰，照天機太陰化權星。

說明妻子聰慧、能幹、有理財能力；本地人或者在事業上是同行；年齡較小；結婚時間為 2010 年；二人感情好，妻子做管理性質工作。

再看女命對於丈夫的命理要求，從她的命盤夫妻宮來看，他的丈夫是這樣的一個人：

夫妻宮：天機天鉞地空紅鸞解神天廚咸池天德星，加會天梁天魁星，太陰擎羊星，照巨門化祿。

說明丈夫有智慧才華、學有所成之人；各自忙自己的事業；年齡較大；結婚時間為 2010 年；兩人感情較好，丈夫做研究性質工作。

可見兩個人的夫妻宮資訊比較吻合。

總之，鑑於上述：支持結為夫妻。另外：

(1) 在生活中或者工作中女命主要多向男命主學習和尋求幫助。

(2) 夫妻會有一段時間的分居兩地情況，是因為事業或者工作造成的。

(3) 丈夫只是按部就班，沒有特別強烈的事業企圖，不要刻意的讓他去追求不喜歡的東西。他是一個很有出世思想的人。

【結果回饋】

兩個人在 2010 年登記並舉辦婚禮。婚後生活幸福，目前都是大學教授。2011 年生育兒子。

合婚案例7

<table>
<tr>
<td>天左地地天天截破
梁輔劫空福月空碎
得平不廟旺　廟陷
將軍　指背　白虎
46～55　財帛宮
絕　癸巳</td>
<td>七天紅八恩天天天咸天
殺鉞鸞座光才壽廚池德
旺　旺旺廟旺平　陷旺
小耗　咸池　天德
36～45　子女宮
墓　甲午</td>
<td>寡
宿
不
青龍　月煞　弔客
26～35　夫妻宮
死　乙未</td>
<td>廉陀三封解天
貞羅臺誥神巫
廟陷旺　不
力士　亡神　病符
16～25　兄弟宮
病　丙申</td>
</tr>
<tr>
<td>紫天文鈴天副龍
微相昌星使截德
得得得陷陷陷
忌
奏書　天煞　龍德
56～65　疾厄宮
胎　壬辰</td>
<td colspan="2" rowspan="2">八字五行和用神：

乾造　辛　辛　丙　甲
　　　酉　卯　戌　午

大运　庚寅　己丑　戊子　丁亥　丙戌　乙酉　甲申
虚岁　2　12　22　32　42　52　62
始于　1982　1992　2002　2012　2022　2032　2042</td>
<td>右祿火天天
弼存星官哭
陷廟得平不
身宮
博士　將星　歲建
6～15　命宮
衰　丁酉</td>
</tr>
<tr>
<td>天巨天
機門虛
旺廟廟
祿
飛廉　災煞　歲破
66～75　遷移宮
養　辛卯</td>
<td>破文擎天天
軍曲羊刑空
旺陷廟廟陷
科
官府　攀鞍　晦氣
116～125　父母宮
帝旺　戊戌</td>
</tr>
<tr>
<td>貪天天天大劫月
狼魁姚傷耗煞德
平　旺平陷
喜神　劫煞　小耗
76～85　交友宮
長生　庚寅</td>
<td>太太龍鳳旬年華
陽陰池閣空解蓋
不廟平平平得陷
權
病符　華蓋　官符
86～95　官祿宮
沐浴　辛丑</td>
<td>武天天天臺副陰
曲府喜貴輔旬煞
旺廟旺廟　陷
大耗　息神　貫索
96～105　田宅宮
冠帶　庚子</td>
<td>天天孤蜚
同馬辰廉
廟平陷
伏兵　歲驛　喪門
106～115　福德宮
臨官　己亥</td>
</tr>
</table>

<table>
<tr>
<td>太鈴恩龍天
陽星光池哭
旺得平陷不
青龍　指背　官符
46～55　官祿宮
臨官　辛巳</td>
<td>破地天天副咸大月
軍劫傷廚截池耗德
廟廟陷　廟陷旺
小耗　咸池　小耗
56～65　交友宮
帝旺　壬午</td>
<td>天天截天
機姚空虛
陷旺廟陷
祿
將軍　月煞　歲破
66～75　遷移宮
衰　癸未</td>
<td>紫天天天天天龍
微府鉞喜福使德
旺得廟旺廟平
科
奏書　亡神　龍德
76～85　疾厄宮
病　甲申</td>
</tr>
<tr>
<td>武右擎地天天
曲弼羊空壽官
廟廟廟陷廟旺
力士　天煞　貫索
36～45　田宅宮
冠帶　庚辰</td>
<td colspan="2" rowspan="2">八字五行和用神：

坤造　乙　乙　甲　辛
　　　丑　酉　寅　未

大运　丙戌　丁亥　戊子　己丑　庚寅　辛卯　壬辰
虚岁　10　20　30　40　50　60　70
始于　1994　2004　2014　2024　2034　2044　2054</td>
<td>太鳳封蜚年
陰閣誥廉解
旺廟　　旺
忌
飛廉　將星　白虎
86～95　財帛宮
死　乙酉</td>
</tr>
<tr>
<td>天文祿天
同昌存刑
平利廟廟
身宮
博士　災煞　喪門
26～35　福德宮
沐浴　己卯</td>
<td>貪左火副寡天
狼輔星旬宿德
廟廟廟陷陷廟
喜神　攀鞍　天德
96～105　子女宮
墓　丙戌</td>
</tr>
<tr>
<td>七陀紅天解天天孤陰劫
殺羅鸞才神巫空辰煞煞
廟陷旺廟廟　陷平
官府　劫煞　晦氣
16～25　父母宮
長生　戊寅</td>
<td>天三八天臺破華
梁臺座貴輔碎蓋
旺廟廟旺　陷陷
權
伏兵　華蓋　歲建
6～15　命宮
養　己丑</td>
<td>廉天天
貞相魁
平廟旺
大耗　息神　病符
116～125　兄弟宮
胎　戊子</td>
<td>巨文天天旬
門曲馬月空
旺旺平　平
病符　歲驛　弔客
106～115　夫妻宮
絕　丁亥</td>
</tr>
</table>

嚴密合婚規則：

1、用神互補

先看男命的命局組合情況：

乾造　辛酉　辛卯　丙戌　甲午

酉金沖動卯木，而卯木合戌土化火成功，八字日元較旺，用神為金喜土。全域木火旺金多。命局自帶用神辛酉，金多丙火在月令中是沐浴之地，如果能再補充點木，同時補充點金是最好的，所以需要這樣組合的女命來結婚和一起生活。

再看女命的命局組合情況：

坤造　乙丑　乙酉　甲寅　辛未

幹多不如支重，天干甲乙木雖然多但是不當令，日元較弱，用神為木、喜神為水。全域金重木多。需要找命局木五行多的男子結婚和生活。

男命大運中有亥子水使得甲木變旺，二人能互補用神，比較合適。

2、十神相應

先看男命的命局組合情況：

乾造　辛酉　辛卯　丙戌　甲午

命局有正財星，現實、女人緣好、勤儉；還有梟印星，機敏靈活、清高、思維活躍等。

再看女命的命局組合情況：

坤造　乙丑　乙酉　甲寅　辛未

女命的八字中劫財較多，熱忱坦誠、樂善好施、堅韌、慷慨等。還有官星，保守壓抑、膽小。

可見性格互補性很強。適合做夫妻。

3、屬相和年命納音不宜相剋

男命屬相為雞，女命屬相為牛，是相合關係，很合適。

男命年納音五行為石榴木，女命年納音五行為海中金，納音五行是相生關係。

可見二人很適合。

4、干支黏合度要大

並列二人的命局：

乾造　辛酉　辛卯　丙戌　甲午

坤造　乙丑　乙酉　甲寅　辛未

天干中有：年柱和月柱天干分別相沖的，丙辛相合，地支中有：午未相合、酉丑半合、卯酉相沖。可見二人黏合度一般，但是會有共同的語言。

5、紫微命盤的夫妻宮資訊要與對方接近

先看男命對於妻子的命理要求，從他的命盤夫妻宮來看，他的妻子是這樣的一個人：

夫妻宮：寡宿星，照太陰星，加會天機巨門化祿。

說明妻子賢慧；有理財能力、能說會道；兩個人的出生地之間距離遠；結婚時間為 2011 年；二人感情好，雖然不免吵架但是吵架以後會較快和好。

再看女命對於丈夫的命理要求，從她的命盤夫妻宮來看，他的丈夫是這樣的一個人：

夫妻宮：巨門文曲天馬天月旬空星，照太陽星。

說明丈夫能說會道、愛鑽研、聰明；距離遠；年齡較大；結婚時間為 2011 年；

二人感情較好，溝通多，雖然有時候吵架但是也會把心裡話說出來。

可見兩個人的夫妻宮資訊比較吻合。

總之，鑑於上述：支持結為夫妻。另外：

(1) 在生活中多，女命主要多照顧男命主，因為他的體質較差

(2) 夫妻之間有良好的溝通是不錯的，凡事說開了就好了，要多包涵。

(3) 丈夫聰明，看事情比較尖銳和超前，在某些事上多聽他的意見是比較好的。

【結果回饋】

兩個人在 2011 年登記並舉辦婚禮。婚後生活幸福，雖然常有些口角但是沒有隔夜仇。2013 年生育兒子。2017 年生女兒。

合婚案例8

巨破 門碎 旺陷 長生 大耗 亡神 病符 14~23 父母宮 辛巳	廉天天解截 貞相福神空 平廟平廟廟 沐浴 伏兵 將星 歲建 24~33 福德宮 壬午	天天陀副天 梁鉞羅截空 旺旺廟廟陷 冠帶 官府 攀鞍 晦氣 34~43 田宅宮 癸未	七祿地天天孤 殺存劫馬刑辰 廟廟廟旺陷平 臨官 博士 歲驛 喪門 44~53 官祿宮 甲申
貪風天寡陰年 狼閣壽宿煞解 廟陷廟陷 廟 養 病符 月煞 弔客 4~13 命宮 庚辰	八字五行和用神： 乾造 庚午 己丑 戊戌 辛酉 大運 庚寅 辛卯 壬辰 癸巳 甲午 乙未 丙申 岁数 3 13 23 33 43 53 63 年份 1993 2003 2013 2023 2033 2043 2053		天擎紅天 同羊鸞傷 平陷旺平 忌 帝旺 力士 息神 貫索 54~63 交友宮 乙酉
太左天三臺咸天 陰輔喜臺輔池德 陷陷旺陷 平平 科 胎 喜神 咸池 天德 114~123 兄弟宮 己卯			武火龍天旬華 曲星池才空蓋 廟廟陷陷陷平 權 身宮 衰 青龍 華蓋 官符 64~73 遷移宮 丙戌
紫天地天天蜚 微府空廚月廉 旺廟陷 絕 飛廉 指背 白虎 104~113 夫妻宮 戊寅	天文文天大龍 機昌曲鉞耗德 陷廟廟旺平 墓 奏書 天煞 龍德 94~103 子女宮 己丑	破鈴天恩天天天 軍星姚光貴哭虛 廟陷陷平廟平陷 死 將軍 災煞 歲破 84~93 財帛宮 戊子	太右八天天封天副劫月 陽弼座官使誥巫旬煞德 陷平廟旺旺 平 祿 病 小耗 劫煞 小耗 74~83 疾厄宮 丁亥

天天天臺截 梁馬福輔空 得平旺 廟 絕 病符 歲驛 弔客 45~54 官祿宮 癸巳	七天天天解天陰 殺鉞壽傷神廚煞 旺 平陷廟 胎 大耗 息神 病符 55~64 交友宮 甲午	天華 刑蓋 陷陷 養 伏兵 華蓋 歲建 65~74 遷移宮 乙未	廉陀火紅天天天孤劫 貞羅星鸞才使空辰煞 廟陷陷廟廟平旺平 長生 官府 劫煞 晦氣 75~84 疾厄宮 丙申
紫天三天副寡天 微相臺貴截宿德 得得廟旺陷陷廟 墓 喜神 攀鞍 天德 35~44 田宅宮 壬辰	八字五行和用神： 坤造 辛未 庚子 甲子 乙亥 大运 辛丑 壬寅 癸卯 甲辰 乙巳 丙午 丁未 虛岁 7 17 27 37 47 57 67 始于 1997 2007 2017 2027 2037 2047 2057		祿鈴天 存星官 廟得平 沐浴 博士 災煞 喪門 85~94 財帛宮 丁酉
天巨文鳳蜚年 機門曲閣廉解 旺廟旺旺 廟 權科 死 飛廉 將星 白虎 25~34 福德宮 辛卯			破擎地八天副 軍羊劫座月旬 旺廟平平 陷 冠帶 力士 天煞 貫索 95~104 子女宮 戊戌
貪左天天天龍 狼輔魁喜巫德 平廟 廟 病 奏書 亡神 龍德 15~24 父母宮 庚寅	太太封天破 陽陰誥虛碎 不廟 廟陷 祿 衰 將軍 月煞 歲破 5~14 命宮 辛丑	武天右地恩咸大月 曲府弼空光池耗德 旺廟廟平平陷旺 帝旺 小耗 咸池 小耗 115~124 兄弟宮 庚子	天文天龍旬天 同昌姚池空哭 廟利陷旺平平 忌 身宮 臨官 青龍 指背 官符 105~114 夫妻宮 己亥

嚴密合婚規則：

1、用神互補

先看男命的命局組合情況：

乾造　庚午　己丑　戊戌　辛酉

辛酉可以化洩日元，八字日元屬於較旺，用神為金喜水。全域土旺金多。命局自帶用神辛酉，如果能再補充一些水和木五行，就五行齊全了，所以需要找八字命局木多水多的女命來結婚和一起生活。

再看女命的命局組合情況：

坤造　辛未　庚子　甲子　乙亥

庚辛金無根，日元在月令是受生的，日元較弱，用神為金、喜神為土。全域水多而重。需要找命局土五行多的男子結婚和生活。

可見二人能互補用神，比較合適。

2、十神相應

先看男命的命局組合情況：

乾造　庚午　己丑　戊戌　辛酉

命局有劫財星，魯莽衝動、疑心重、敢作敢為；還有傷官星，聰明活躍、才華橫溢、喜歡自由、愛出風頭等。

再看女命的命局組合情況：

坤造　辛未　庚子　甲子　乙亥

女命的八字中印星較多，缺乏主見、依賴性強、心理負擔重等。還有官星，認真負責、自尊自愛。

可見性格互補性很強。適合做夫妻。

3、屬相和年命納音不宜相剋

男命屬相為馬，女命屬相為羊，是相合關係，很合適。

男命年納音五行為路旁土，女命年納音五行為路旁土，納音五行是相同的。

可見二人很適合。

4、干支黏合度要大

並列二人的命局：

乾造	庚午	己丑	戊戌	辛酉
坤造	辛未	庚子	甲子	乙亥

天干中有：甲己相合、乙庚相合，地支中有：午未相合、子丑相合。可見二人黏合度高，會有共同語言和共同追求。

5、紫微命盤的夫妻宮資訊要與對方接近

先看男命對於妻子的命理要求，從他的命盤夫妻宮來看，他的妻子是這樣的一個人：

夫妻宮：紫微天府天月天廚蜚廉，照七殺祿存地劫，加會天相解神截空星。

說明妻子善於管理、有理財能力；總想管控對方；結婚時間為 2017 年；二人感情一般，能偕老。

再看女命對於丈夫的命理要求，從她的命盤夫妻宮來看，他的丈夫是這樣的一個人：

夫妻宮，天同文昌化忌天哭龍池星，照天梁星，加會巨門化祿天機文曲化科。

說明丈夫聰明，有藝術愛好；距離遠；年齡相當；結婚時間為 2017 年；二人感情時好時壞，但是能委婉解釋清楚。

可見兩個人的夫妻宮資訊比較接近。

站在預測師的角度是支持你們的。多溝通、少猜疑；多付出、少抱怨；多包容，少較真。

多換位思考。學點生活技巧和廚藝等，把感情進行到底。

通俗地說，婚姻就是找一個不討厭的人一起在世界上等死，因為人一出生面對的只有一個方向，那就是死亡，因為只要不討厭就能生活在一起，讓婚姻簡單一點，讓感情純粹一點。想得越多，就越是遠離了婚姻本身。讓人生和婚姻自然而然。

【結果回饋】

兩個人在 2017 年登記並舉辦婚禮。婚後生活幸福。

第八章

婚姻不順的改善方法

第八章 婚姻不順的改善方法

1、實行晚婚

晚婚的時間界限是35歲，這個年齡之後，人生觀與愛情觀相對成熟了，也經歷了不少事情，吃一塹長一智，也能比較理智的對待婚姻和感情。同時，工作、事業基本穩定下來，有了一定的經濟基礎。這樣可有效的避免婚災的形成。

2、找個離過婚的人來結婚

找離過婚的人結婚，客觀地講，經歷過婚姻坎坷的人，會比較冷靜地對待感情和婚姻，也累積了一些感情經驗和家庭生活的經驗，一般會珍惜得來不易的婚姻。這樣一來，在男女雙方之中有一方已經被搞定，另一方只要不是特別挑剔就能避免很多是非，對以後的婚姻是有好處的，避免了二次婚姻。

3、用羊刃對羊刃

八字帶羊刃的人，可以找個八字也帶羊刃的來結婚，都是八字的「狠角色」，就能在實際生活中互相理解，並相互制約，也可以避免二次婚姻。

4、找合婚成功的人來結婚

按照合婚的規則，只要兩個人能達到：第一命局干支中「合」多，第二五行用神互補，第三結婚時間點一致，有這三點才算是合婚成功，那麼在生活中往往相濡以沫，離婚的機率小。所以，合婚是從根本上改善八字命運婚姻不順的有效方法之一。

5、進行婚姻擇吉，給婚姻一個良好的起點

萬事開頭難，對女人來說，從生養自己的父母身邊離開，去一個完全陌生的家庭中生活，除了地理位置的變化，更重要的是人際關係和角色的變化。夫妻之間的生活習慣的磨合與妥協、心理和思考方式交流與預設、能力和素質的努力和拉近，這都是需要時間和努力的。這個過程不見得會很順利，所以給這個過程製造一個美好的開端，讓這個過程在一個優質的曲線中順利進展，這是很重要的。而這個優質曲線就是婚姻吉日，它是需要專業人士來選擇的。

6、去八字用神方位找配偶和結婚

人的八字都有喜用方位，去這個方位工作和生活，然後在那裡找自己的婚姻伴侶，也能優化自己八字命運中婚姻不順的狀況。

7、用衣服顏色來調整生活和感情

人的八字都有喜用的顏色，顏色會影響人的情緒和心理狀態，在實際生活中當你想要戀愛了，穿這種「喜用顏色」衣服，可以讓你更有人緣，也能讓你的婚姻緣份更強烈，讓對方更積極的和你互動和交流，增進兩個人的感情。婚姻之中也是一樣，讓愛人更喜歡你，有利於感情婚姻。

8、用風水物品來調整情緒和感情

每種物品都有其自身的物理屬性，也都帶有物理場，這種場雖然看不見但是會影響你的心情和健康，在家庭生活中，如果一不注意，身邊多了很多不利的物品，結果會造成你心情很糟糕、健康也不好，久而久之會出現感情不和諧，甚至離婚等。所以注意你身邊的一切物品。風水物品是五行屬性較強烈的對象，它會糾正你身邊的那些不利的場，讓你恢復元氣和心情，也能避免感情的不利。

9、調整心態

中醫講「三分治七分養」，這裡的「七分養」指的心理調養，可見心理調養是很重要的。婚姻不順，其實質是命運的病，所以同樣適用這個原則。

樹立正確的愛情觀與婚姻觀，在婚姻家庭之中，多一些付出與忍讓，有利於感情的好轉和維護。說到底，婚姻關係也是一種普通的人與人的關係，在這個關係之中，對方同樣需要尊重和理解，更需要努力去照顧與呵護。每個人都多一點奉獻，那麼，家庭就會和諧很多。多溝通、多體貼、多擔當，少一點抱怨、少一點懦弱、少一點索取，這個婚姻還是可以繼續的。

幾十年的預測經驗告訴我們，其實那些婚姻之中總是責備對方的人，總是想找一個更好的愛人的人，他們尋找的結果在一開始是目的明確的，但是結婚以後慢慢就變化了，又再次回到過去的痛苦中，要嘛愛人還是那種德性，要嘛很好的愛人突然就離開或者去世了。這就是難以逃脫的命運。所以，說到底還是從自身多找原因，多修身養性，用一顆平常心、慈悲心去對待你的愛人，多在工作中努力，多做一些公益事業，多去行善積德，你的世界觀就會變化，你的婚姻也就朝著你喜歡的樣子轉變，也就避免了二次婚姻。

10、要嘛忍，要嘛離

家庭是一個溫暖的港灣，但是這個港灣是大家的，不是你一個人的。你可以在這裡放肆，對方也可以在這裡放肆，但是，當你們兩個的放肆不能達成一致的時候，矛盾就出現了。家庭是港灣不假，但是這個港灣是需要維護和保養的，否則，會成為垃圾站。家庭是一個人休息的地方，但是這個休息可能是建立在愛人勞動基礎上的，所以，沒有一點奉獻和感恩，在家庭中、在社會中，都是很難立足的。家庭的經營也是需要智慧和精力的，一個沒有經營好的家庭就像是一個不景氣的公司一樣，你的失敗可能因為運氣，但是更多的是你沒有投入很多努力和精力。

婚姻是一種契約，既然簽署了它，就要努力維持到底，沒有很好的合作精神是無法完成契約的。家庭是婚姻契約實施的空間，這個空間可能不會很大很豪華，但是需要有一種執著的「契約精神」來維護這個空間。

婚姻家庭也不是一個講理的地方，如果你把律師狡辯那一套帶入家庭中，我還是勸你不要擅入婚姻領地，因為你會失望。家庭是講究愛的地方，是一個講究奉獻的地方，是一個「熟化」人類優質精神和文明的地方，不是狡辯或者推脫責任的地方，如果你不能忍受，你可以離婚，可以保持單身到終老。

後語

出嫁，是來到了一個全新的地方，人、事、環境都是全新的。所以選擇結婚日以女命為主，選擇婚姻吉日需要做的第一件事就是檢查兩人產生親密關係的「物理原因」，並支援和強化這種「物理原因」的構成基礎。同時，把各種瑕疵，進行壓制和剷除處理。

合婚是研究結合的利與弊，擇吉日就是選擇一個良好的開始，讓婚姻這件事順利運行下去。

有預測需求的朋友，可以透過下面方式聯繫到我：

QQ：1801021669

電話：0086-19929203989

郵箱：sanheshanren@188.com

有償服務的主要項目有：

財運、官運、婚姻等預測；

男女合婚；

開業擇吉、婚姻擇吉等；

起人名或者公司名等。